AF591053

OPÉRATIONS

SUR LES

COTES DE LA MÉDITERRANÉE ET DE LA BALTIQUE

AU PRINTEMPS DE 1888

PAR

CHARLES ROPE, Ancien Officier de Marine

Avec cartes, plans et croquis

BERGER-LEVRAULT ET Cie, EDITEURS

PARIS
5, RUE DES BEAUX-ARTS

NANCY
MÊME MAISON

1888

ROME ET BERLIN

NANCY, IMPRIMERIE BERGER-LEVRAULT ET Cie

Rome & Berlin

OPÉRATIONS

SUR LES

COTES DE LA MÉDITERRANÉE ET DE LA BALTIQUE

AU PRINTEMPS DE 1888

PAR

CHARLES ROPE, Ancien Officier de Marine

Avec cartes, plans et croquis

BERGER-LEVRAULT ET Cie, ÉDITEURS

PARIS
5, RUE DES BEAUX-ARTS

NANCY
MÊME MAISON

1888

AVANT-PROPOS

J'entreprends de raconter les événements maritimes qui ont marqué d'un caractère si particulier la guerre qui vient de finir. La marine, en effet, a vu son rôle grandir singulièrement : après des efforts extraordinaires, que le succès a couronnés, elle a la conscience d'avoir montré aux plus incrédules de quel poids, même dans une guerre continentale, une grande flotte habilement distribuée, énergiquement conduite, pouvait peser dans la balance.

C'est ce rôle, non pas nouveau, mais peut-être inattendu pour plusieurs, que je voudrais préciser.

Ce sont ces efforts, ces pénibles et glorieux travaux, que je vais rapporter.

Mars 1888.

CARTE GÉNÉRALE DU THÉATRE DES OPÉRATIONS DANS LE NORD — N° 1

TIQUE

Extrait de la Géographie du Cl Marga.

Échelle de 1 : 3,700,000

Nancy, Imp. & Lith. Berger-Levrault & Cie

ROME ET BERLIN

CHAPITRE Ier.

LES BELLIGÉRANTS.

Étude sommaire du littoral des trois puissances engagées dans la lutte. — Institutions maritimes; forces navales et leur distribution.

I. Allemagne.

Depuis longtemps l'Allemagne sentait qu'il manquait à sa puissance l'unité géographique de son littoral. La guerre de 1864, qui lui avait donné Kiel, n'avait pas ouvert toutes grandes les portes de la Baltique : « Tant qu'il y aura, di- « saient ses publicistes, une nation danoise détenant, avec « l'extrémité de la péninsule Cimbrique, le groupe d'îles « qui ferme notre mer intérieure, la marine allemande « sera coupée en deux tronçons et notre littoral restera « exposé à de dangereuses entreprises. » Sans doute le grand canal maritime, perçant l'isthme du Schleswig, devait remédier en partie à ces inconvénients : Les forces navales de l'Allemagne pouvaient ainsi se masser dans celle des deux mers où l'ennemi prononcerait son attaque. Mais ce canal n'était pas encore achevé, et celui qui existe déjà depuis plusieurs années entre la baie de Kiel et l'embouchure de l'Eider ne servit, pendant toutes les opérations, qu'au passage de quelques torpilleurs, de quelques avisos légers.

Il semble d'ailleurs que la nature ait voulu imposer à la marine allemande une invariable distribution de ses forces, en donnant aux deux mers qui la baignent des caractères hydrographiques fort différents.

Une chaîne d'îles basses masquant les embouchures de trois fleuves, l'Ems, le Weser, l'Elbe; des fonds variables et qui exigent une étude continue, de fortes marées, des courants violents, tels sont les obstacles naturels qui rendent si difficile l'accès des côtes de la mer du Nord pour une armée navale privée de bons pilotes, et qui favorisent par conséquent la *défensive active*. Seul l'estuaire de l'Elbe serait navigable sans trop de dangers pour une grande flottille : il s'enfonce profondément dans les terres et conduit jusqu'à Hambourg les navires calant moins de 6 mètres.

Sur la rive ouest de la baie de la Jahde qui s'ouvre dans le large estuaire du Weser, est creusé le port de Wilhelmshaven, base d'opérations et refuge assuré des forces navales allemandes dans la mer du Nord.

En 1870, le bruit courut que l'escadre française, après avoir franchi de haute lutte les passes de l'île de Wangeroog, avait bombardé et ruiné le nouvel arsenal de la jeune marine allemande. L'entreprise était déjà difficile et hasardeuse à cette époque : aujourd'hui elle eût été insensée, et nos amiraux se sont estimés heureux de pouvoir tenir en échec la puissante escadre mouillée sous les canons des forts de Rüstersiel et de Heppens. L'entrée du Weser, l'accès des ports de Brême et de Bremerhaven, sont aussi parfaitement défendus par les batteries cuirassées [1] de

1. Cuirasse en fonte dure de Gruson (80% et 1 mètre d'épaisseur à la base des voussoirs).

Langlütjensand et d'Imsum. Enfin les redoutables fortifications de Cuxhaven et de Kugelbaak devaient arrêter, comme nous le verrons plus loin, les tentatives de notre flotte pour surprendre Hambourg.

A peu près à égale distance des trois embouchures, à 25 milles (ou 40 kilomètres) en haute mer, s'élève le rocher d'Helgoland, possession de l'Angleterre, qui semble placé à souhait pour fournir à nos flottes de blocus un mouillage, à la vérité bien médiocre, mais précieux cependant.

Les rivages de la mer Baltique, quand le printemps les a débarrassés de leur manteau de glace, se présentent sous un aspect tout autre : dans la péninsule Cimbrique et au nord des duchés de Mecklembourg, la mer a profondément échancré la côte et creusé des fjörds qui conduisent les plus grands navires, au milieu des collines verdoyantes, jusqu'à Flensbourg, Kiel, Lübeck et Wismar. Plus à l'est le relief des terres s'abaisse : les sables reparaissent, mais, cette fois, ce ne sont plus des bancs sousmarins aux contours indécis, ce sont des monticules fixés au sol par une courte et tenace végétation. Ce cordon de dunes s'est brisé en trois endroits sous l'effort des trois grands fleuves de la Germanie orientale, l'Oder, la Vistule et le Niémen : en arrière d'une longue flèche de sable, le *Nehrung*, les eaux accumulées forment des golfes tranquilles, les *Haffs*, lagunes immenses où de nombreuses flottilles peuvent manœuvrer à l'aise et mouiller en tout temps. Les *Nehrungs*, ceux qui se soudent au continent comme ceux qui se rattachent aux îles de Rügen, d'Usedom et de Wollin[1], offrent à l'assaillant des points de débarquement favorables ; le calme relatif des eaux, l'ab-

1. Usedom et Wollin ferment le *Haff* de l'Oder, ou *Haff* de Stettin.

sence de marées et de forts courants rendent assez facile pour une flotte maîtresse de la mer la tâche ordinairement si délicate de débarquer une armée.

La Baltique était donc tout indiquée comme le lieu d'élection des opérations combinées contre le littoral allemand, à cette condition seulement que la guerre éclatât au printemps, au moment de la débâcle, et qu'elle pût être terminée à la fin de l'automne au moment du retour des glaces.

Le principal port de guerre de la Baltique s'ouvre au fond du fjörd de Kiel, à Ellerbeck ; à un mille et demi de l'arsenal, un évasement de la baie forme une rade magnifique où les fonds varient de 13 à 15 mètres ; plus loin, devant la petite ville fortifiée de Friedrichsort, les rives du fjörd se rapprochent, laissant entre les deux courbes des fonds de 10 mètres une passe de 600 mètres environ. Ce large goulet est défendu par quatre grands forts et plusieurs batteries. Je ne dis rien des torpilles de fond et des torpilles entre deux eaux qui complètent ce système de défense vraiment imposant. Ce n'était pas assez, cependant, pour effrayer notre flotte de la Baltique et l'on sait qu'au moment où l'armistice fut signé tout était prêt pour une attaque de vive force combinée avec un corps d'armée danois.

A 40 milles au nord de Kiel, l'île d'Alsen, enlevée aux Danois en 1864, forme avec son réduit de Sonderburg et son excellent abri de Horup, une position stratégique importante sur laquelle j'aurai occasion de revenir.

Notons aussi l'île de Rügen, séparée de la côte de Poméranie par le sund de Strela, et sa tête de pont de Stralsund-Gralhoff qui favorisa si longtemps les invasions des Suédois dans le nord de l'Allemagne.

La place bien défendue, mais non pas imprenable, de Swinemünde, dont le nom rappellera désormais un de nos plus brillants faits d'armes, fermait l'embouchure de la Swine, large canal par lequel se déversent dans la Baltique les eaux du *Haff* de Stettin, alimentées par l'Oder.

Sur la rive occidentale du golfe de Danzig débouche l'un des bras qui forment le delta de la Vistule; la ville et le port considérables de Danzig sont protégés contre les entreprises d'une flotte par les ouvrages de Weichselmünde et de Neufahrwasser. En revanche, le Nehrung de Héla, un peu au nord, permet de débarquer, en dehors du rayon d'action de la forteresse, des troupes qui viendraient l'assaillir par les routes de Neustadt et de Stettin.

Dans le Frische Haff, qui s'ouvre sur le golfe de Danzig par la coupure de Pillau, viennent déboucher les deux autres branches de la Vistule et la Prégel, le fleuve de Kœnigsberg. Si la guerre s'était prolongée, comme il était permis de le craindre, à la suite de l'entrée en ligne de la Russie d'une part, et de l'Autriche de l'autre, le golfe de Danzig serait sans doute devenu le centre des opérations maritimes dans la Baltique.

Jetons maintenant un coup d'œil sur les institutions maritimes de l'empire allemand.

L'Allemagne garde dans l'étude des questions qui agitent le monde maritime une attitude prudente et réservée: elle sait que son rôle sur mer doit se borner pendant de longues années encore à la défensive, à laquelle se prête parfaitement le caractère hydrographique de ses côtes, et elle laisse volontiers à de plus hardis, sinon à de plus riches qu'elle, le soin de poursuivre le coûteux idéal du cuirassé de haute mer. Elle se bornait donc, jusqu'au moment où la guerre a éclaté, à entretenir ses grands navires de combat sans en augmenter le nombre, sans même remplacer le *Grosser Kurfürst*, coulé devant Douvres, il y a quelques années ; en revanche elle ajoutait de temps à autre une unité tactique au type de ses grandes « corvettes de sortie » (*Ausfall-Korvetten*) : *Sachsen*, *Württemberg*, etc., navires qui ont joué dans les opérations dans la Baltique le rôle que nous attribuons à nos garde-côtes, sans pouvoir rendre cependant tous les services qu'en attendait l'amirauté allemande.

Les bâtiments de ce type et les cuirassés allemands capables de rendre de réels services et de *figurer en haute mer* étaient, le 31 mars 1888, au nombre de 10 :

1° *Cuirassés d'escadre :*

Navires	Caractéristiques
König Wilhelm *Kaiser* *Deutschland* *Preussen* *Friedrich der Grosse*	Armement : canons Krupp de 24 et 26 c/m. Cuirasses : de 235 à 305 m/m. Vitesses (aux essais) : de 14^n à 14^n,5. Tirant d'eau AR : de 7^m à 7^m,70.

2° *Corvettes de sortie :*

Navires	Caractéristiques
Sachsen *Württemberg* *Baden* *Bayern* *Oldenburg* [1]	Armement : canons de 26 c/m et 30 c/m,5. Cuirasses : 254 m/m (flottaison) et 406 m/m (tourelles). Vitesses : 14^n et 14^n,8. Tirant d'eau : 6 mètres.

Les deux plus anciens cuirassés d'escadre de la marine allemande, le *Kronprinz* et le *Friedrich-Karl*, hors d'état d'affronter la haute mer, étaient réservés pour la défense de la baie de Kiel (*Kronprinz*) et de l'estuaire de l'Elbe (*Friedrich-Karl*).

La corvette cuirassée *Hansa*, lancée en 1872, et cons-

1. Canons de 24 c/m longs.

truite en bois, servait, à Kiel, *de bâtiment central* pour les torpilleurs de la défense mobile.

Dans le but d'assurer la défense des passes qui séparent leurs bancs de sable, les Allemands ont construit, de 1876 à 1884, 13 canonnières cuirassées, douées [1] d'une faible vitesse de 9 nœuds, mais armées d'un puissant canon de 30c/m,5, posté à l'avant, derrière un abri blindé. Les deux plus récents de ces navires n'étaient pas achevés au début de la guerre et ne furent en mesure de rendre quelques services qu'au moment où notre escadre dominait la Baltique d'une manière incontestée. Les 11 premières canonnières cuirassées, appuyées par 8 canonnières en bois et par 60 torpilleurs, étaient réparties dans les eaux intérieures sur les points les plus favorables : elles se conduisirent fort honorablement et balancèrent un instant le succès dans le *Greifswalder-Bodden*.

La catégorie des croiseurs de haute mer est représentée par 7 frégates, déplaçant de 3 à 4,000 tonnes et filant de 13 à 15 nœuds ; par 6 corvettes déplaçant de 2 à 3,000 tonnes et filant 13n,5 en moyenne ; enfin par des avisos rapides, des *éclaireurs d'escadre,* atteignant des vitesses de 16 à 18 nœuds.

L'Allemagne entretient un effectif de 14,000 marins de tous grades et de toutes spécialités : je comprends même dans ce chiffre le bataillon d'infanterie de marine (1,056 hommes).

Elle a éprouvé pendant toute la guerre les plus grandes difficultés pour compléter ses équipages, ou plutôt pour donner des *marins exercés* à ses navires de combat.

La navigation du commerce absorbe en effet la plus

---

1. Sauf les deux dernières, *Bremse* et *Brummer*, qui sont plus rapides.

grande partie de ce précieux personnel et la guerre fut si brusquement entreprise qu'un grand nombre de paquebots et de voiliers restèrent bloqués dans les ports étrangers par les croiseurs français.

Le corps des officiers de vaisseau, suffisant pour assurer le service des bâtiments à flot, ne peut fournir les éléments nécessaires à celui de la défense des côtes. Il en était de même chez nous, il faut le reconnaître, mais notre supériorité en haute mer et l'initiative que nous avions prise de porter l'attaque sur les côtes ennemies rendirent moins sensible ce grave défaut de notre organisation maritime.

Les corps d'armée allemands cantonnés et recrutés sur le littoral sont au nombre de quatre : le 1er corps (Prusse orientale) avec Kœnigsberg et Danzig pour chefs-lieux des divisions ; le 2e (Poméranie) avec Stettin et Bromberg; le 9e (Mecklembourg, Schleswig-Holstein) avec Altona et Rendsbourg ; le 10e (Hanovre, Brunswick, Oldenbourg) avec Hanovre comme seul chef-lieu des deux divisions.

Les dépôts d'artillerie répartis sur la côte sont ceux de : Kœnigsberg, Colberg, Stettin, Stralsund, Swinemünde, Rendsbourg, Schwerin et Düppel (Schleswig).

Les chemins de fer côtiers de l'Allemagne se tiennent à quelque distance du littoral : de la ligne principale Brême, Hambourg, Lübeck, Bützow, Neu-Brandenburg, Stettin, Belgard, Stolpe, Danzig et Kœnigsberg, se détachent des tronçons qui desservent chaque port de mer ; on a évité ainsi la faute où sont tombés les Italiens, et qui nous a été si profitable, d'exposer les convois de troupes et de matériel à défiler sous le feu des navires ennemis.

3 lignes de voies ferrées issues du railway de Hambourg à Lübeck s'enfoncent dans le Schleswig, favorisant ainsi la rapide concentration des troupes allemandes dans une

région que le grand état-major considérait jusqu'ici comme un théâtre tout indiqué d'opérations importantes.

II. Danemark.

Ce petit État n'a pris part à la grande lutte qui vient de finir que quelques semaines avant l'armistice, mais son intervention a été décisive. Son alliance, en effet, outre qu'elle fournissait à nos armées navales une base d'opérations inexpugnable, nous a permis de diviser les forces dirigées sur le littoral allemand et de tenir l'adversaire incertain, jusqu'au dernier moment, si l'attaque principale aurait lieu par le Schleswig ou par la Poméranie.

Mais je n'insiste pas en ce moment sur cet aperçu stratégique : je me borne à rappeler que, depuis quelques années déjà, les Danois mettaient tous leurs soins à entourer Copenhague, leur réduit central, le dernier refuge de leur indépendance, de fortifications continentales et maritimes en état de défier toutes les attaques ; qu'ils augmentaient la valeur des ouvrages de Fredericia, qui commande le petit Belt, au point le plus favorable pour passer dans l'île de Fünen (Fionie) ; enfin qu'ils s'assuraient, par des travaux de fortification semi-permanente, le débouché de la presqu'île de Hölgenœss, à l'est d'Aarhuus (Jutland).

La presse allemande avait fait retentir les airs de clameurs significatives : ces travaux n'étaient-ils pas dirigés contre l'Empire, et pouvait-on tolérer une telle attitude chez un petit peuple qui devait se considérer comme un vassal fidèle de la puissante Germanie ?

La marine danoise, cependant, peu émue de ces attaques, se préparait résolument aux luttes prochaines : sa flotte de combat, composée de deux frégates cuirassées, de quatre monitors et de dix canonnières, s'était augmentée d'un puissant cuirassé, le *Iver-Hvitfeldt*, et de plusieurs torpilleurs du type *Tordenskjöld*.

Cette petite mais vaillante escadre, montée par des marins excellents, devait rendre bientôt à la cause commune les plus signalés services.

III. Italie.

Des eaux profondes, sans courants, sans marées ; des côtes saines, faciles, ouvertes ; de grands ports populeux qui s'étalent avec confiance au fond de larges golfes, telle se présente à nos yeux l'Italie maritime, et vraiment, pour une escadre puissante, maîtresse de la mer, la proie était bien belle, bien riche ! Gênes, Livourne, Naples, Palerme, Cagliari, Brindisi, Ancône, autant de cités que les Italiens renonçaient à défendre, les abandonnant, pour ainsi dire, à notre générosité.

Les chefs de l'amirauté s'étaient cependant ménagé quatre positions stratégiques, places de refuge et bases d'opérations, dont on poussait activement les travaux : la première, Spezia, baie profonde, abritant le grand arsenal de la marine italienne, étendait son rayon d'action sur le golfe de Gênes et sur le nord de la mer Tyrrhénienne ; au mois d'avril 1888 les forts qui regardent la mer avaient atteint un degré d'achèvement à peu près parfait, mais leur armement n'avait pas un caractère de permanence suffisant pour déjouer toutes les surprises. C'était d'ailleurs à Spezia que devait se concentrer le gros des forces navales du royaume.

La deuxième position stratégique, récemment créée, visait d'une manière toute particulière le cas d'une offensive française : l'amirauté italienne avait très habilement choisi, au nord-est de la Sardaigne, au débouché même de Bonifacio, une rade excellente formée par les deux îles de la *Maddalena* et de *Caprera*. Des travaux importants étaient entrepris pour faire de cette rade un réduit inexpugnable qui permettrait à une escadre italienne, soit de se jeter dans le flanc de l'ennemi s'il se portait de Toulon sur la côte romaine, soit d'aller assaillir la Provence, Marseille et Toulon, pendant l'absence de la flotte française. Malheureusement pour les Italiens, il aurait fallu quelques années encore pour donner au « camp retranché » de la Maddalena toute sa valeur défensive. La guerre éclata trop tôt.

Messine et son détroit formaient, dans les vues du gouvernement italien, la troisième position stratégique : « Il « faut, disait-on chez nos voisins, que le phare nous appar- « tienne sans conteste et d'une façon exclusive ; c'est un « fleuve italien et non pas un passage ouvert à toutes les « nations. » Mais, malgré quelques bonnes batteries à la pointe de Faro (Sicile) et à Cannitello (Calabre), le détroit n'était pas encore à l'abri d'une tentative conduite avec vigueur.

Tarente enfin, qui devait à la fois remplacer l'arsenal militaire de Castellamare (Naples) et dominer la mer Ionienne, voyait à peine se terminer les travaux destinés à assurer la communication du *mare grande* (rade extérieure) avec le *mare piccolo* (rade intérieure). Les forts de San-Pietro, San-Vito et Rondinella n'étaient pas achevés.

Tarente était destinée à devenir le chef-lieu du 2e arrondissement maritime, comme Spezia était celui du 1er; quant à Venise, chef-lieu du 3e arrondissement, elle était évidemment le centre de la défense du haut Adriatique, la base d'opérations contre l'Autriche.

Les marins italiens en faisaient, à juste titre, le plus grand cas comme port de construction et de refuge pour les bâtiments légers. La fabrication du matériel des défenses sous-marines et des torpilles automobiles y était concentrée : le 3 mai 1887, le roi Humbert avait posé la première pierre de l'établissement fondé à cet effet *par la maison allemande Schwartzkopf*.

Depuis que l'Italie s'était inféodée à la politique de M. de Bismarck, la *défense des côtes* était devenue pour ses hommes d'État le sujet de préoccupations très justifiées. Les différents projets présentés au Parlement avaient été discutés avec passion, et l'opinion des hommes compétents dans la marine et dans l'armée paraissait pencher pour une *défense active* constituée surtout par une flotte nombreuse et puissante, s'appuyant au besoin sur certains points importants de la côte, fortifiés avec soin. Je viens de parler des quatre principaux points d'appui des escadres italiennes : je dois mentionner encore, au point de vue plus exclusif de la protection de la capitale contre un débarquement, les travaux entrepris, mais non achevés, à Monte-Argentaro, Civita-Vecchia et Gaëte. Rome enfin avait vu une couronne de forts détachés ceindre ses antiques remparts et commander toutes ses avenues. Cependant, au printemps de 1888 les forts de la rive gauche du Tibre, que l'on considérait comme moins exposés à une attaque, n'avaient pas encore leur armement complet.

C'est donc à sa flotte, à sa flotte surtout, aux murailles d'acier qu'elle considérait comme le palladium de son indépendance, que l'Italie avait consacré ses soins les plus attentifs, ses ressources les plus claires.

Rome se fiait, pour conquérir le monde, à ses robustes et vaillants légionnaires; l'Italie, son héritière, s'en repose volontiers sur ses marins : 11,000 kilomètres de côtes qui fournissent à l'inscription maritime 180,000 marins exercés, une situation exceptionnelle dans la Méditerranée dont elle occupe le centre et dont elle commande les défilés, une volonté persévérante servie par de bonnes finances, des avantages économiques résultant de la faiblesse des prix de main-d'œuvre, telles sont les bases solides de la puissance navale de l'Italie, tels sont les matériaux employés par cette pléiade de marins remarquables par leurs facultés organisatrices, les Saint-Bon, les Brin, les Acton, les Albini.

Et si les défaites de la guerre qui finit viennent marquer un temps d'arrêt dans le développement de cette belle marine, que les Italiens s'en prennent à leurs politiques, à ces hommes à courte vue qui sacrifient les vrais intérêts de leur patrie à une flatteuse alliance.

Le 1er avril 1888, la flotte militaire italienne se composait de :

9 cuirassés d'escadre en service;

4 cuirassés de 2e classe, usés, mais capables encore de concourir à la défense mobile des ports;

4 grands croiseurs armés de pièces de 15 c/m (Armstrong) et filant de 15 à 16 milles à l'heure : type *Savoïa;*

3 croiseurs-torpilleurs d'un type particulier (*Giovanni-Bausan*), voisin de celui du célèbre croiseur chilien *Esmeralda,* bâtiments qui sont doués de rares qualités offensives avec leurs vitesses de 17 milles, leurs deux canons de 25 c/m (Armstrong), leurs six pièces de 15 c/m et leurs six tubes lance-torpilles;

2 avisos-torpilleurs analogues à notre *Couleuvrine;*

6 avisos ou éclaireurs d'escadre ayant de belles vitesses mais un très faible armement;

12 canonnières d'un type ancien : 6 de ces navires sont destinés à la défense des lagunes vénitiennes;

7 transports de types variés;

60 torpilleurs.

En outre il y avait *en préparation d'armement* ou *en essais* :

3 cuirassés du type *Ruggiero-di-Lauria;*
1 croiseur-torpilleur du type *Bausan;*
1 aviso-torpilleur acheté à la maison Armstrong, l'*Angelo-Edmo;*
Et plusieurs torpilleurs.

Enfin *sur chantiers* :

3 cuirassés d'escadre du type de l'*Italia,* les *Re-Umberto, Sicilia* et *Sardegna;* 6 croiseurs; 3 avisos; 2 canonnières; 44 torpilleurs de haute mer et 3 torpilleurs de 1re classe.

Il convient de noter qu'à part 12 torpilleurs de haute mer, dont 2 commandés à Londres et 10 à Elbing (Prusse), toutes ces constructions sont entreprises en Italie, à Spezia, Castellamare, Venise, Livourne et Sestri-Ponente (rivière de Gênes). On remarquera sans doute le grand nombre de torpilleurs de haute mer dont les Italiens se promettaient le concours. Ces petits navires, sauf un très petit nombre, ne purent être mis en service pendant les dernières opérations; les torpilleurs d'un échantillon plus faible donnèrent en revanche tout ce qu'on en pouvait attendre, ainsi que les éclaireurs et les avisos-torpilleurs dont les qualités de vitesse furent très remarquées.

Je n'ai donné tout à l'heure aucun détail sur les 9 cuirassés d'escadre parce que je leur réservais une étude spéciale, aussi courte que possible cependant : 5 de ces *unités de combat* n'avaient plus grande valeur, à la vérité : c'étaient de vieux navires, cuirassés à 12, 15 et 20 ‰ au maximum, armés de pièces de 20, 22 et 25 ‰ d'un modèle ancien et d'une faible puissance, mûs par des machines qui leur donnaient à peine de 11 à 12 milles à l'heure. Mais, encadrés et soutenus par les quatre plus récents, le

Duilio, le *Dandolo*, l'*Italia* et le *Lepanto*, ils pouvaient former encore une escadre redoutable.

Nos lecteurs connaissent déjà le *Duilio* et le *Dandolo*, grands *garde-côtes offensifs* armés de canons de 100 tonnes, cuirassés à 55 %ₘ et filant de 14 à 15 nœuds. Le principal reproche que l'on pût faire à ces engins était que leur structure, analogue à celle de notre type *Indomptable*, ne leur permettait pas de se battre par grosse mer. Il n'en était pas de même de l'*Italia* et du *Lepanto*, cuirassés de haute mer, les plus grands et les plus forts qui fussent alors à flot. Ces deux navires devaient à leur énorme masse (près de 14,000 tonnes) et surtout à la hauteur de leurs œuvres mortes, qui les mettait à l'abri des coups de mer, les facultés offensives qui manquaient dans une certaine mesure à leurs aînés.

Comme ceux-ci, ils étaient armés de 4 pièces monstres de 103 tonneaux (calibre 43 %ₘ); mais ils y ajoutaient une batterie complète de canons de 15 %ₘ. La protection due aux cuirasses métalliques est limitée, dans les navires de ce type, aux *glacis* qui défendent les plates-formes des grosses pièces et au pont qui recouvre les machines. Toutefois, la flottaison est efficacement protégée par un système de cloisons qui divisent l'intervalle compris entre les *deux coques* en un grand nombre de cellules remplies de charbon.

C'est d'ailleurs la vitesse de ces superbes engins de guerre qui constitue leur plus précieux avantage : l'*Italia* a réalisé 17ⁿ,9 sans développer entièrement les 18,000 chevaux prévus par les devis.

En revanche, les facultés évolutives sont faibles, le tirant d'eau considérable, les machines délicates et compliquées, les gros canons privés d'une protection sérieuse.

Au moment où la guerre éclatait le *Lepanto* venait de terminer ses essais.

Ceux des trois cuirassés du type *Morosini* ou *Ruggiero-di-Lauria* étaient à peine commencés; un seul de ces bâtiments, qui rappellent l'*Italia,* mais avec des dimensions réduites (11,000 tonnes au lieu de 13,800), put figurer avec honneur dans la dernière période de la guerre.

L'organisation de la marine italienne se rapproche beaucoup de la nôtre : l'inscription maritime, les engagements volontaires à long terme et le *volontariat* d'un an[1] suffisent jusqu'ici à recruter le corps des équipages de la flotte. Ce corps comprend les huit spécialités de marins (gabiers), canonniers, timoniers, torpilleurs, mécaniciens, infirmiers, fourriers et ouvriers de professions. Notre catégorie des *marins fusiliers* n'est pas représentée dans la flotte italienne : nous verrons dans la suite quelles furent les conséquences de cette lacune.

La durée du service effectif des inscrits appelés à faire partie du contingent annuel est de 4 ans; mais ils se doivent à l'État de 20 à 39 ans.

Le corps des officiers de vaisseau se recrute parmi les élèves de l'Académie navale de Livourne, qui fournit aussi des ingénieurs et des officiers mécaniciens. Les cadres étaient d'ailleurs un peu étroits et le ministre ne tarda pas à se voir obligé de puiser dans la marine marchande un fort contingent d'officiers auxiliaires.

Effectif total pour l'exercice 1887 : 15,000 hommes, budget ordinaire : 85,000,000; budget extraordinaire : 13,000,000.

La marine marchande italienne peut fournir au gouver-

1. Qui n'existe pas dans notre marine.

ITALIE CENTRALE

Extrait de la Géographie du Cᵗ Marga.

Échelle de 1 : 3,700,000

Nancy, Imp. & Lith. Berger-Levrault

nement un concours précieux pour une expédition d'outre-mer : la seule *Compagnie générale* serait en mesure de transporter 70,000 hommes. L'amirauté, il faut le dire, regrettait de se voir obligée, pour la seule expédition d'Abyssinie, de recourir aux compagnies de navigation ; aussi la loi du 30 juin 1887, en attribuant au département une série de crédits à répartir sur les exercices de 1888 à 1896, avait-elle prévu la construction de 16 transports.

Au reste, les événements ne permirent pas au gouvernement italien de faire usage des ressources de sa marine marchande ; les troupes d'Abyssinie furent bloquées à Massouah par la division française de la mer des Indes, et, malgré les efforts qui furent faits pour les ravitailler, elles furent obligées de capituler peu de jours avant l'armistice.

9 corps d'armée italiens sur 12 sont cantonnés et recrutés sur le littoral : il s'en faut cependant que les concentrations de troupes soient aussi faciles qu'en Allemagne, et cela tient dans une large mesure à la mauvaise disposition du réseau de chemins de fer.

« Les lignes qui suivent le littoral, dit le commandant « Marga dans sa *Géographie militaire,* seraient facilement « interceptées si l'ennemi disposait d'une flotte capable « de lutter avec la marine italienne. » Les opérations dernières se sont chargées de démontrer la justesse de cette observation : c'est qu'en effet ces lignes épousent exactement tous les contours de la côte, s'offrant ainsi aux coups du plus faible navire ; le plus souvent, d'ailleurs, elles n'ont qu'une voie, et il faut reconnaître que l'organisation du service ne rachète pas ce désavantage.

Disons aussi que le gouvernement italien faisait dans ces dernières années de grands efforts pour créer, à l'intérieur de la Péninsule, un réseau à double voie complètement à l'abri de toute entreprise.

Le IVe corps, avec Plaisance et Gênes comme chefs-lieux des divisions actives, se recrute dans le duché de Parme et dans la Ligurie.

Le VIIIe, dans la Toscane : Florence et Spezia en sont les chefs-lieux.

Le IXe, dans le territoire de Rome.

Le Xe, dans la Campanie (Naples et Salerne).

Le XIe, dans les Calabres, les terres de Bari et d'Otrante (Bari et Catanzaro).

Le XIIe, en Sicile (Palerme et Messine).

Le VIIe, dans les Abruzzes, la marche d'Ancône et la Capitanate (Ancône et Chieti).

Le VIe, dans les Romagnes et le Modénais. (Bologne et Ravenne).

Le Ve, dans la Vénétie (Vérone et Padoue).

Les troupes du commandement militaire de Sardaigne dépendent du IXe corps.

Les brigades de cavalerie dont le territoire fait partie de l'Italie péninsulaire sont celles de Rome (2 régiments, Lucques et Rome) et de Caserte (4 régiments, Caserte, Capoue, Naples et Sainte-Marie).

Les *milices territoriales* chargées en cas de guerre d'assurer la défense du littoral et particulièrement la protection des batteries de côte contre un débarquement, n'avaient encore qu'une organisation rudimentaire lorsque la guerre éclata : on s'efforçait, dans l'hiver 1887-1888, de créer des cadres sérieux avec des officiers tirés de l'armée active.

Du coup d'œil d'ensemble que nous avons jeté sur les institutions maritimes de l'Allemagne et de l'Italie, il ressort qu'elles offrent à l'observateur des différences sensibles. La marine allemande semble plutôt organisée pour la défensive et la marine italienne pour l'offensive : ces deux caractères résultent de la position même de ces puissances sur l'échiquier européen, de la configuration et des circonstances hydrographiques de leurs côtes. Les institutions paraissaient avoir sagement consacré un ordre de choses fixé par la nature ; mais, au moins pour l'Italie, il faut le dire encore, la guerre survint avant que sa flotte eût atteint le degré de puissance qui pouvait lui permettre de racheter par une offensive hardie et vigoureuse la faiblesse défensive de son littoral.

CHAPITRE II.

SPEZIA.

Offensive rapide de l'escadre française au début de la guerre. — Bataille de Spezia. — Bombardement de Castellamare. — Combat de la Maddalena. — Occupation de cette rade.

Le 30 mars 1888, l'Allemagne refusait d'accepter la médiation du roi de Suède dans l'incident de Nomeny; le 31, l'avant-garde du XVe corps allemand occupait Frouard... La guerre était virtuellement déclarée.

L'Italie, obéissant à cette volonté puissante qui dominait depuis tant d'années toute sa politique, se rangeait décidément, par un manifeste lancé le 1er avril, du côté de nos implacables ennemis.

Les mesures prises à ce moment par le cabinet de Rome exigent un examen détaillé :

Le Ier corps d'armée, concentré à Turin, devait occuper la ligne des grandes Alpes; les IIe et IIIe, concentrés à Coni, celle des Alpes maritimes, les compagnies de chasseurs alpins couvrant ces rassemblements. Les IVe et VIe corps devaient occuper la Ligurie, le VIe corps laissant cependant sa cavalerie et une brigade d'infanterie à Ravenne et sur le littoral de l'Adriatique. Le VIIIe devait porter le plus tôt possible son quartier général à Pise, nœud important des chemins de fer de Toscane; une brigade restait à Spezia pour en former la garnison[1]; le régi-

1. Spezia est, comme notre Toulon, le centre d'un grand camp retranché.

ment de cavalerie de Lucques et un régiment d'infanterie devaient protéger Livourne et son littoral.

Le IXe corps allait se concentrer à Rome, détachant un régiment de cavalerie à Grosseto et un régiment d'infanterie à Civita-Vecchia. En revanche, deux des quatre régiments de la brigade de cavalerie de Caserte seraient poussés au nord sur le littoral du territoire romain, les deux autres observant celui de la Campanie. Le Xe corps, rassemblé à Naples, pourvoirait par des détachements à la défense des golfes de Gaëte et de Salerne. Le XIe corps, forcément coupé en deux, arriverait à peine à protéger Tarente, Brindisi, Otrante et Bari, avec sa première division, Reggio, Catanzaro et Cosenza avec sa deuxième. Le VIIe corps, lui aussi distribué sur un très vaste territoire, devait, aussitôt formé, avoir une division à Ancône-Pesaro, une brigade à Chieti, une autre à Foggia, nœud de chemins de fer du haut Napolitain, avec un détachement à Manfredonia, point de débarquement connu.

Le Ve corps concentrait ses divisions à Vérone et à Padoue-Venise; l'attitude indécise de l'Autriche, que les événements de Bulgarie avaient beaucoup refroidie pour la triple alliance, ne permettait pas au gouvernement italien de dégarnir complètement sa frontière du Nord-Est.

Enfin les troupes du gouvernement de Sardaigne se concentraient à Cagliari et à Ozieri, considéré comme le *réduit* de la défense de l'île; elles devaient faire un détachement à Terranova (côte Nord-Est) par où se font les communications d'Ozieri avec la Maddalena.

Le ministre de la guerre espérait avoir les corps de la haute Italie prêts à marcher au bout de 15 jours; la concentration de ceux de l'Italie centrale exigeait 18 jours; quant aux XIe, XIIe et VIIe corps, les difficultés particulières des communications autant que le « particularisme » et l'apathie des populations ne permettaient pas de compter avant trois semaines sur un concours effectif.

Le plan de mobilisation de la flotte italienne prévoyait la formation de 3 divisions et de plusieurs escadres légères: la première division, réunie à Spezia, se composerait de 4 cuirassés d'escadre, dont le *Duilio*, de 4 croiseurs ou avisos rapides, d'un transport et de 10 torpilleurs. La deuxième division devait occuper la Maddalena avec 2 cuirassés d'escadre, le *Dandolo* et l'*Affondatore*, 1 croiseur, 1 transport et 10 torpilleurs. La troisième, armée à Castellamare, était destinée à renforcer éventuellement l'une ou l'autre des deux premières : c'étaient les deux grands cuirassés *Italia* et *Lepanto* qui en faisaient le fond ; deux avisos torpilleurs et les trois torpilleurs de haute mer disponibles leur étaient adjoints.

On réservait à cette escadre le rôle de *division mobile*, acceptant ou refusant le combat à son gré; armée à Naples, elle était justement au centre de la mer Tyrrhénienne, à peu près à égale distance (200 milles ou 220 milles) du canal de l'île d'Elbe, des bouches de Bonifacio, de Marsala et du détroit de Messine.

En outre, un des vieux cuirassés d'escadre et les 4 cuirassés de 3e classe, quelques canonnières, quelques croiseurs de types anciens et une vingtaine de torpilleurs devaient composer les défenses mobiles de Gênes, Livourne, Gaëte, Naples, Palerme, Messine, Tarente et Ancône.

Enfin deux croiseurs rapides et deux torpilleurs étaient détachés, le lendemain même de la déclaration de guerre, dans le canal qui sépare la Corse de la Ligurie.

Ces mesures étaient parfaitement rationnelles dans leur

ensemble : elles auraient pu suffire aux exigences du premier moment si l'armement des trois principales divisions avait été plus rapide ; mais, malgré tous les efforts du ministre, le port de Spezia, sur qui retombait le gros de la besogne, se déclarait débordé ; il fallait faire passer brusquement 12 ou 15 navires, dont 6 du premier rang, de la position de réserve à celle de l'armement complet, avec effectif du temps de guerre ; il fallait constituer la défense mobile, dont il n'existait qu'un noyau, compléter l'armement des forts, les pourvoir d'un personnel exercé au maniement des nouvelles pièces, installer les officiers et les matelots de la réserve dans leur service des observations et des postes d'inflammation des torpilles de fond, où ils se montraient entièrement neufs... Le recrutement des équipages et surtout des mécaniciens se faisait avec lenteur; on doutait qu'avant 12 jours les deux divisions de Spezia et de la Maddalena fussent, non pas prêtes au combat, mais capables de prendre la mer. En attendant on n'avait sous la main que le *Duilio* et le *Dandolo,* armés en permanence, mais qui étaient justement au bassin, leurs carènes exigeant un nettoyage à fond. Le 2 avril, cependant, le *Dandolo* avait pu partir pour la Maddalena avec le *Flavio-Gioja,* croiseur rapide, et 2 torpilleurs. Le même jour, le *Duilio* sortait du port et embarquait ses poudres; l'*Ancona* et la *Maria-Pia,* cuirassés d'escadre, tenus en rade avec un demi-effectif, pouvaient être considérés comme disponibles, ainsi que le croiseur *Cristoforo-Colombo* et l'aviso rapide *Barberigo.*

4 torpilleurs de la défense mobile croisaient à quelques milles au large de Tino.

A Castellamare, on se trouvait aux prises avec de plus grandes difficultés encore, cet arsenal, destiné à être transféré dans un avenir prochain à Tarente, n'ayant plus ses approvisionnements et ses équipes d'ouvriers au complet.

Cependant, comme le *Lepanto,* terminant ses essais, ne demandait que des travaux insignifiants, toute l'activité du personnel se portait sur l'*Italia,* dont on venait de réparer les chaudières et la machine. Toutefois, *la division mobile* ne serait prête à marcher que vers le 6 avril.

A Venise, on armait avec la plus grande célérité 4 croiseurs, 2 avisos, destinés à la divison mobile, et un bon nombre de torpilleurs.

Examinons maintenant l'attitude et les projets de la flotte française de la Méditerranée.

Le 15 mars, l'escadre d'évolution comprenait : 1° *4 cuirassés d'escadre avec armement complet* et tout prêts pour le combat : le *Colbert*, portant le pavillon du vice-amiral commandant en chef, l'*Amiral-Duperré,* le *Courbet* et la *Dévastation,* portant le pavillon du contre-amiral.

Ces navires avaient, en janvier et février, terminé quelques réparations et nettoyé leurs carènes.

2° *4 cuirassés armés avec effectif réduit,* mais capables de marcher au bout de deux jours : le *Trident,* le *Richelieu,* le *Friedland,* le *Redoutable.*

3° Trois éclaireurs d'escadre : le *Milan*, le *Condor* et le *Faucon* (ces deux derniers appartenant à la catégorie des croiseurs-torpilleurs).

4° Deux torpilleurs de haute mer et un aviso-torpilleur, la *Couleuvrine.* En outre, dans le cas d'une offensive rapide dans la Méditerranée, la *défense mobile* de Toulon pouvait mettre 4 torpilleurs de première classe à la disposition de l'escadre.

Le 27 mars, le grand croiseur rapide *Sfax,* parti de Brest le 21, avait rallié le pavillon du vice-amiral.

Le garde-côtes cuirassé *Indomptable*, récemment détaché de l'escadre, et armé avec effectif réduit, terminait quelques installations destinées à lui permettre de tenir la mer par gros temps sans trop de fatigue : à côté de lui son frère jumeau le *Caïman* terminait son premier armement ; on ne pouvait compter sur ce navire qu'après quelques semaines d'essais.

Enfin le port de Toulon pouvait armer en 10 jours un certain nombre de navires placés en 2e catégorie de réserve :

Le cuirassé de 2e classe (cuirassé de station) *Triomphante ;*

Les croiseurs *Dupetit-Thouars* et *Linois ;*

Les avisos de station *Papin, Inconstant ;*

Les éclaireurs d'escadre *Hirondelle* et *Desaix*, et 16 torpilleurs.

La flotte de charge, aisément disponible en 15 jours, se composait de 5 grands transports, du type *Mytho*, de 6 transports du type *Tarn* et de 3 transports de matériel.

Dès le 28 mars, au moment où les mauvaises dispositions de l'Allemagne se dévoilaient, l'ordre avait été donné en secret de prendre toutes les dispositions pour que l'escadre fût prête pour toute destination à la mer ; des détachements de marins étaient acheminés de Rochefort et de Brest sur Toulon pour compléter les effectifs des navires placés en 1re catégorie de rade. Le 4e régiment d'infanterie de marine devait préparer un bataillon de 800 hommes, l'artillerie de marine une batterie de canons de montagne et l'armement de 6 pièces de 16 c/m, modèle 1870, pour batterie de côte.

Le 31 mars, le vice-amiral commandant l'escadre, qui avait été appelé à Paris, reprenait la direction de son armée navale ; le 2 avril, tous les navires qui la composaient étaient prêts à prendre la mer, à l'exception du *Redoutable*, retenu, au dernier moment, par une avarie dans son appareil de changement de marche (mise en train).

Le 2, à 10 heures du matin, les 7 cuirassés restants, les croiseurs et les torpilleurs appareillaient et faisaient route pour le Sud jusqu'à 16 milles de Toulon, la vitesse réglée à 11^{n},5. Vers midi, la route était donnée sur le golfe de Spezia dans l'ordre suivant : le croiseur *Sfax* et 2 torpilleurs de haute mer formant la pointe d'avant-garde, à 15 milles en avant du gros de l'escadre ; le *Milan* et le *Condor* à 12 milles sur le flanc gauche, vers les côtes de Provence ; le *Faucon* à la même distance sur le flanc droit, avec l'ordre de pousser à la nuit une reconnaissance vers le cap Corse ; la *Coulcuvrine* et deux des quatre torpilleurs de 1re classe formant la jonction entre les éclaireurs et les flanqueurs et le gros de l'armée navale. Celle-ci naviguait en peloton d'escadre, la première division en tête. Le 7e cuirassé, le *Friedland*, et les deux derniers torpilleurs constituaient l'arrière-garde à 5 milles en arrière du gros.

Les éclaireurs et les flanqueurs avaient l'ordre de se jeter sans hésiter sur les navires similaires de l'ennemi que l'on ne manquerait pas de rencontrer, soit aux atterrages de Corse ou de Provence, soit en avant de Spezia, et de s'efforcer de les enlever. L'amiral comptait beaucoup sur la marche supérieure de son avant-garde et sur la puissance offensive du *Sfax*.

Cette confiance ne devait pas être trompée : à 2 heures du matin, le 3, l'avant-garde qui naviguait, comme toute l'escadre, les feux de route éteints, se heurtait, à 10 milles de Spezia, à deux torpilleurs italiens placés en grand'gardes.

Ces deux petits navires prenaient chasse aussitôt et brûlaient des fusées ; à 2 heures 30 minutes ils étaient atteints par les 3 bâtiments français ; une rapide passe d'armes s'engageait alors. Après deux torpilles lancées sans succès contre le *Sfax,* les torpilleurs italiens étaient capturés ; l'un d'eux était armé aussitôt avec des hommes fournis par le croiseur français, l'autre était coulé.

A 3 heures du matin, le gros de l'escadre arrivait sur le lieu de l'escarmouche ; le *Milan* et le *Condor* n'étaient pas encore en vue ; on croyait entendre le canon dans le Nord, vers Rapallo ; le *Faucon* n'avait rien aperçu de suspect dans les parages du cap Corse.

A 3 heures 15 minutes, un feu blanc et un feu rouge montant au grand mât du *Duperré,* sur lequel le vice-amiral avait mis son pavillon, indiquaient que le commandant en chef se décidait à entreprendre l'attaque de Spezia en suivant exactement le programme arrêté d'avance en rade de Toulon.

La marche en avant était reprise, cette fois à $12^n,5$, le *Richelieu,* le *Trident,* le *Colbert* et le *Friedland* développant toute leur puissance ; les bâtiments légers devançaient les cuirassés, mais cette fois à 2 milles seulement.

A 4 heures, au moment où l'aube commençait derrière les hautes cimes de l'Apennin toscan, les 6 torpilleurs, la *Couleuvrine* et le *Faucon* s'engageaient résolument dans la passe ouest de la rade de Spezia, longeant la terre le plus possible pour se mettre à l'abri des batteries della Castagna, Santa-Maria, Varignano et Pezzino ; deux grands canots à vapeur placés dans l'anse de Portovenere avaient été coulés sans coup férir.

Au reste, la surprise de l'ennemi était complète.

Les trois cuirassés *Duilio, Maria-Pia* et *Ancona* n'avaient pas leurs feux allumés ; seuls leurs projecteurs électriques fonctionnaient d'une manière très satisfaisante, leur montrant fort bien l'adversaire, mais ne leur fournissant aucun moyen assuré de le repousser. La canonnade commençait, confuse, incertaine, dans la demi-obscurité ; les hotchkiss et la mousqueterie des navires italiens faisaient rage, mais sans grand effet sur des ennemis lancés avec des vitesses de 19 à 20 nœuds. A 4 heures 15 minutes, la *Maria-Pia* et l'*Ancona* étaient coulés et le *Duilio* avait été touché par deux torpilles Whitehead ; ses compartiments étanches le préservaient seuls d'une destruction complète et son capitaine prenait la résolution de profiter de la brise du Sud qui se levait pour aller s'échouer vers San-Cipriano. Il était temps, d'ailleurs : déjà la première division de l'escadre française pénétrait dans la baie, le *Courbet* et l'*Amiral-Duperré* par la passe de l'Ouest, le *Colbert* et le *Friedland* par la passe de l'Est ; le *Courbet* se dirigeait en toute hâte vers le *Duilio ;* mais, arrêté par la brusque diminution des fonds, le cuirassé français se contentait d'envoyer à l'italien sa bordée de 34% et de 27% et, tournant court avec ses deux hélices, enfonçait son éperon dans les flancs du grand croiseur *Savoïa,* qui coulait aussitôt.

Le spectacle qu'offrait alors le golfe de Spezia était à la fois lugubre et imposant. Le jour, un jour sombre sous un ciel couvert de nuages, se faisait peu à peu ; la canonnade était intense et ses éclats étaient répercutés en longs roulements par les gorges de l'Apennin ; la mer se couvrait de débris de mâtures, d'embarcations à demi pleines d'eau où des malheureux cherchaient à se cramponner, mêlant leurs cris au crépitement de la fusillade et des mitrailleuses.

Déjà les torpilleurs et les avisos, leur terrible mission

accomplie, s'efforçaient de rompre les chaînes qui fermaient le port militaire : 2 cuirassés et 4 croiseurs, encore dans l'arsenal, leur paraissaient une proie assurée. Mais le commandant en chef de l'escadre française, satisfait des résultats obtenus, ne se souciait pas de compromettre son triomphe en laissant à ses adversaires le temps de se remettre de leur surprise. D'ailleurs le plein jour allait bientôt permettre aux artilleurs des forts de rectifier leur pointage, jusque-là si incertain qu'un seul projectile de 24 c/m avait atteint le *Colbert* au-dessus de la flottaison, sans déterminer des avaries graves.

A 4 heures 50 minutes, le signal du ralliement général et absolu montait en tête du grand mât du *Duperré*, appuyé par le son d'une « sirène à vapeur », qui perçait l'horrible fracas de plus de 80 canons de gros calibre.

A 5 heures 15 minutes, au moment où les cuirassés sortaient de la rade par la passe Est, devant la batterie Santa-Teresa, un projectile de 900 kilogr., lancé par le canon de 100 tonnes de la batterie Santa-Maria (côte Ouest), atteignait la tourelle de tribord AV du *Duperré*, heureusement avec une certaine obliquité, perçait la cuirasse et s'arrêtait dans le massif qui la supporte, déterminant dans la plate-forme du canon de 34 c/m un ébranlement qui la paralysait. Presque en même temps, une torpille ou un groupe de torpilles de fond éclatait sur l'avant du *Friedland*, mais pas assez près pour lui causer une voie d'eau dangereuse... Les observateurs, troublés ou mal servis par leurs engins, s'étaient trompés de quelques mètres.

Les œuvres mortes des navires de haut bord avaient reçu dans ce dernier passage de vive force un certain nombre de projectiles de 16 c/m et de 24 c/m des forts de la rive droite.

A 6 heures du matin, l'armée navale était ralliée à 4 milles au sud du golfe ; le *Milan* et le *Condor* avaient rejoint la 2e division, après avoir coulé un aviso italien à 8 milles au sud-ouest de Sestri-Levante.

On s'apercevait alors de la disparition d'un des torpilleurs de 1re classe, coulé probablement par les canons-revolvers des cuirassés italiens.

Les pertes en personnel signalées à l'amiral s'élevaient à 23 tués et 67 blessés ; les avaries paraissaient facilement réparables : le *Trident* avait éteint un commencement d'incendie, provoqué par l'explosion d'un projectile de 24 c/m (venu sans doute du fort Pianelloni), qui avait percé trois ponts et avait éclaté tout près d'une des soutes à poudre de l'avant, tuant et blessant plusieurs hommes employés au passage des gargousses.

La *Couleuvrine* avait été percée de part en part, mais heureusement au-dessus de la flottaison, par un obus de faible calibre, probablement d'un canon à tir rapide de 57 m/m [1] ; le projectile avait traversé le petit navire à l'Ar sans éclater.

A 8 heures, le commandant en chef, après avoir fait appeler tous ses capitaines à son bord et leur avoir donné ses instructions, mettait la route sur le canal de l'île d'Elbe. La vitesse était réglée à 10 nœuds, le *Richelieu* ayant eu quelque peine, la veille, à suivre l'escadre.

L'intention du vice-amiral était de surprendre devant Castellamare la *division mobile* italienne, et, en tout cas, de mettre cet arsenal hors d'état de servir pendant longtemps ; d'ailleurs une démonstration sur Naples lui avait

---

1. Projectiles d'acier de 4k,350 ; vitesse initiale : 560 mètres.

été recommandée dans ses instructions générales : cette opération se liait à un système d'attaques combinées contre le littoral de la mer Tyrrhénienne, système que nous développerons dans le chapitre suivant.

Il y a 290 milles de Spezia à Castellamare ; la flotte française devait franchir cette distance en 29 heures, mais le vent de Sud au Sud-Est avait fraîchi, les terres étaient embrumées, et ce fut seulement à 11 heures du matin, le 4, que les éclaireurs doublèrent l'île de Ponza, à 40 milles environ de Castellamare ; derrière l'île on avait aperçu un petit aviso italien, qu'on sut depuis être le torpilleur de haute mer *Folgore ;* ce navire avait pris chasse aussitôt, poursuivi par les éclaireurs. Le *Sfax,* malheureusement, était obligé de marcher à une allure réduite, à cause de l'échauffement d'une tête de bielle. Le *Folgore* disparaissait à 1 heure dans le canal d'Ischia ; il n'avait pas cessé de correspondre par signaux avec la vigie de cette île : il était donc probable que l'escadre arrriverait trop tard pour rencontrer les deux cuirassés italiens au mouillage ; d'ailleurs, depuis le coup de vigueur de la veille, l'ennemi, certainement averti de la catastrophe de Spezia, devait se tenir sur ses gardes. En effet, le *Lepanto* avait, depuis le soir du 3, tous ses feux allumés ; dès que le sémaphore d'Ischia l'eut averti de l'approche de l'escadre française, il appareilla, prit à sa remorque l'*Italia,* qui n'était pas en mesure de marcher, et disparut derrière Capri, laissant dans le canal qui sépare cette île de la pointe de Sorrente (la Bocca-Piccola) le *Folgore* et le *Saetta,* torpilleurs de haute mer, pour protéger sa retraite.

A 3 heures, l'escadre donnait dans le golfe. L'amiral signalait : 1° au *Sfax,* qui avait repris sa vitesse de plus de 17 nœuds, au *Balny* et au *Déroulède*, torpilleurs de haute mer, de poursuivre les deux torpilleurs italiens qui se montraient dans la Bocca-Piccola et de tâcher de se procurer des nouvelles des deux cuirassés en interrogeant les pêcheurs répandus dans les deux golfes.

2° Au *Friedland* et au *Colbert*, de se diriger sur Naples et de battre le château de l'Œuf et le fort Saint-Elme en s'efforçant de ménager les habitations particulières ; ces deux cuirassés devaient en outre armer en guerre leurs embarcations et faire main basse sur les navires italiens de commerce, les vapeurs surtout, mouillés devant le Castel-Nuovo. Le commandant en chef espérait trouver au moins un navire chargé de charbon.

3° A la *Dévastation* et au *Redoutable*[1], de suivre à distance le *Sfax* et les torpilleurs se dirigeant vers le Sud, de manière à protéger l'escadre contre un retour offensif des deux cuirassés italiens, s'ils étaient encore à peu de distance et en mesure de combattre.

4° Au reste de l'armée navale, de commencer le bombardement de Castellamare d'après le plan convenu.

A 4 heures du soir, en effet, le premier coup de canon était tiré par l'*Amiral-Duperré*, et la vitesse du tir réglée à un coup par 5 minutes pour les canons de 14 c/m,

Un coup par 7 minutes pour les canons de 10 c/m,

Un coup par 10 minutes pour les grosses pièces, les canons de 34 c/m exceptés.

Le *Faucon* et le *Condor* recevaient, à 5 heures, l'ordre de remorquer devant *Torre Annunziata* dix embarcations portant deux compagnies d'infanterie de marine, qui devaient occuper la station du chemin de fer et détruire l'embran-

1. Qui avait rallié l'escadre dans le canal de l'île d'Elbe.

CIVITAVECCHIA, ROME ET NAPLES

N° 3

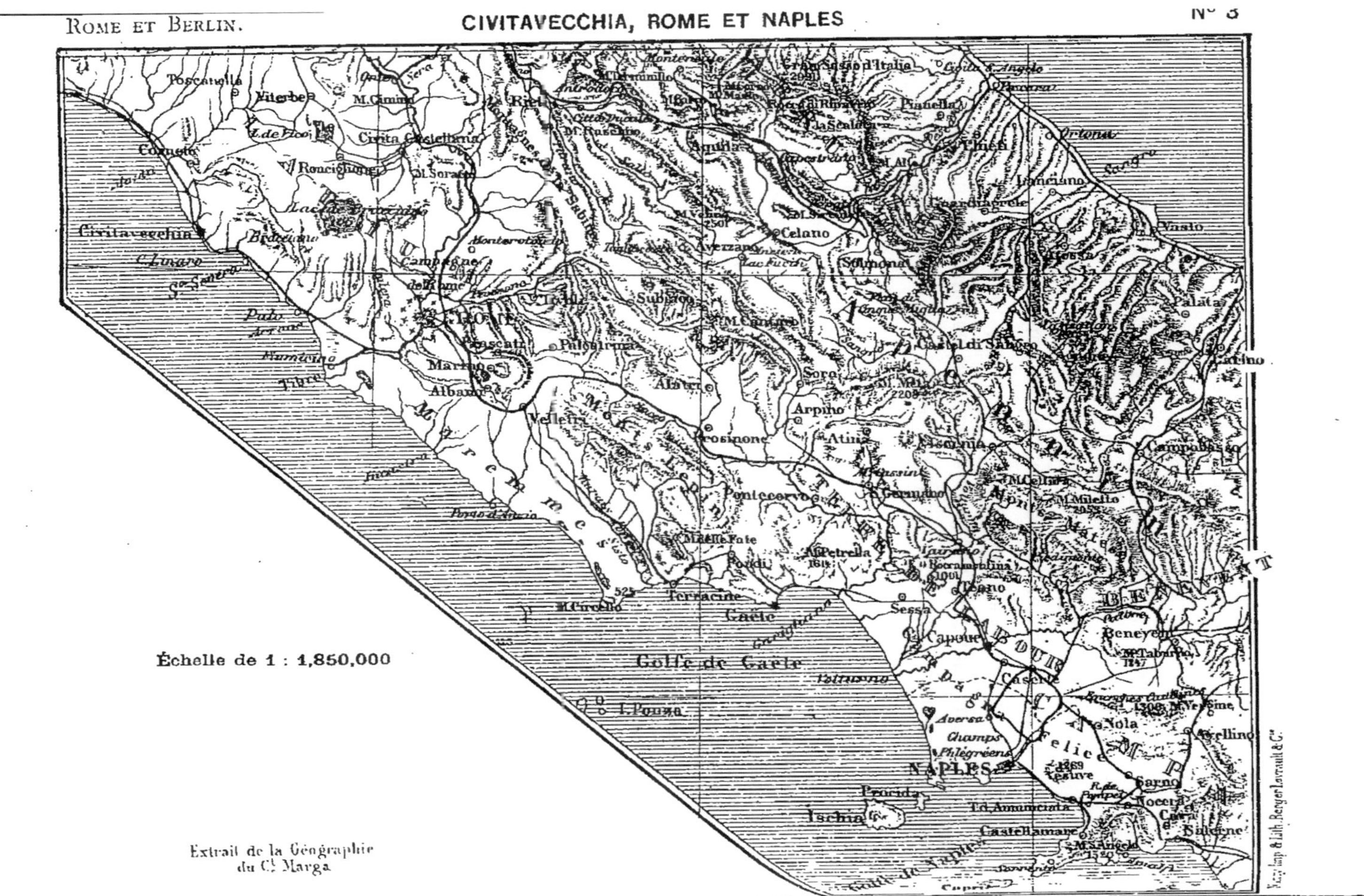

Échelle de 1 : 1,850,000

Extrait de la Géographie du Cl Marga

Nancy, Imp. & Lith. Berger-Levrault & Cie

chement de la voie de Salerne à Naples avec celle de Castellamare, et, si possible, la fabrique d'armes portatives.

Le *Milan* était envoyé devant Salerne même, avec l'ordre de couvrir la voie de projectiles si un train faisait mine de se diriger sur Castellamare.

Au reste, ces sages précautions devaient être inutiles : les troupes italiennes du Xe corps, déjà réduites par l'envoi de forts contingents en Abyssinie, commençaient à peine à recevoir leurs réservistes. Le commandant en chef du Xe corps, se bornant à protéger la grande cité de Naples avec le peu de forces dont il pouvait disposer, assistait impuissant à la destruction de Castellamare et au bombardement des vieux ouvrages de la capitale napolitaine.

Les dépêches qu'il envoyait à Rome pour demander des secours ne recevaient pour toute réponse que cette question inquiète et pressante : « *Lepanto* et *Italia* sont-ils sauvés ? » C'était là, en effet, le seul point vraiment intéressant pour le ministère italien ; il savait que les Français ne pouvaient encore entreprendre un débarquement sérieux et se résignait assez facilement à la destruction du vieil arsenal des rois de Naples, pourvu que les deux grands cuirassés en qui se résumait tout l'espoir de la marine italienne fussent hors de danger.

A 6 heures, le bombardement était interrompu, la destruction des batteries, des magasins et des chantiers paraissant assez avancée. Aussitôt : signal d'armer en guerre les embarcations ; à 6 heures 15 minutes, le corps de débarquement de l'escadre et deux compagnies d'infanterie de marine débarquent sans coup férir à l'est du môle de Castellamare, occupent toute l'enceinte de l'arsenal et poussent des reconnaissances sur la route de Salerne. Les détachements de torpilleurs achèvent de détruire tout ce qui a pu échapper aux obus de l'escadre : plusieurs navires sont coulés et la carcasse du grand cuirassé *Re-Umberto,* encore sur chantiers, est éventrée en plusieurs endroits.

A la nuit close, l'opération était entièrement terminée; le signal du ralliement était fait et, peu à peu, jusqu'à minuit, les divers détachements de l'escadre rejoignaient l'amiral.

Les embarcations du *Friedland* et du *Colbert* avaient capturé et détruit un certain nombre de navires de commerce ennemis : un vapeur, chargé de charbon anglais, mais naviguant pour la maison italienne *Nicolo-Oderset,* avait été épargné et dirigé sur Castellamare. L'amiral prenait aussitôt la résolution de mouiller devant l'arsenal et de compléter pendant la nuit et pendant la matinée suivante son approvisionnement de combustible; les petits navires et les éclaireurs devaient s'accoster au parc à charbon de Castellamare et faire le plein de leurs soutes.

D'ailleurs, toutes les précautions étaient prises pour se défendre d'une surprise : les feux restaient allumés, les chaînes étaient démaillées en arrière de la bitte, les filets pare-torpilles disposés autour des cuirassés, les canots à vapeur et les torpilleurs chargés de faire des rondes au large et d'écarter impitoyablement toute embarcation de pêche. Les faisceaux des projecteurs électriques se croisaient dans tous les sens, tantôt perçant la légère brume qui s'étendait sur Naples et sur le golfe, tantôt faisant jaillir de la nuit sombre les débris fumants de Castellamare.

Au petit jour, le *Sfax* et ses annexes ralliaient le gros de l'escadre; leur poursuite avait été sans résultat; mais, de l'ensemble des renseignements recueillis auprès des caboteurs, il était permis de conclure que les cuirassés italiens avaient pris le chemin de Messine et peut-être de Tarente, avec une avance suffisante pour se dérober à toute attaque.

Le 5, à 8 heures du matin, les 8 cuirassés, le *Sfax* et le *Milan*, ayant épuisé les 1,200 tonneaux du vapeur italien, sabordé et coulé aussitôt, l'armée navale quittait le golfe de Naples et se dirigeait vers les Bouches de Bonifacio en réglant sa vitesse à 10 nœuds.

Aussitôt que le gouvernement français avait reçu, par l'intermédiaire des sémaphores de Bastia[1], le 3 avril, la nouvelle du succès de l'escadre à Spezia, l'ordre avait été donné au préfet maritime de Toulon d'expédier le cuirassé garde-côtes *Indomptable* et trois torpilleurs aux ordres du contre-amiral commandant la marine en Corse ; cet officier général, qui avait déjà sous son commandement un croiseur de 2e classe, un transport-aviso et trois torpilleurs, devait tenter le plus tôt possible une attaque contre la position de la Maddalena ; il lui était recommandé cependant de ne pas s'engager à fond et de se borner à une surveillance attentive si les forces italiennes paraissaient supérieures. Quand cet ordre parvint à sa destination, le commandant de la marine était déjà prévenu par ses torpilleurs de l'arrivée à la Maddalena du *Dandolo* et de ses annexes.

Un combat entre la division française et les navires italiens ne lui parut pas disproportionné, malgré l'appui que l'ennemi devait tirer de quelques ouvrages à peine ébauchés et de deux barrages disposés dans les passes du Nord, plutôt contre les torpilleurs que contre des navires de haut bord.

Le 5, à midi, l'*Indomptable*, parti la veille au soir de

1. Le *Faucon* avait longé la côte, pendant que l'escadre descendait dans le canal de l'île d'Elbe et avait signalé en *chiffre secret* : « Opération contre Spezia terminée avec succès. »

Toulon, apparaissait devant Bonifacio ; aussitôt le commandant de la marine portait son pavillon sur ce garde-côtes, y convoquait ses capitaines et arrêtait les dispositions suivantes : « A 1 heure du matin, le 6, l'*Indomptable*, le « croiseur *Dupetit-Thouars* et deux torpilleurs appareille- « ront et se présenteront au jour devant la *Bocca-Scirocco*, « au sud-est de Caprera ; ils pénétreront ainsi dans le bas- « sin oriental de la Maddalena et combattront le *Dandolo* « et ses annexes partout où ils pourront les rencontrer ; le « *Dupetit-Thouars* aura surtout pour mission de répondre « aux feux des ouvrages de San-Stefano (fort Saint-Geor- « ges, notamment). On évitera autant que possible de « s'engager dans le bassin occidental (rade d'Agincourt et « port de la Maddalena), qui est le plus défendu, avant que « les 4 torpilleurs du 2e groupe aient prononcé leur atta- « que. Ceux-ci, convoyés par le transport-aviso jusqu'à « l'îlot *Spargi*, se tiendront à l'abri de la pointe *Sardegna* « jusqu'à ce qu'ils aient entendu le canon du 1er groupe ; « à ce moment ils pénétreront dans la rade et viendront « prendre à revers le *Dandolo*, qui sera, suivant toute appa- « rence, engagé contre les assaillants du sud-est.

« Le transport-aviso, se tenant à l'extérieur de la Bocca- « Maestro, à l'ouest de la ligne du câble télégraphique, « s'efforcera de prendre à revers et de canonner le fort de « la pointe sud de l'île de la Maddalena. »

Ces dispositions, qui avaient pour but, dans leur ensemble, de placer le redoutable cuirassé italien entre deux groupes de torpilleurs s'appuyant sur le garde-côtes français, et en même temps de l'attirer au dehors du bassin occidental, où il pouvait combattre sous la protection d'assez nombreux ouvrages, ne reçurent pas d'exécution.

Le 5, en effet, le ministre de la marine italienne, à peu

près assuré que les parages de la côte est de Corse et de l'île d'Elbe étaient libres, donnait au *Dandolo* l'ordre d'évacuer la Maddalena, de détruire l'armement des forts, d'en prendre à son bord le personnel et de regagner Spezia avec ses torpilleurs. On laissait au commandant du cuirassé la faculté de convoyer et de remorquer un transport [1] qui servait de bâtiment central pour les services de la marine et pour la défense mobile de la rade, ou bien de le détruire, s'il estimait que la marche inférieure de ce navire pût compromettre son bâtiment.

Le commandant du *Dandolo* s'était hâté d'exécuter ces instructions dans la journée du 5. Dans la soirée, il avait expédié à Spezia le croiseur *Flavio-Gioja* avec une partie du personnel de la marine et de la guerre. Le 6, un peu avant le jour, au moment où le premier groupe des Français doublait la pointe nord de Caprera, il franchissait la passe des *Biscie* avec le transport et les 2 torpilleurs, faisant route à l'Est pour éviter toute mauvaise rencontre sur la côte de Corse.

Malheureusement, à 5 heures du matin, ses torpilleurs, qui marchaient en avant-garde, avaient signalé dans l'Est-Sud-Est de nombreux panaches de fumée ; il ne pouvait y avoir de doute sur la valeur de cette indication : c'était la flotte française qui atterrissait sur le feu du cap Ferro [2].

Le *Dandolo* changea aussitôt sa route et força de vapeur ; bientôt il devint évident qu'il fallait sacrifier sa conserve : le transport fut évacué aussitôt et coulé.

Cette opération avait pour résultat, quelque hâte qu'on y pût mettre, de retarder la fuite du cuirassé italien : déjà il était visible que l'escadre française s'étendait vers le

1. La *Dora*.
2. Voir le croquis, page 42.

Nord et que ses éclaireurs cherchaient à couper la retraite de la division italienne ; le commandant du *Dandolo* prit la résolution de regagner la Maddalena, comptant sur sa parfaite connaissance de ces parages accidentés, soit pour remonter au Nord vers Razzoli et Lavezzi avant que l'escadre française eût atteint le débouché du détroit, soit pour s'échapper par l'Ouest si la mer paraissait libre dans cette direction. Le *Dandolo* avait filé 14 nœuds passés à ses essais de recette, mais sa carène était sale et il ne pouvait guère compter que sur 13 nœuds de vitesse.

A 6 heures 30 minutes, le groupe italien, le cap à l'Ouest-Sud-Ouest, doublait les Biscie, lorsque le torpilleur d'avant-garde signala une division française sortant de la Bocca-Scirocco. C'était l'*Indomptable* et ses torpilleurs qui, fort désappointés en trouvant vides les deux bassins de Maddalena et de Caprera, se lançaient à toute vapeur dans l'Est, sur la foi de quelques indications arrachées à grand'-peine aux pêcheurs de la côte.

Ainsi, de tous côtés, l'ennemi apparaissait. Le *Dandolo* ne changea pas sa route : puisqu'il fallait combattre, le commandant italien préférait se mesurer d'abord avec le garde-côtes français ; s'il parvenait à lui passer sur le corps avant l'arrivée des éclaireurs de l'escadre, il ne désespérait pas de mettre son plan primitif à exécution.

La tâche de l'*Indomptable*, il le faut reconnaître, n'était pas aisée : on ne peut plus *arrêter* un cuirassé ennemi, résolu à poursuivre sa route, en lui opposant son travers, comme le faisaient quelquefois nos pères ; quelle que soit la puissance des gros canons, quelle que soit l'efficacité des torpilles Whitehead, un bâtiment bien cloisonné et pourvu de pompes puissantes continuera toujours à marcher malgré ses blessures et se rira de vos efforts si vous ne pouvez engager avec lui qu'une rapide passe d'armes. Seul un coup d'éperon peut amener un résultat décisif, immédiat; mais il faut pour cela qu'il y ait une mêlée ou que du moins les deux adversaires isolés se livrent à des évolutions, ou bien encore qu'il y ait entre eux une différence de vitesse très sensible.

Tel n'était pas le cas : le *Dandolo* accusait la ferme intention de pénétrer dans la Bocca-Scirocco ; l'*Indomptable,* peu à son aise dans cette passe étroite, cherchait à devancer son adversaire dans le bassin extérieur qui s'étend à l'est de Caprera vers les Biscie ; à 7 heures, le combat s'engageait à l'ouverture du *golfe d'Arsachena* et la fortune se chargeait, dès la première passe, de délivrer de toute inquiétude le commandant italien : un projectile d'un des canons de 100 tonnes de la tourelle AR avait pénétré dans la superstructure de l'*Indomptable* et y avait fait des ravages énormes : les cheminées étaient percées, les porte-voix, timbres, indicateurs et transmetteurs d'ordres, les chaînes du Farcot étaient en pièces ; la superstructure même avait été soulevée par l'explosion et le blockhaus du commandant chancelait sur ses bases.

En même temps l'un des torpilleurs italiens avait fourni un coup heureux qui avait percé la muraille du cuirassé français ; mais la double coque avait résisté.

Au reste, le *Dandolo* avait, lui aussi, de graves avaries : un projectile de 42 c/m avait atteint l'une de ses grosses pièces de la tourelle avant et l'avait mise hors de service : c'était là un coup de hasard dû peut-être à un pointage défectueux ; mais ce qu'il faut noter à l'honneur de l'*Indomptable,* c'est que sa mousqueterie des hunes et ses canons-revolvers avaient fait d'affreux ravages dans les tourelles et sur le pont du *Dandolo :* les balles avaient pénétré partout, les obus de 37 ᵐ/ₘ et de 47 ᵐ/ₘ avaient percé le blockhaus, blessant le commandant, tuant un officier et deux timoniers placés à côté de lui... Les petits projectiles révélaient déjà leur étonnante puissance.

Quoi qu'il en fût, l'*Indomptable,* envahi par la fumée, privé momentanément de ses moyens de transmission d'ordres, sa vitesse bien diminuée par la brusque diminution du tirage, était désormais hors d'état de barrer le chemin à son adversaire ; le contre-amiral signala aussitôt à ses torpilleurs de poursuivre l'ennemi, au *Dupetit-Thouars* et au transport-aviso, qui restaient exposés aux coups du redoutable cuirassé, de prendre chasse devant lui ; enfin, aux éclaireurs de l'escadre, qui apparaissaient devant les Biscie, de s'élever au Nord, vers le détroit, pour y devancer le *Dandolo.*

La lutte allait changer d'aspect : 5 torpilleurs français (le sixième avait eu sa chaudière percée par un projectile léger) se lançaient, à la suite du *Dandolo* et de ses deux torpilleurs, dans les passes rocheuses du canal de l'Orso.

La position était dangereuse pour l'italien, obligé de présenter son arrière, son gouvernail, ses deux hélices aux coups des torpilleurs ; déjà, malgré le dévouement de ses annexes, qui « chargeaient » à tour de rôle, s'efforçant de heurter avec leur avant leurs adversaires, un coup violent et un craquement sinistre sous sa muraille de tribord avaient appris au commandant du *Dandolo* qu'une torpille française avait atteint son but. L'angoisse du vaillant officier devenait poignante : ses hotchkiss paraissaient impuissants cette fois contre les tôles renforcées des torpilleurs français... Mais le dernier jour du *Dandolo* n'était pas encore venu.

A l'ouvert de Spargi, déjà, la mer avait grossi sous l'influence du mistral, qui soufflait depuis le lever du soleil. Les torpilleurs français commençaient à en ressentir les effets : leur vitesse diminuait au moment même où, le détroit s'élargissant, il allait leur devenir possible de manœuvrer pour envelopper le *Dandolo* ; le tir, d'ailleurs, devenait très incertain et le remplacement des torpilles lancées fort difficile. Bientôt il devint évident que la poursuite n'aurait plus d'objet ; du moins allait-on recueillir comme trophées d'une journée qui n'était pas sans gloire les deux torpilleurs italiens. En vain le *Dandolo* s'était-il efforcé de leur donner la remorque... il dut les abandonner pour ne songer qu'à sa sûreté, et lorsqu'en effet les éclaireurs de l'escadre, la *Couleuvrine* et le *Faucon* en tête, entrèrent dans les Bouches, où déjà la mer se faisait fort mauvaise, le *Dandolo* avait disparu dans le Sud-Ouest.

A 11 heures du matin, l'escadre mouillait tout entière dans la rade de l'Agincourt ; la division de Corse occupait le mouillage de la Maddalena.

Le vice-amiral prescrivait aussitôt les mesures propres à nous assurer la conservation de cette position précieuse : les ouvrages abandonnés par les Italiens étaient occupés par les quatre compagnies d'infanterie de marine ; un bataillon demandé au général commandant en Corse allait bientôt les renforcer. Les artilleurs de marine embarqués à Toulon étaient mis à terre avec deux batteries de montagne ; l'amiral faisait étudier la construction d'une batterie de canons de 16 $^{c}/_{m}$ sur le sommet de l'îlot de San-Stefano, *réduit central* de la position ; les bois devaient être fournis par le génie à Bonifacio, Porto-Vecchio et Ajaccio ; les pièces étaient annoncées de France et devaient venir par un transport. Enfin des communications optiques étaient installées avec Lavezzi et Bonifacio.

L'*Indomptable* pouvait se réparer par ses propres moyens ; cependant l'amiral, avant de regagner Toulon, laissait au commandant de la marine en Corse le cuirassé *Redoutable* jusqu'au moment où l'*Indomptable* serait entièrement disponible.

Le 8 avril, l'escadre de la Méditerranée mouillait à Toulon, où se préparait une expédition importante contre la capitale du royaume italien.

La Maddalena.

CHAPITRE III.

CIVITA-VECCHIA.

Formation de l'armée expéditionnaire. — Combat au large des Bouches de Bonifacio. — Occupation de Civita-Vecchia et de Fiumicino. — Diversions sur Naples et sur Ancône. — Destruction des voies ferrées du littoral.

Le rapport du commandant en chef de l'escadre, à son retour de sa première croisière, avait soulevé dans le public de vives controverses : tout en applaudissant aux succès qui avaient marqué le vigoureux coup de main de Spezia, tout en reconnaissant l'habileté dont le vice-amiral avait fait preuve dans la conduite générale des opérations, on regrettait que la poursuite de l'*Italia* et du *Lepanto* n'eût pas été plus sérieuse. On avait appris, en effet, que ces deux cuirassés, l'un remorquant l'autre, n'avaient pu filer plus de 12 nœuds et l'on en concluait que, malgré leur avance considérable, ils eussent été atteints par le *Sfax* et par le *Courbet,* appuyés par les torpilleurs de haute mer. Évidemment l'*Italia* n'aurait pas échappé à la destruction.

Il était facile de répondre à ces critiques en faisant remarquer que rien ne pouvait faire deviner à l'état-major de l'armée navale que l'*Italia* n'était pas en état de marcher, et que la guerre serait vraiment trop facile si l'on pouvait savoir exactement tout ce qui se passe chez l'ennemi.

Le combat de la Maddalena était aussi l'objet de commentaires variés : il était manifeste que le *Dandolo,* ne marchant plus que 13 nœuds en eau calme, devait en filer 9 ou 10 tout au plus dans l'ouest des Bouches, et l'on regrettait que le commandant en chef ne l'eût pas fait poursuivre activement par deux cuirassés de haut bord, à qui la mer n'aurait pas fait perdre autant sur leur vitesse normale.

Le rapport du vice-amiral répondait cependant à ces objections, quand il disait que les cuirassés ayant été lancés, avec l'ordre de pousser la chauffe à outrance, le *Courbet* et la *Dévastation* seuls avaient pu se détacher nettement du gros de l'escadre et porter secours à l'*Indomptable*, qui paraissait compromis ; que bientôt la *Dévastation* avait été forcée de ralentir son allure, à cause de projections d'eau dans ses cylindres ; que le *Courbet*, à la vérité, semblait en mesure de gagner de vitesse le cuirassé italien, malgré la grosse mer qui régnait au largo de Spargi, mais qu'il ne pouvait se servir de ses canons de 34 c/m de batterie sans risquer d'embarquer d'énormes paquets de mer et qu'il se trouvait dès lors dans une position d'infériorité manifeste devant les pièces de 100 tonnes du *Dandolo*.

On ne tenait pas assez compte, en effet, que l'escadre avait marché pendant 5 jours presque sans interruption, que les chaudières étaient encrassées, que les machines, quoique sans avaries graves, avaient toutes quelques petites réparations à faire : des joints de tuyaux, des presse-étoupes, des bagues, des dents de mise en train, etc., etc. Au reste, le ministre, appréciant exactement les difficultés où s'était heurté le commandant en chef, avait témoigné à l'escadre toute la satisfaction du Gouvernement et avait donné des ordres précis pour que tous ses navires fussent mis en état de reprendre la mer vers le 13 avril pour convoyer l'expédition dirigée contre Rome.

Le 12 avril, en effet, la mobilisation des corps français terminée, le ministre de la guerre et son collègue de la marine, rompant dans une certaine mesure avec les dispositions prises depuis longtemps au grand état-major, avaient arrêté un plan d'opérations combinées entre la flotte, le 16e et le 19e corps, plan dont voici les grandes lignes:

Pendant que les 14e et 15e corps, appuyés par les bataillons spéciaux des Alpes, couvriront la frontière du Sud-Est et profiteront même de leur avance sur les Ier et IIe corps italiens pour mettre la main sur le col de Tende, le 16e corps, réparti entre Cette, Marseille et Toulon, prendra passage sur des transports de l'État et des paquebots affrétés ; l'escadre de combat prendra à bord de ses grands navires toutes les fractions disponibles des 3e et 4e régiments d'infanterie de marine ; enfin une division du 19e corps, embarquée à Philippeville et à Bône sur les vapeurs des mines de Mokta-el-Hadid, et convoyée par la division navale d'Algérie (renforcée par la *Triomphante* et par les avisos *Papin* et *Inconstant*), devra se joindre sur la côte italienne au gros du corps expéditionnaire.

Le 17e corps (Toulouse) appuyait sur sa droite, portant la 33e division sur le Rhône, à Tarascon et Avignon, et la 34e vers Nîmes et Beaucaire. Il était ainsi en mesure de prendre pour objectif Lyon, Grenoble ou Nice ; il pouvait encore, les circonstances l'exigeant, fournir un appoint précieux à l'armée expéditionnaire.

La deuxième division du 19e corps devait, elle aussi, renforcer éventuellement l'armée d'Italie ou les corps qui défendaient la ligne des Alpes et de la Roya.

L'objectif général de l'expédition était Rome et le point de débarquement choisi Civita-Vecchia.

Pour entrer dans les détails d'exécution de ce plan, nous dirons quelles étaient les mesures prises pour l'embarquement des troupes du corps expéditionnaire:

Les deux divisions d'infanterie du 16e corps, les batteries divisionnaires attelées à 4 chevaux, un régiment de cavalerie, les sections de munitions, deux compagnies du génie, les ouvriers de chemins de fer et leurs parcs étaient dirigés sur Toulon, où les attendaient 5 grands transports du type *Annamite*, 4 du type *Tarn* et 3 transports de matériel. L'escadre prenait les états-majors et trois bataillons d'infanterie de marine, deux du 4e, un du 3e ; ce dernier régiment devait fournir encore deux bataillons, retardés par l'encombrement des lignes du Midi ; l'artillerie de marine avait fourni une deuxième batterie de montagne.

A Marseille, 8 paquebots de divers tonnages, réquisitionnés par le Gouvernement et tout prêts à partir, recevaient le deuxième régiment de cavalerie (à 3 escadrons seulement), le deuxième échelon du parc (en caisses blanches), une partie des convois administratifs, les ambulances comprises, les mulets de la batterie de montagne et 4 batteries de la réserve.

2 *cargo-boats* suivaient ce convoi, exclusivement chargés de charbon.

A Cette, 4 vapeurs, dont l'armement n'était pas aussi avancé, devaient prendre le reste des convois administratifs, les 4 dernières batteries et les 2 bataillons du 3e régiment d'infanterie de marine.

Déduction faite des équipages de pont, des canons de rechange, des attelages du 2e échelon du parc, du dépôt de remonte, de deux escadrons de cavalerie, de la réserve d'effets, et en opérant des réductions dans les voitures de bagages et dans les chevaux de rechange des états-majors, on était arrivé à n'embarquer sur ce premier convoi que 4,500 chevaux environ.

C'était déjà un remarquable résultat, mais il ne fallait pas se dissimuler que les chevaux et mulets embarqués sur les navires de commerce allaient se trouver dans de fort mauvaises conditions d'existence.

Le 13 au matin, l'escadre sortait de Toulon, réparée, réapprovisionnée en munitions et en combustible. Elle ne comptait que 7 cuirassés, le *Redoutable* n'ayant pas encore rallié le pavillon de l'amiral.

Les avaries de l'*Indomptable,* en effet, avaient exigé, après mûr examen, le renvoi à Toulon de ce garde-côtes cuirassé ; le *Redoutable* restait donc aux ordres du contre-amiral commandant la marine en Corse.

On activait le plus possible l'armement du *Caïman* et les réparations de l'*Indomptable.*

Le port de Toulon, au reste, s'était surpassé : toutes ses opérations étaient poussées avec une rare vigueur ; les approvisionnements généraux, seuls, avaient failli se trouver insuffisants et il avait fallu y suppléer par des marchés où l'intérêt du Trésor ne pouvait être convenablement garanti ; c'était là le résultat palpable d'imprudentes et inopportunes réductions.

Dans la journée du 13, l'escadre, après une pointe dans le Sud-Est, avait mouillé à la Ciotat (baie placée à peu près à égale distance de Toulon et de Marseille), d'où elle pouvait protéger contre toute attaque les deux grands ports où se rassemblait le gros du convoi.

Ses navires légers croisaient dans l'Est et dans le Sud.

Ces précautions n'étaient pas tout à fait inutiles : d'après les nouvelles reçues, la marine italienne, malgré ses pertes, était loin de se considérer comme battue ; le *Lepanto* et l'*Italia,* après s'être réfugiés sous les canons du phare de Messine, avaient regagné Spezia après la rentrée à Toulon de l'escadre française. Ces deux cuirassés s'étaient dérobés, à la faveur d'une nuit sombre et venteuse, à la surveillance du *Faucon* et de deux torpilleurs de haute mer détachés en observation dans les parages du cap Corse, de Spezia et de l'île d'Elbe. Le *Dandolo*, après avoir fait le tour de la Sardaigne, avait franchi le canal de Piombino sans rencontre fâcheuse ; le *Faucon* l'avait aperçu le 10 avril à la pointe du jour, au moment où il longeait la côte italienne vers Viareggio ; l'aviso français n'avait pas hésité à courir, lui et ses annexes, à la poursuite du cuirassé italien, qu'il espérait torpiller ; mais, en approchant de Spezia, il avait vu sortir de la baie trois torpilleurs ennemis et un aviso, qui venaient couvrir la retraite du *Dandolo* ; l'intervention de ces nouveaux adversaires avait mis fin à une attaque déjà bien audacieuse.

En somme, le 13 avril, la situation de la flotte italienne était celle-ci :

L'*Italia*, le *Lepanto*, le *Giovanni-Bausan*, l'*Andrea-Provana* et deux torpilleurs de haute mer constituant la *division mobile* étaient prêts à marcher ; toutefois on avait acquis la certitude que la vitesse de l'*Italia*, diminuée par l'usure rapide de ses chaudières, ne pouvait pas dépasser 15",5.

Le *Dandolo* avait à passer au bassin, non seulement pour nettoyer sa carène, mais encore pour fermer une large plaie faite dans sa coque par une torpille française, au combat de la Maddalena.

En outre, il avait à remplacer un canon de 100 tonnes et on ne pouvait lui en fournir un qu'en l'empruntant au *Duilio*. Ce dernier avait été renfloué, non sans peine ; mais ses avaries étaient telles qu'il ne fallait pas compter sur ses services avant la fin de la guerre.

Les travaux du *Dandolo* devaient durer six semaines. On pressait l'armement du cuirassé neuf *Ruggiero-di-Lauria* et des trois cuirassés restant de l'ancienne flotte : *Principe-Amedeo*, *Palestro* et *Castelfidardo*.

La rade était d'ailleurs à l'abri d'une nouvelle surprise ; les-mesures les plus minutieuses avaient été prises pour l'armement des forts et des batteries, pour le bon fonctionnement des postes d'inflammation de torpilles, pour la régularité de l'éclairage électrique des passes de la digue sous-marine, et chaque nuit, une division légère composée d'un croiseur rapide et de 4 torpilleurs, échelonnés jusqu'à 6 milles de Palmaria, observait le large.

A la même date du 13 avril, le gouvernement italien, averti de la concentration, dans les ports du golfe du Lion, d'un grand nombre de navires de charge, avait donné au commandant de la *division mobile* l'ordre de se tenir prêt à se jeter sur tout convoi qui paraîtrait destiné à opérer contre le littoral de la mer Tyrrhénienne, quelles que fussent d'ailleurs les forces navales qui le protégeraient.

La mobilisation des corps de la Péninsule avançait lentement ; on avait cependant pu fournir une brigade du VIIIe corps au vice-amiral commandant en chef à Spezia. Livourne avait deux bataillons, deux escadrons et une batterie d'artillerie légère ; Monte-Argentario trois bataillons ; Civita-Vecchia deux régiments du IXe corps, encore incomplets, et deux batteries de campagne. On travaillait beaucoup à fortifier le sommet de la hauteur *di Capuccini* qui domine la ville.

Le vieux cuirassé *Terribile* et deux torpilleurs devaient combattre sous le canon des ouvrages.

La mobilisation des Ier, IIe, IIIe et IVe corps était fort avancée et déjà des combats d'avant-postes avaient eu lieu sur la frontière des Alpes-Maritimes.

Le 14 avril, à 3 heures du soir, l'armée expéditionnaire

se formait à 6 milles au sud du cap Sicié. La flotte se composait de 59 navires de tous rangs.

1° *Escadre de combat*; 30 navires :

7 cuirassés ;
1 grand croiseur (*Sfax*) ;
3 éclaireurs d'escadre (*Milan, Desaix, Hirondelle*) ;
2 croiseurs-torpilleurs (*Épervier* et *Condor*) ;
1 aviso-torpilleur (*Couleuvrine*) ;
3 torpilleurs de haute mer (*Balny, Déroulède, Doudart de Lagrée*) ;
6 torpilleurs de 1re classe du type *60* ;
6 grands canots à vapeur vedettes, armés d'un canon-revolver de 47 m/m ;
1 transport torpilleur (*Japon*).

2° *Flotte de charge* ; 29 navires :

13 transports de l'État ;
8 paquebots affrétés à Marseille ;
2 *cargo-boats* (charbonniers) ;
6 remorqueurs tirés de Toulon et de Marseille.

Les quatre paquebots de Cette ne pouvaient rallier que trois jours plus tard : on résolut de ne pas les attendre, le plus important étant de s'assurer d'un point de débarquement avant la fin de la mobilisation italienne.

Comme moyens de débarquement, chaque transport disposait, outre ses embarcations réglementaires, de deux grands chalans en tôle ; les paquebots remorquaient des allèges à fonds plats.

Les navires de combat et les transports disposaient de 32 canots à vapeur de dimensions variées.

Enfin, l'effectif transporté, infanterie de marine comprise, s'élevait à 28,000 fantassins, 1,000 cavaliers, 3,000 artilleurs, 600 soldats du génie, 3,000 hommes des services auxiliaires; il y avait 72 pièces attelées et 12 canons de montagne.

A ces forces, le corps de débarquement de l'escadre pouvait fournir, pour l'opération même de la descente, un appoint de 1,500 hommes et de 3 batteries de 65 m/m traînées à bras.

Je ne m'étendrai pas sur les dispositions prises pour la navigation du convoi, de peur d'entrer dans des détails trop techniques : disons cependant qu'il était expressément enjoint aux capitaines de paquebots, *cargo-boats* et remorqueurs de ne pas s'éloigner des transports auxquels chacun de leurs navires était spécialement attaché pour la navigation; qu'il leur était commandé d'avoir leurs pompes et tous leurs moyens d'épuisement prêts à fonctionner, ainsi que des *prélarts* (toiles goudronnées et suivées) que l'on applique sur le flanc du navire en cas de voie d'eau.

Les transports de l'État étaient armés de pièces légères et de canons revolvers.

Le 14, à 5 heures du soir, la route était donnée sur les Bouches de Bonifacio, que l'amiral se décidait à franchir; le temps était parfaitement clair, le baromètre haut et les vents à l'Ouest-Nord-Ouest modérés. La vitesse, réglée sur l'allure normale des plus mauvais marcheurs, était fixée à 8 nœuds.

Le 15, à 2 heures, l'armée navale se présentait devant le détroit, qu'elle franchissait sans encombre, de 2 heures 30 minutes à 4 heures ; le temps restait très beau.

Un torpilleur de la station de Corse, venu de Bonifacio, avait remis au vice-amiral et au général en chef des dépêches du Gouvernement, qui portaient en substance : que la 1re division du 19e corps et ses 4 batteries, approvisionnées à 150 coups par pièce[1], était partie la veille (14), à 11 heures du matin, de Philippeville et de Bône; que l'ordre lui était donné de se tenir au large des terres et d'attendre le convoi principal à 25 milles dans le nord-ouest de Ponza. On prévenait en outre le commandant en chef que certains avis annonçaient la sortie de Spezia d'une division italienne, où figuraient l'*Italia* et le *Lepanto,* mais que le *Faucon* et ses annexes avaient l'ordre de ne pas la perdre de vue et, si possible, de la devancer sur les points importants où elle paraîtrait se diriger.

De ces nouvelles, le commandant de l'armée navale conclut aussitôt qu'une attaque de la division mobile italienne, soit sur son convoi, soit, ce qui eût été plus grave encore, sur le convoi des troupes d'Afrique, était imminente.

Avis en fut donné aux capitaines des bâtiments de combat, et la route fut mise aussitôt sur Ponza, malgré le retard fâcheux qui devait en résulter dans la descente : il était essentiel, en effet, de *couvrir* le convoi du 19e corps, dont l'escorte n'était pas en mesure de résister à la division italienne. Au reste, le *Sfax* était détaché en avant pour donner l'ordre à ce convoi de se diriger à l'O.-N.-O. vers l'armée navale, ce qui aurait pour résultat d'accélérer la jonction et, par suite, de diminuer le retard.

A 5 heures, au moment où le rapide croiseur français était déjà hors de vue, l'*Épervier,* qui flanquait l'armée navale à grande distance dans le Nord, se rapprochait à toute vitesse : des signaux couvraient ses mâts, malheureusement peu élevés au-dessus de l'eau ; bientôt cependant on put reconnaître le signal : « Force navale ennemie en vue

1. Approvisionnement normal des caissons et avant-trains : 154 coups.

dans Nord-1/4-Nord-Est », puis un deuxième signal indiquant que l'on apercevait 6 navires ennemis ; enfin que le *Faucon* et deux torpilleurs apparaissaient dans le N.-N.-E.

C'était la division mobile qui accourait, résolue à barrer le passage au convoi ; de l'issue du combat allait dépendre le sort de l'expédition.

Le vice-amiral prit aussitôt les dispositions suivantes :

1° Ordre à la 1re division de l'escadre de se diriger sur l'ennemi en marchant le plus rapidement possible ; elle devait être suivie des croiseurs et avisos-torpilleurs et des torpilleurs de haute mer ;

2° Ordre à la 2e division et aux torpilleurs de 1re classe de suivre la 1re, mais avec une allure plus modérée, de manière à se tenir entre la 1re division et le convoi ;

3° Ordre au convoi de suivre la 2e division, les grands canots à vapeur et les remorqueurs en tête, puis les *cargo-boats,* puis les transports de l'État, et, en dernier lieu, les paquebots affrétés.

A 5 heures un quart, l'amiral prévenait l'armée qu'il mettait son pavillon sur le *Desaix* et que l'état-major général du 16e corps l'y suivait. Le contre-amiral commandant en sous-ordre passait en même temps sur l'*Hirondelle.*

A 5 heures 25 minutes, ordre au convoi de marcher le plus doucement possible, tout en conservant la même route et le même ordre.

A 5 heures 35 minutes, ordre aux torpilleurs de haute mer, aux croiseurs et avisos-torpilleurs, au *Faucon* et à ses deux annexes, de commencer l'attaque.

La division italienne, composée des deux grands cuirassés *Italia* et *Lepanto,* des deux croiseurs *Giovanni-Bausan* et *Andrea-Provana,* des torpilleurs de haute mer *Folgore* et *Saetta,* s'avançait rapidement, les deux cuirassés en tête et de front, les croiseurs et les torpilleurs sur leurs hanches, à une encablure (200 mètres) de distance.

Il était évident qu'ils voulaient traverser rapidement les deux groupes de l'escadre française et se jeter sur les navires de charge.

A 5 heures 40 minutes, les petits navires de l'avant-garde française engageaient le combat en lançant leurs torpilles contre les cuirassés : les pièces légères (15%m) et les canons-revolvers leur répondaient seuls ; les canons de 100 tonnes se réservaient pour de plus dignes adversaires. Cette première passe semblait n'avoir pas amené de résultats : cependant on avait cru voir une gerbe d'eau soulevée tout près du flanc de tribord du *Lepanto*. Les croiseurs français, virant de bord, suivaient le groupe italien en combattant de près le *Giovanni-Bausan* et le *Provana*. Le *Faucon* ralentissait sa marche ; la vapeur s'échappait à flots de sa cheminée.

A 5 heures 45 minutes, les cuirassés se croisaient ; tout s'enveloppait d'une épaisse fumée d'où jaillissaient de longs éclairs : la canonnade était intense. Peu à peu cependant, les mâtures et les pavillons émergeaient de ce nuage blanchâtre : on voyait le *Courbet* et l'*Amiral-Duperré* terminer leur évolution et s'élancer à la poursuite des deux colosses italiens, qui marchaient toujours sur le convoi. Le *Provana* était en arrière, donnant de la bande sur tribord ; on le voyait s'enfoncer peu à peu. Le *Colbert* signalait « avaries graves » et stoppait un peu en dehors du champ de bataille.

A 5 heures 57 minutes, les Italiens croisaient le 2e groupe français : le *Courbet* seul avait pu les suivre et le vaillant navire faisait entendre avec régularité les coups de ses canons de 34%m.

L'anxiété était grande sur le *Desaix*.

Si, dans ce deuxième engagement, les cuirassés ennemis ne recevaient aucune avarie grave, les transports allaient être sérieusement compromis. L'amiral s'efforçait de suivre toutes les phases du combat, signalant aux cuirassés de la 1re division *Amiral-Duperré* et *Trident* de développer toute la puissance de leurs machines ; au *Milan* de se disposer à donner la remorque au *Colbert*; aux torpilleurs de haute mer de poursuivre les torpilleurs de l'ennemi, qui, se dérobant à la faveur de la confusion produite par le combat, semblaient vouloir, par un détour, atteindre le gros des navires de charge.

A 6 heures 5 minutes, le *Desaix*, suivant toujours les combattants à quelque distance, voyait se dissiper la fumée du deuxième engagement; la face des affaires était brusquement changée : le *Lepanto* et le *Giovanni-Bausan* se retiraient vers l'Est, sans essayer de rejoindre les navires de charge qui leur restaient à un mille dans le Sud; le cuirassé italien donnait de la bande sur tribord et sa vitesse semblait singulièrement diminuée ; l'*Italia* couvrait la retraite. On remarquait qu'un seul de ses canons de 100 tonnes tirait, mais à de grands intervalles ; en revanche, sa batterie de 15% faisait un feu nourri. L'amiral signalait aussitôt à l'armée navale de poursuivre l'ennemi sans observer d'ordre; cependant il invitait, par un signal spécial, la *Dévastation* et le *Courbet* à combiner leurs efforts contre l'*Italia* ; il donnait en même temps aux croiseurs et avisos-torpilleurs l'ordre de s'attacher à détruire le *Lepanto*.

A ce moment même, un des paquebots affrétés faisait des signaux de détresse : une torpille partie de l'un des torpilleurs italiens, *Folgore* ou *Saetta*, vainement poursuivis par les nôtres, venait d'exploser sous la hanche de bâbord de ce navire ; le capitaine craignait que ses pompes ne fussent incapables de le maintenir longtemps sur l'eau.

L'amiral donnait en conséquence l'ordre au chef de division des navires de charge de faire évacuer le paquebot par le personnel appartenant à la guerre ; ce personnel serait réparti sur les autres paquebots ; comme le temps manquait pour transborder le matériel, le navire devait faire route, remorqué par le *Colbert,* dont les avaries n'intéressaient pas la machine, sur la Maddalena, s'y échouer et aveugler sa voie d'eau par des moyens de fortune.

A 6 heures 30 minutes, la situation de l'armée navale était celle-ci : dans l'Est, et déjà à bonne distance, un groupe, que la nuit tombante rendait assez confus, poursuivait la division italienne réduite à trois navires : *Italia, Lepanto* et *Giovanni-Bausan ;* nous avions là le *Courbet* et la *Dévastation,* 2 croiseurs-torpilleurs, la *Couleuvrine* et 3 torpilleurs de 1re classe. Il était difficile de se rendre compte du résultat de l'engagement ; cependant la canonnade devenait intermittente.

Le gros de l'escadre, composé du *Duperré,* du *Friedland,* du *Trident* et du *Richelieu,* avait renoncé à la poursuite et naviguait à vitesse réduite à l'E.-S.-E. vers Ponza. Le *Milan,* le *Desaix* et l'*Hirondelle* se ralliaient à ce noyau. Le *Faucon,* après avoir réparé à faux frais son avarie, signalait qu'il pouvait marcher à une allure modérée. Les transports suivaient l'escadre ; le paquebot torpillé s'éloignait dans l'Ouest à la remorque du *Colbert ;* ce dernier cuirassé avait reçu, dans la première passe, un projectile de 908 kilogrammes au milieu de son fort central ; les ravages avaient été considérables : deux pièces de 27 c/m brisées, l'enveloppe de la cheminée percée en plusieurs endroits, 47 hommes tués ou blessés grièvement, tels étaient les effets du terrible obus de 43 c/m lancé par l'*Italia*.

L'amiral avait signalé au *Colbert* de se rendre à la Maddalena, d'y remplacer le *Redoutable*, qui viendrait le rejoindre devant Civita-Vecchia, et de s'y réparer provisoirement, en rendant compte par le télégraphe au ministre de la marine. Un des remorqueurs de la flotte de charge avait reçu l'ordre de convoyer le paquebot et le *Colbert*.

Peu à peu, les signaux de la tactique ou le télégraphe marin rendaient compte à l'amiral des divers incidents du combat. Le chef de division des navires de charge annonçait que le *Saetta* avait été coulé par deux des grands canots à vapeur; l'un avait percé sa chaudière de plusieurs coups de hotchkiss (47 m/m), l'autre, profitant de la diminution brusque de la vitesse du torpilleur italien, l'avait abordé en plein flanc et coulé sur le coup.

Les commandants des cuirassés rendaient compte de leurs avaries : le *Duperré* avait reçu un coup de canon de 100 tonnes à la flottaison; mais sa cuirasse de 55 centimètres l'avait efficacement protégé et le navire ne faisait pas d'eau.

Le *Richelieu* avait vu son faux-pont supérieur, à l'avant, percé par un obus de 25 c/m du *Giovanni-Bausan*; le *mât militaire* de misaine était ouvert, des logements, des soutes, des chemins de fer pour les passages avaient été plus ou moins atteints et détruits par les éclats. Ses canons de 24 c/m des tourelles, privés de carapaces, avaient perdu beaucoup de leurs servants, atteints par les nordenfeldt.

Je passe sous silence les avaries légères, mais nombreuses, causées par les excellents canons de 15 c/m des Italiens. Au reste, les capitaines s'accordaient à annoncer que leurs hotchkiss et leur mousqueterie paraissaient avoir causé à l'ennemi de grandes pertes et qu'il fallait leur attribuer notamment le silence des grosses pièces de 100 tonnes à la fin du combat.

A huit heures du soir, les cuirassés *Courbet* et *Dévastation*, les avisos et les torpilleurs ralliaient le vice-amiral, revenu à bord du *Duperré*.

Le *Courbet* annonçait que le *Giovanni-Bausan* était coulé, mais que les deux cuirassés italiens, malgré de très graves avaries, se retiraient dans le Nord-Est avec une vitesse de 13 à 14 milles à l'heure. L'avant des deux cuirassés français était criblé de projectiles de 15 c/m et de 57 m/m (canon rapide hotchkiss). Un des derniers coups de l'*Italia* avait emporté le blockhaus de la *Dévastation* et tué le commandant. Le *Courbet* confirmait les effets remarquables de notre mousqueterie et de nos canons légers : le feu plongeant des hunes de combat n'avait plus permis à l'ennemi la manœuvre de ses canons de 100 tonnes.

Quant au *Lepanto*, il avait certainement reçu une torpille qui avait détruit son hélice de tribord ; il ne marchait plus qu'avec une seule machine.

Enfin le *Giovanni-Bausan* avait reçu de la *Dévastation* un coup d'éperon mortel au moment où, pour sauver le *Lepanto*, menacé d'un abordage par l'arrière, il avait viré de bord et présenté son flanc.

L'insaisissable *Folgore* avait disparu.

Le 16 avril, à 3 heures du matin, les éclaireurs signalaient le *Sfax*, puis, à quelque distance à l'O.-S.-O., le convoi des troupes d'Afrique : on était à 65 milles de Ponza, à 60 milles de Civita et à 50 milles de la bouche du Tibre (Fiumicino). Le vice-amiral et le commandant en chef de l'armée appelaient à bord du *Duperré* le général

Le cuirassé d'escadre *Courbet*.

commandant la division du 19e corps, le chef de division commandant le convoi et l'escorte, et le contre-amiral commandant en sous-ordre l'escadre de la Méditerranée.

Dans cette conférence, et pendant que l'armée navale tout entière faisait route au Nord-1/4-Nord-Est à la vitesse de 10 nœuds, les dispositions suivantes avaient été prises pour la journée du 16 :

« Le *Courbet*, le *Sfax*, le *Condor* et deux torpilleurs de « haute mer, réapprovisionnés récemment par le *Japon*, « en eau, combustible et torpilles, formeront une division « légère qui aura pour mission de croiser au nord-ouest « de Civita et de prévenir tout retour offensif des cuirassés « italiens.

« Quand l'armée navale sera arrivée sur le parallèle de « Fiumicino, le convoi d'Afrique se détachera du gros « et se dirigera à vitesse réduite vers les bouches du « Tibre.

« Le contre-amiral commandant en sous-ordre prendra, « avec la *Dévastation*, la direction de ce convoi et celle des « opérations de la descente, si l'état de la mer et de la « barre du fleuve permet l'accès de Fiumicino. En tout « cas le débarquement ne devra pas commencer avant « midi, heure où l'opération contre Civita sera en cours « d'exécution.

« Le *Papin* et l'*Inconstant*, après avoir débarqué leurs « embarcations et mis leurs compagnies de débarquement « à bord du cuirassé *Triomphante*, seront échelonnés sur « la côte à la fois pour canonner, le cas échéant, la ligne « du chemin de fer de Civita à Rome, et pour répéter les « signaux de grande distance de l'amiral.

« Le *Milan* sera détaché par l'escadre, dans le même « but, sur la côte sud. Si les circonstances le permettent,

« les marins torpilleurs de cet éclaireur d'escadre seront « mis à terre et iront détruire la ligne du chemin de fer à « Santa-Severa.

« Le gros de l'escadre et le convoi du 16e corps attaque- « ront Civita-Vecchia ; si l'état de la mer le permet, des « détachements du corps de débarquement de l'escadre « seront jetés à terre au nord et au sud de la place, à la « *Fossa del Campo Santo* et à *Santa-Marinella.*

« En même temps le *Faucon* et un transport-écurie, la « *Gironde,* seront dirigés sur l'embouchure de la *Marta;* un « escadron de dragons sera mis à terre au moyen de cha- « lans fournis par la *Gironde* et la *Nive.* Le commandant « de cet escadron recevra directement, par l'intermédiaire « du sous-chef d'état-major de l'armée, des instructions « sur sa mission.

« Le vice-amiral recommande la plus exacte surveil- « lance vers le large et désire être prévenu de tout incі- « dent qui pourrait, soit devant Fiumicino, soit sur la « côte, retarder ou entraver l'exécution de ses ordres. »

A 10 heures du matin, le 16 avril, l'armée navale se présentait en effet devant Civita-Vecchia. Cette ville a une enceinte fortifiée déjà ancienne et peu armée : l'ouvrage *di Capuccini,* malgré tous les efforts des Italiens, n'était pas encore en état de rendre de grands services : cependant trois pièces de campagne y avaient été placées en batterie. La 1re brigade du IXe corps occupait la ville, le bagne (au nord) et le camp retranché (au sud). Le *Terribile* et ses deux torpilleurs se tenaient, faisant bonne contenance, à un demi-mille au large de la jetée.

La mer était calme, la brise au N.-N.-O., très faible.

A 10 heures 15 minutes, au signal du *Duperré,* le bombardement des ouvrages et du camp retranché commençait, les bâtiments de combat défilant, du S.-S.-E. au N.-N.-O., à 1,200 mètres des fronts de mer.

Le *Terribile*, après une défense honorable, se retirait, à 10 heures 20 minutes, dans l'intérieur du port; son commandant était résolu à le couler, aussitôt que les Français se présenteraient dans les passes, entre la jetée et le musoir du Nord. Les torpilleurs avaient été coulés par un feu écrasant.

A 11 heures, le feu de la place paraissant éteint, le *Duperré* signalait à l'armée navale de mouiller aux postes indiqués dans le plan de descente, puis d'armer les embarcations en guerre, enfin, à 11 heures 20 minutes, d'effectuer le débarquement.

A 11 heures 25 minutes, une violente détonation et une énorme gerbe de feu annonçaient que le commandant du *Terribile* avait mis son projet à exécution ; cet officier, cependant, s'était trompé en comptant que la carcasse de son navire coulerait dans la passe nord. Elle se soutint pendant quelques minutes sur l'eau, et, poussée par le vent et le courant, vint se ranger, en s'enfonçant peu à peu, le long de la jetée.

Le combat fut vif dans le petit port de Civita-Vecchia : les troupes italiennes y reprenaient l'avantage de la position et infligèrent à la première division des embarcations armées en guerre des pertes sensibles. Maïs bientôt se fit sentir l'influence des deux attaques de flanc : le général qui commandait la brigade du IXe corps, inquiet surtout de se voir coupé de la capitale par le débarquement de nos bataillons à Santa-Marinella, ne jugea pas devoir s'exposer à l'enveloppement tactique, et, à midi, cédant la ville maison par maison, il se retirait en bon ordre par la route de Bracciano. La hauteur des Capucins était, à la suite des troupes en retraite, occupée à 1 heure 15 minutes par le bataillon de chasseurs du 16e corps et deux bataillons d'infanterie de marine.

Déjà l'opération du débarquement de nos 37,000 hommes se poursuivait avec une parfaite régularité, grâce aux mesures prises par les états-majors généraux de l'armée et de la flotte.

Rien ne paraissait d'ailleurs devoir entraver l'exécution des ordres du vice-amiral; le *Milan*, se rapprochant de Civita, signalait que le débarquement des troupes d'Afrique venait de commencer et que la résistance paraissait devoir être insignifiante; il annonçait, en outre, que le chemin de fer était coupé à Santa-Severa.

Le *Faucon* et la *Gironde* revenaient, vers 2 heures, de leur expédition de la Marta. L'escadron de dragons était débarqué; le chemin de fer de Toscane avait été, comme dans le Sud, détruit en plusieurs endroits et l'on avait fait sauter le pont sur la Marta.

A 8 heures du soir, toute l'infanterie, six escadrons de cavalerie, 8 batteries attelées et les deux batteries de montagne étaient à terre; l'opération, il faut le dire, avait été favorisée par un temps exceptionnel, qui avait permis de faire descendre les fantassins en pleine côte, le port de Civita restant réservé aux voitures et à l'artillerie.

Les bâtiments de combat avaient employé la fin de la journée à faire du charbon, les *cargo-boats* ayant pu accoster successivement tous les cuirassés.

A 8 heures, le vice-amiral avait appelé à l'ordre les commandants du *Friedland*, du *Trident* et du *Richelieu*, ainsi que ceux de 6 transports de l'État qui avaient débarqué tout leur personnel passager. Ces 9 navires devaient appareiller le lendemain 17, à 3 heures du matin, et faire route, en longeant la côte, sur Gaëte et Naples ; ils étaient chargés de simuler un débarquement, soit à l'embouchure du Volturno, soit dans la baie de Pouzzoles et, à cet effet, on rendait aux trois cuirassés leurs compagnies de débarquement, non compris les canons de 65 m/m. Après cette démonstration, cette division détachée rejoindrait l'amiral dans la matinée du 18.

Ajoutons que la division du Levant, concentrée à Corfou depuis que l'on pouvait prévoir l'entrée en campagne de l'Italie, avait reçu par dépêche chiffrée l'ordre de détruire du 15 au 17 avril la station de Castellaraccio, jonction des voies de l'Émilie et des Romagnes avec celle d'Ancône à Rome ; plusieurs fausses routes destinées à dépister la division italienne du Levant qui accourait, elle aussi, en toute hâte, avaient retardé jusqu'au matin du 17 avril son arrivée devant Ancône : là, tandis que le cuirassé *Vauban,* portant le pavillon du contre-amiral, combattait à la fois les fronts de mer de la place et le croiseur à réduit blindé *Varese*, vieux navire qui se tenait prudemment sous les forts, le *Seignelay* et le *Météore* mettaient à terre une forte compagnie de fusiliers marins et des escouades de torpilleurs qui détruisaient les rails, les aiguilles, les appareils de signaux, le poste télégraphique. Cette opération terminée, la division française remontait vers le N.-O., le long de la côte, tenant sous son canon la voie qui court sur le bord de la mer et empêchant la circulation des trains de troupe du VIIe corps italien.

CHAPITRE IV.

FIUMICINO ET LA GALERA.

Suite des opérations de l'armée expéditionnaire. — Lente concentration des troupes italiennes devant Rome. — Nouvelle attaque du cuirassé *Italia* et sa destruction devant Civita. — Combats de Fiumicino et de la Galera. — Prise du fort Portuense.

Dans les journées du 16 et du 17 avril, le ministère italien avait reçu les dépêches suivantes :

De Civita-Vecchia, le 16, 10 heures du matin : Flotte française en vue ; pas encore reçu les réservistes de la brigade ; demande renforts urgents ; *Terribile* se porte contre l'ennemi.

11 heures : Violent bombardement ; presque toutes les pièces de 16 c/m des remparts démontées ; pertes sérieuses ; débarquement imminent ; retraite semble menacée du côté de Santa-Marinella ; dirigerai brigade sur Bracciano si résistance devient impossible.

De Corneto, le 16, 1 heure du soir : Deux navires français débarquent cavalerie à l'embouchure de la Marta. Avons ici seulement un bataillon milice, faible effectif.

De Fiumicino, 11 heures matin : Bâtiments français en vue ; syndic craint débarquement ; nous disposons à couler bateaux sur la barre.

Midi : Embarcations nombreuses et chargées de troupes se dirigent sur le canal du Tibre ; la barre est praticable : avons pu couler seulement une allège chargée de pierres ; compagnie milice se retire sur Rome.

De Porto-Ferrajo, le 16, à 10 heures matin : Cuirassé *Italia* relâche ici et fait du charbon ; avaries combat du 15 réparées provisoirement ; *Giovanni-Bausan* et *Provana* coulés ; *Saetta* et *Folgore* disparus ; *Lepanto* a hélice tribord brisée, rejoint Spezia. 2 cuirassés français ont avaries très graves ; un transport coulé, un aviso hors de combat ; ennemi a subi grandes pertes, combat livré hier soir au large des Bouches.

De Spezia, le 16, 8 heures soir : Lepanto arrive avec avaries nécessitant passage au bassin ; machine tribord peut plus fonctionner ; arbre hélice faussé et branches brisées probablement.

Italia a relâché à Porto-Ferrajo pour charbon.

Lepanto a perdu beaucoup de monde ; il a fait passer plusieurs canonniers et timoniers à *Italia*.

Ruggiero-di-Lauria et les trois anciens cuirassés seront prêts à marcher dans 8 jours. *Doria* n'a pas encore ses canons de 43 c/m ; *Dandolo* embarquera canon de 45 c/m du *Duilio* après sa sortie du bassin.

D'Ancône, le 17, 8 heures matin : Division française en vue ; *Varese* et torpilleurs sortent du port.

9 heures 30 minutes : Varese rentre avec avaries sérieuses ; cuirassé français bombarde la ville ; deux autres navires se dirigent sur Falconara ; j'expédie un bataillon par sentiers de la crête des montagnes pour protéger station de Castellaraccio.

11 heures 30 minutes : Grands dégâts à la gare de Castellaraccio ; Français rembarqués après avoir détruit voie, aiguilles, télégraphe ; plusieurs trains signalés cependant sur la voie de Bologne et Rimini ; navires ennemis remontent la côte vers Pesaro.

De Bracciano, le 17, à 5 heures du soir, par exprès : 1re brigade IXe corps arrivée ici après grandes fatigues ; obligés abandonner 3 pièces campagne dans ouvrage *di Capuccini*. Un avis de Civita dit débarquement continuer sans interruption. Avis de Corneto disant cavaliers français courant sur Viterbe. Demande instructions pour diriger brigade.

De Naples, le 17, à 5 heures 30 minutes soir : Flotte française signalée par vigie d'Ischia, paraît se diriger sur le Volturno ; débarquement imminent ; X^{e} corps n'a encore que deux brigades incomplètes à Naples et Salerne ; un régiment à Gaëte ; renforts urgents ; je dirige cavalerie de Caserte sur le Volturno.

6 heures : Débarquement à Pouzzoles ; ateliers maison Armstrong très menacés ; château de Baïa occupé par ennemis ; j'appelle de Salerne ma 2e brigade ; la 1re occupe la ligne Pianura-Pausilippe avec la crête d'Astroni ; ville très agitée ; je demande instamment renforts du IXe corps.

Le récit des opérations de notre marine, fait dans le précédent chapitre, commente suffisamment ces dépêches.

Il est bon de dire, toutefois, que l'escadron de cavalerie débarqué à la Marta avait l'ordre de se porter le plus rapidement possible sur *Orte,* au confluent de la Nera et du Tibre, et de détruire les ponts des voies de Florence et d'Ancône qui s'y croisent. C'était un *raid* de 75 kilomètres : les cavaliers de Stuart pendant la guerre de sécession, la compagnie franche de Coumès, en 1871, en avaient fait de plus hardis.

Voici quelles furent les mesures prises, dans ces émouvantes journées du 16 et du 17, par le gouvernement italien :

Au général commandant le VIIIe corps, à Florence : Ordre de diriger immédiatement toutes les troupes disponibles sur Rome par les deux voies : *Florence, Arezzo, Foligno,*

Terni et *Empoli, Sienne, Chiusi, Orte* ; ne plus employer la voie du littoral ; l'ennemi occupe Civita et menace Rome ; garder une brigade à Spezia et un détachement à Livourne ; presser l'organisation des milices territoriales du littoral.

Au général commandant le VIIe corps, à Ancône : Diriger brigade déjà demandée sur Rome par le chemin de fer du Sud, *viâ Pescara et Solmona ;* puis par la route d'*Avezzano, Subiaco* et *Tivoli.* Division du Levant va arriver avec *Affondatore* expédié dans Adriatique ; aussitôt blocus levé, réparer la jonction Castellaraccio. Rome attaquée par armée expéditionnaire française.

Au général commandant le XIe corps (Bari) : Pousser le premier régiment formé sur Foggia avec de l'artillerie légère si c'est possible ; ce régiment sera destiné à renforcer éventuellement le IXe ou le Xe corps.

Au général commandant le Xe corps (Naples) : 1re dépêche le 16, à 4 heures du soir : Civita occupée par l'ennemi ; concentrez votre 1re division avec son artillerie et deux régiments de cavalerie à Caserte et Capoue ; disposez trains pour transport éventuel de ces troupes vers Rome.

2e dépêche le 17, à 3 heures du matin : Faites partir le plus tôt possible troupes désignées déjà ; disposez deux autres régiments de cavalerie avec batteries à cheval ; Rome sérieusement menacée.

3e dépêche le 17, à 8 heures du soir : Ordre itératif et absolu d'acheminer les troupes demandées sur Rome : cavalerie par la route du littoral, infanterie par la voie ferrée. Vous n'avez devant vous qu'une diversion sans importance ; faites fortifier hauteur des Camaldules.

Au préfet maritime du 1er arrondissement (Spezia) : Hâter réparations *Lepanto* et *Dandolo* ; presser armement du *R.-di-*

Lauria en sacrifiant, s'il le faut, celui des trois cuirassés anciens ; faites observer le canal de l'île d'Elbe et celui de Piombino par torpilleurs ; tâchez de savoir si convois détachés partent de Toulon pour rejoindre armée navale à Civita.

*Au commandant de l'*Italia *à Porto-Ferrajo :* Si vous jugez votre navire en état de combattre sans désavantage, attaquez convoi français à Civita ou à Fiumicino.

Au syndic d'Orte : Prévenez commandant des troupes de passage d'une attaque prochaine des Français contre les ponts et la voie du chemin de fer. Préservez fabrique Terni.

Cette dépêche resta sans réponse ; le télégraphe était évidemment coupé déjà et les craintes fort vives pour l'embranchement du chemin de fer; on avait essayé d'acheminer un régiment de cavalerie du IXe corps par la voie de Rome à Orte[1], mais elle était si encombrée par les batteries de la 2e division (Pérouse) qu'il fallut y renoncer.

Ce régiment fut lancé un peu à l'aventure par la route de Ronciglione contre l'escadron des dragons français, qu'il rencontra sur les bords du lac de Vico.

Nos audacieux cavaliers furent sabrés jusqu'au dernier après une vigoureuse résistance, mais leur tentative avait été couronnée d'un plein succès : ils avaient rapidement franchi le terrain assez accidenté qui s'élève vers Viterbe, avaient évité cette ville et s'étaient jetés à bride abattue sur Orte avant que l'ennemi pût y organiser une résistance sérieuse.

Les clefs de voûte des ponts une fois brisées à la dynamite et les appareils télégraphiques détruits, ils revenaient

1. Chemin de fer *à voie unique.*

vers la côte, n'ayant pris qu'une heure de repos, lorsque le 17, vers 5 heures du matin, ils furent atteints par les cavaliers italiens.

La réussite de cette remarquable opération doublait les embarras du grand état-major italien ; il n'avait sous la main, le matin du 17 avril, que trois brigades du IXe corps et les batteries divisionnaires ; la 4e brigade et tous les bagages de la 2e division étaient encore au delà d'Orte ; les batteries de la réserve s'organisaient à Rome même. Quant aux renforts des VIIe et VIIIe corps, on n'y pouvait compter que dans quelques jours. Seules les troupes du Xe corps allaient venir au secours de la capitale.

Les troupes immédiatement disponibles reçurent les destinations suivantes :

La 1re brigade descendra de Bracciano sur l'Arrone inférieur, barrant la route et la voie ferrée de Civita.

Les 2e et 3e brigades seront portées, au delà de la *Galera*, à la jonction des lignes de Civita et de Fiumicino.

Avant-postes de la 2e brigade poussés le plus loin possible vers Fiumicino ; la brigade de cavalerie et les batteries à cheval sur l'Arrone ; les batteries divisionnaires avec les 2e et 3e brigades.

La journée du 17 avait été employée de part et d'autre à se masser sur les points fixés par les états-majors.

Les Français, continuant à Civita le débarquement des voitures du train et des parcs d'artillerie, opération toujours longue et laborieuse, avaient poussé des reconnaissances des trois armes sur l'Arrone et vers Bracciano. Ce dernier point, fort important parce qu'il flanquait l'armée sur sa gauche, devait être occupé par deux bataillons et une batterie de montagne. Le 17, à 6 heures du soir, trois brigades françaises et l'infanterie de marine étaient massées en avant de Santa-Severa, vers le petit port de Palo.

Du côté de Fiumicino le débarquement des pièces et de leurs munitions paraissait offrir de grandes difficultés ; la brise de N.-O. avait un peu fraîchi et la barre devenait mauvaise ; les marins montraient dans ces circonstances délicates le plus grand dévouement et une habileté remarquable ; plongés dans l'eau toute la journée, souvent roulés par les volutes, ils réussissaient cependant à faire franchir la barre à quelques tartanes du pays dont on s'était emparé et que l'on chargeait de caissons de munitions d'infanterie d'abord, de caissons d'artillerie ensuite.

Le génie de la division du 19e corps se hâtait de fortifier le bourg de Fiumicino ; on profitait des levées de terre des anciens ports de Trajan et de Claude pour abriter nos fantassins derrière des retranchements improvisés ; les batteries de montagne [1] et la seule batterie de campagne débarquée y trouvaient aussi des épaulements tout préparés.

3 canots à vapeur armés de canons-revolvers couvraient, dans le canal du Tibre, le flanc droit de la position ; la gauche, déjà protégée par les marais qui s'étendent au nord de Fiumicino, pouvait à la rigueur recevoir quelque secours, en cas d'attaque en masse, des bâtiments mouillés sur la côte et dont les projectiles atteignaient les deux anciens ports.

Ces précautions, prescrites par le général en chef, étaient parfaitement justifiées par la position un peu en l'air de la division d'Afrique ; il était manifeste que, si l'ennemi parvenait à concentrer ses troupes devant Rome

---

1. Fournies par la *Dévastation*, la *Triomphante*, le *D'Estrées* et les avisos.

avant que le 16e corps fût prêt à marcher, les régiments du 19e corps seraient attaqués par des forces supérieures.

Le 18 avril, vers 5 heures du matin, le vice-amiral français était prévenu que la division détachée vers Naples apparaissait dans le Sud-Est; les derniers paquebots affrétés terminaient le débarquemeut de leurs voitures ; dans l'Ouest, à toute vue, on voyait les fumées de la division légère couvrant le gros de l'escadre ; bientôt un aviso détaché de cette division montrait, à peine visibles à l'horizon, des signaux de grande distance qui semblaient indiquer l'approche d'une force navale dont on ignorait encore la nationalité. L'amiral donnait aussitôt à l'armée navale l'ordre d'appareiller et de pousser les feux de toutes les chaudières ; malheureusement le *Duperré,* obligé de faire dans sa machine de tribord une réparation urgente, ne pouvait marcher qu'avec celle de bâbord. Aussi l'amiral, en passant sur le *Desaix,* avait-il prescrit à deux torpilleurs de se mettre à la disposition du cuirassé et de s'attacher à le protéger, en cas de combat.

A ce moment même, le *Milan* qui croisait le long de la côte, vers le Monte-Argentaro, ralliait l'armée à toute vitesse ; le signal : « navires ennemis en vue dans le N.-O. » flottait à ses mâts et, presque aussitôt après, un signal télégraphique complétant le premier annonçait à l'amiral que ces navires étaient l'*Italia* et le *Folgore.*

Les circonstances étaient critiques : le commandant en chef espérait bien que la force navale en vue dans l'Ouest n'était autre que le convoi de Cette et le *Redoutable* qu'il attendait d'un moment à l'autre ; mais enfin, il n'y avait encore aucune certitude. En tout cas, l'armée navale était dispersée; la division légère à 8 milles dans l'Ouest, la division détachée à 10 milles dans le Sud, à peu près ; la

Dévastation et le convoi d'Afrique mouillés devant Fiumicino, à 30 milles au moins ; enfin, le gros des transports, le *Duperré* dont la vitesse et les qualités évolutives étaient momentanément fort réduites, les éclaireurs d'escadre, les torpilleurs et les grands canots à vapeur, allaient recevoir seuls le choc du redoutable cuirassé italien.

L'amiral sentant qu'il fallait avant tout concentrer ses forces, signala : 1° *aux transports et aux paquebots,* de faire route le plus rapidement possible, le long de la côte, vers la division détachée ;

2° *A la division légère* (par l'intermédiaire du *Milan* et de l'aviso qui avait été détaché de cette division pour signaler l'approche des navires de l'Ouest), de rallier l'amiral en marchant à la vitesse maxima ;

3° A l'*Hirondelle,* de devancer les transports en montrant à la division détachée le signal d'augmenter de vitesse et celui du ralliement général sur le *Duperré ;*

4° *Aux torpilleurs disponibles,* de se diriger sur l'ennemi et de l'attaquer à fond ;

5° *Au commandant de la marine à Civita-Vecchia :* « L'armée navale appareille pour combattre ; continuez déchargement des chalans et allèges ; »

6° Enfin, au *Duperré* de suivre le *Desaix,* qui faisait route au S.-O., avec 10 nœuds de vitesse.

Vers 6 heures, le groupe italien s'engageait avec les torpilleurs français ; on voyait distinctement une gerbe s'élever sur le flanc de bâbord de l'*Italia,* qui, d'ailleurs, continuait sa route, droit sur le *Duperré.*

A 6 heures 30 minutes, il était évident que le combat entre les deux cuirassés était inévitable et l'amiral, rendant sa manœuvre indépendante, signalait au *Duperré* et à ses deux torpilleurs d'attaquer l'ennemi. Au même moment la division légère qui approchait rapidement, les avisos et torpilleurs de haute mer en tête, signalait que les navires en vue dans l'Ouest étaient français. C'était un grand point ; mais rien ne pouvait empêcher désormais le choc de l'*Italia* et du *Duperré*.

On remarquait que le cuirassé italien avait du gîte à bâbord[1]; mais cette circonstance lui était plutôt favorable en donnant à ses canons de 100 tonnes un angle de dépression plus grand et en lui permettant d'atteindre la flottaison du cuirassé français ; le commandant du *Duperré*, se rendant compte de ce danger, cherchait à passer sur le côté de tribord de l'*Italia;* mais sa manœuvre était gênée par la tendance de son bâtiment à venir sur tribord, par suite de l'avarie d'une de ses machines. De plus le torpilleur italien, qui avait réservé ses torpilles, menaçait le flanc du *Duperré*, si celui-ci inclinait sa route d'un bord ou de l'autre.

A 6 heures 45 minutes, après un moment de silence profond, les deux cuirassés se croisaient et quatre violentes détonations se faisaient entendre ; en même temps on voyait le *Folgore* évoluer rapidement et lancer une torpille sur le flanc de tribord du cuirassé français ; l'un des nôtres, placé sur la hanche du *Duperré*, tirait à son tour sur l'arrière de l'*Italia*, tandis que le second, éventré par un projectile de 15%, coulait à pic.

La fumée n'était pas encore dissipée que trois nouveaux coups de canon se faisaient entendre : c'étaient ceux de la tourelle *A*1 du *Duperré* et de la tourelle de tribord du cuirassé italien.

Celui-ci continuait sa route, mais en l'inclinant vers le

1. Résultat de l'engorgement des drains.

Le cuirassé *Italia*.

gros des transports qui fuyaient à toute vitesse dans le Sud. L'engagement avait cependant amené de part et d'autre des résultats décisifs : le *Duperré,* percé à la flottaison, sur l'avant de la maîtresse partie[1], par les deux coups de canon de bâbord de l'*Italia,* signalait à l'amiral que ses pompes parvenaient à peine à le soutenir sur l'eau et qu'il allait s'échouer à la côte, éloignée de 7 milles.

L'*Italia,* qui n'avait reçu que des avaries réparables des deux premiers coups du *Duperré,* avait eu son gouvernail et son hélice de bâbord avariés par le troisième, celui de la tourelle AR, tiré habilement au moment où sa hanche se dégageait de la fumée. C'était l'action de sa machine de tribord, tournant seule, et que le gouvernail ne pouvait plus suffisamment corriger, qui la faisait venir sur bâbord et lui donnait l'apparence de poursuivre les transports français. En réalité, le cuirassé italien n'était plus maître de sa manœuvre ; sa dernière heure avait sonné.

La division légère, en effet, arrivait sur le théâtre du combat ; les yeux exercés de l'amiral n'avaient pas tardé à lui révéler l'état où se trouvait réduit l'italien, et, passant avec le *Desaix* à ranger le *Courbet,* il criait lui-même au commandant de ce cuirassé d'aller donner à l'ennemi le coup mortel.

L'équipage de l'*Italia* ne faiblit pas à ce moment suprême ; les canons de 43 c/m, la batterie de 15 c/m, les canons-revolvers tonnèrent une dernière fois, causant au *Courbet* de graves avaries, broyant notamment la teugue et son canon de 27 c/m ; mais, quelques instants après, l'éperon du navire français pénétrait à deux reprises dans le flanc de bâbord de l'*Italia.* A 6 heures 55 minutes, le magni-

1. La cuirasse de ce navire, épaisse de 55 c/m à la maîtresse partie, s'amincissait jusqu'à 25 c/m en allant vers les extrémités.

fique chef-d'œuvre des amiraux Brin et Saint-Bon disparaissait dans les flots, en vue de cette côte italienne pour la défense de laquelle il avait si vaillamment combattu.

Les embarcations des navires français s'efforçaient de recueillir les victimes de cette catastrophe, mais le plus grand nombre des marins de l'*Italia,* le personnel de la machine surtout, avait coulé avec le navire. Le commandant et quatre officiers, sauvés par une baleinière du *Desaix,* étaient conduits devant l'amiral français qui leur témoignait les égards dus à une aussi noble infortune.

A 8 heures, le *Duperré,* qui enfonçait peu à peu, réussissait à s'échouer dans la baie de Santa-Severa à l'est du cap Linaro. Les vents étant fixés au Nord-Ouest et la mer assez belle, l'amiral ne désespérait pas de renflouer ce beau navire après avoir bouché ses plaies béantes par des moyens de fortune.

L'équipage était, en partie, logé sur le *Mytho,* transport de l'État qui restait mouillé à deux encâblures du cuirassé ; deux torpilleurs étaient détachés à la garde de ce groupe.

A 11 heures du matin, l'armée navale était rassemblée devant Civita-Vecchia et le déchargement des paquebots de Cette commençait à midi, après le repas des équipages.

Ce même jour, vers 5 heures du soir, le grand état-major italien ayant reçu les renforts attendus du Xe corps (une division d'infanterie et une brigade de cavalerie), prescrivait au commandant en chef du IXe corps d'attaquer le 19, de grand matin, la division française débarquée à Fiumicino.

Les troupes mises à la disposition de cet officier général se composaient de deux brigades complètes du IXe corps avec leur artillerie divisionnaire et deux batteries de la réserve, de trois régiments de la 1re division du Xe corps et d'un régiment de cavalerie avec une batterie à cheval.

La supériorité des Italiens était donc parfaitement accusée. Pour couvrir leur aile droite et leurs derrières ils disposaient de la 1re brigade du IXe corps, dont les avant-postes occupaient la ligne de l'Arrone, et de deux régiments de cavalerie. En outre, on espérait, pour le soir même, l'entrée en ligne de la dernière brigade d'infanterie du IXe corps.

Les Italiens, qui avaient commencé leur marche en avant vers minuit, dans l'espoir de surprendre au petit jour les avant-postes de la division française, furent retardés par divers incidents, entre autres par la surprise d'une colonne qui longeait le Tibre et qui reçut inopinément une salve de hotchkiss tirée par un canot à vapeur français audacieusement poussé en grand'garde à 4 kilomètres en amont de Fiumicino.

Il ne fallait plus espérer prendre les Français au dépourvu, et d'ailleurs le jour naissait quand on rencontra les avant-postes des troupes d'Afrique.

A 6 heures le déploiement était terminé ; le IXe corps tenait la gauche, vers le Tibre, et abordait de front le village de *Porto,* défendu par la légion étrangère, tandis que deux régiments du Xe corps attaquaient les levées de terre du port de Trajan et que la cavalerie menaçait le flanc gauche de la position française, vers Fiumicino.

Le premier choc ne fut pas favorable à l'assaillant : les Français étaient parfaitement postés et il était évident qu'une attaque brusquée n'avait aucune chance de succès.

C'était à l'artillerie (42 pièces) d'entrer en jeu et de préparer, en brûlant Porto et en ruinant les retranchements, les voies à l'infanterie italienne.

A 7 heures 30 minutes, les effets du canon paraissaient suffisants ; la faible artillerie des Français, composée en grande partie de canons de 65 m/m, abrités derrière des épaulements, n'était cependant pas réduite au silence ; mais le bourg de Porto sur lequel s'étaient portés les plus grands efforts de l'artillerie ennemie devenait intenable pour la légion étrangère.

A 7 heures 40 minutes, le commandant en chef du IXe corps ordonnait l'assaut : le village devenait le théâtre d'une lutte acharnée où l'on se disputait pied à pied des débris fumants, des murs calcinés. A la gauche française, par contre, le succès des défenseurs était complet : les deux régiments du Xe corps et une partie de la 3e brigade du IXe, abordant à découvert les levées de terre des deux anciens ports avaient été décimés par une véritable pluie de projectiles : une fois de plus les nouveaux fusils français avaient fait merveille ; le sol était jonché de cadavres et de blessés et sur aucun point l'assaillant n'avait pu arriver jusqu'aux pieds des retranchements.

Cependant il y avait eu un moment critique pour les troupes du 19e corps : la cavalerie italienne, audacieusement lancée sur Fiumicino, venait de porter le désordre sur les derrières de la division française ; des attelages, des conducteurs avaient été sabrés ou dispersés, des traits coupés, des caissons renversés ; déjà les cavaliers ennemis s'avançaient sur la chaussée qui relie Porto à Fiumicino et menaçaient de prendre à revers les défenseurs des retranchements, lorsque survinrent fort à propos les compagnies de débarquement des cuirassés *Triomphante* et *Dévastation* que le contre-amiral s'empressait d'envoyer au secours des troupes engagées : quelques salves de kropatchek (fusil à répétition de la marine) suffirent pour faire tourner bride à la cavalerie italienne. Elle s'échappa vers le Nord, assez embarrassée dans sa retraite par un terrain mouvant et marécageux, accompagnée d'ailleurs par les obus de 14 c/m des deux avisos *Papin* et *Inconstant* qui s'étaient rapprochés de la côte jusqu'à l'extrême limite de leur tirant d'eau.

Le général français saisissant l'à-propos, avait fait franchir les levées de terre à trois de ses bataillons, et les jetant sur le flanc des troupes qui attaquaient Porto, obligeait l'ennemi à lâcher prise. A 8 heures et demie ce vif engagement était terminé; les Italiens se retiraient à quelque distance, fort éprouvés mais point encore découragés. Ils attendaient deux nouvelles batteries de la réserve du IXe corps et deux batteries divisionnaires du Xe; en outre, le 4e régiment de la 1re division du Xe corps était en marche et accourait pour former une solide réserve.

Pendant qu'une sorte de trêve s'établissait entre les combattants de Fiumicino, pendant que le général commandant la division d'Afrique, en prévision d'un nouvel et plus rude assaut, faisait créneler les maisons du bourg, barricader solidement les rues et y disposait les marins des compagnies de débarquement; tandis que, de son côté, le contre-amiral hâtait par tous les moyens possibles le débarquement, roue par roue et caisson par caisson, d'une batterie de 80 m/m, le vice-amiral et le général en chef, avertis dès 7 heures de l'attaque des Italiens, prenaient, pour secourir les troupes d'Afrique, les mesures suivantes :

Le 16e corps allait s'ébranler à 8 heures du matin, franchir le plus rapidement possible les 13 kilomètres qui le séparaient de l'Arrone et attaquer vigoureusement les troupes qu'on y savait massées et que les reconnaissances portaient, en les exagérant, comme nous le savons, à une division d'infanterie et une brigade de cavalerie.

L'escadre dirigeait immédiatement les cuirassés et les avisos de la 2e division à Fiumicino; un des bataillons d'infanterie de marine récemment arrivés et les compagnies de débarquement de tous les navires présents à Civita prenaient passage sur les bâtiments de cette division: c'était un renfort total de plus de 2,000 hommes et 10 pièces de 65 m/m, qui arriverait devant la bouche du Tibre à 10 heures du matin (25 milles de Civita). Vers 1 heure, le canon du 16e corps se ferait entendre sur l'Arrone et par conséquent en arrière du flanc droit des Italiens qui attaquaient Fiumicino.

Les avisos rapides étaient chargés de signaler aussitôt les points principaux de ces dispositions au général commandant les troupes d'Afrique; enfin, aussitôt arrivés, les bâtiments devaient s'embosser le long du rivage et se tenir prêts à protéger de leurs feux les défenseurs de Fiumicino.

La journée s'annonçait donc comme fort importante, peut-être comme décisive.

A 9 heures 30 minutes, le général italien ayant reçu une batterie de la réserve et se voyant rallié par le premier bataillon du régiment attendu, averti d'ailleurs que l'on apercevait de nombreux navires se dirigeant vers Fiumicino, donna l'ordre à son artillerie de recommencer le bombardement. Malgré l'arrivée en ligne d'une batterie de 80 m/m, arrachée pièce par pièce aux lames qui déferlaient sur la barre, la disproportion des forces était encore telle que le général français fit cesser le feu pour ne pas consommer inutilement des munitions précieuses et qu'il n'était pas possible de renouveler. Les pièces furent chargées à mitraille et on attendit, en se défilant le mieux possible, l'attaque de l'infanterie italienne; celle-ci ne se fit pas attendre ; les navires français allaient mouiller; il était temps de jeter à la mer, par un coup de vigueur, les défenseurs de Porto si l'on ne voulait s'exposer à combattre les renforts qui leur arrivaient.

A 10 heures 15 minutes, l'assaut commençait, furieux et désespéré; à 10 heures 30 minutes, Porto était enlevé par le IXe corps; la légion étrangère, un bataillon du 2e zouaves, les compagnies de débarquement de la *Triomphante* et de la *Dévastation,* y rentraient un moment tête baissée, mais ces braves troupes étaient bientôt obligées de céder définitivement les ruines du village aux Italiens.

Leur retraite découvrait les défenseurs du port de Trajan, qui avaient encore une fois repoussé l'assaut en infligeant des pertes énormes à l'assaillant. A 10 heures 50 minutes, le mouvement de recul se prononçait sur toute la ligne française : l'artillerie, sauf deux pièces de 80 m/m dont les attelages étaient hors de combat, se retirait à l'abri de l'infanterie à l'ouest de Fiumicino. A ce moment même débarquaient les premières compagnies de marins fusiliers, celles du *Friedland* et du *Richelieu;* leurs canots à vapeur, profitant d'une embellie sur la barre, entraient dans le Tibre et venaient audacieusement canonner, jusqu'à bout portant, les colonnes italiennes qui longeaient le fleuve.

En même temps le feu des deux avisos *Papin* et *Inconstant* redoublait de vigueur : ces deux navires, auxquels se joignaient bientôt l'*Hirondelle,* le *Faucon,* la *Couleuvrine*[1], obligeaient la droite italienne à ne s'avancer qu'avec la plus grande prudence vers la partie nord de Fiumicino.

---

1. *Couleuvrine :* Canon à tir rapide de 47 m/m.
Faucon : Canons de 10 c/m.
Papin et *Inconstant :* Canons de 14 c/m, modèle 1881.

A 11 heures 15 minutes, le général italien, arrêtant la marche de son infanterie qu'il était inutile de jeter sur le bourg devant des ennemis si bien résolus à se défendre jusqu'au dernier souffle, disposait ses batteries de manière à écraser d'obus Fiumicino sans s'exposer trop aux coups redoutables des navires français ; il fallait pour cela profiter des accidents de terrain qu'avaient si bien utilisés les défenseurs.

A 11 heures 45 minutes, toutes leurs dispositions prises, les 48 pièces du IXe corps entamaient le bombardement de Fiumicino. Les troupes françaises entassées dans le malheureux village supportaient héroïquement la pluie des obus italiens ; à ces feux meurtriers répondaient quelques pièces bien postées à l'abri de retranchements improvisés ou de murs percés de « sabords » : les petites pièces de 65 m/m, légères et maniables, reprenaient l'avantage ; on les transportait aisément jusque sur les terrasses des maisons, d'où elles faisaient un feu plongeant très gênant pour l'adversaire. Fiumicino, enfin, était devenu une citadelle dont les défenseurs juraient de mourir jusqu'au dernier plutôt que de se rendre.

Au reste, cette lutte mémorable touchait à sa fin ; à midi le commandant en chef du IXe corps avait reçu de Rome, par le télégraphe, réinstallé à Porto, que l'armée française quittait ses bivouacs de Palo et marchait sur l'Arrone ; on l'invitait à ne pas s'engager à fond et à se retirer sur la jonction des lignes de Fiumicino et de Civita si la 1re brigade était sérieusement attaquée.

A midi et demi, le général italien tentait un assaut désespéré, qui ne faisait qu'augmenter les pertes de ses troupes.

Avant une heure, la retraite des Italiens commençait,

retraite difficile, car les Français ne paraissaient pas disposés à lâcher prise.

Le combat s'assoupit pourtant vers 2 heures, à quelques kilomètres de Porto où l'on trouvait, avantageusement postés, les deux derniers bataillons attendus du Xe corps. La cavalerie italienne avait fourni, elle aussi, plusieurs charges pour dégager les colonnes en retraite.

Cependant le canon grondait sur l'Arrone et ses éclats semblaient, de moment en moment, se rapprocher des hauteurs de San-Cosimato. Le IXe corps et la division du Xe se hâtaient de rejoindre la ligne de la Galera pour couvrir la « via Aurelia » qui conduit de Civita à Rome.

De son côté, le général commandant la division d'Afrique s'efforçait, malgré la fatigue de ses troupes, de suivre de près l'ennemi en retraite, pour être toujours en mesure de déborder son flanc gauche, le long du Tibre et du chemin de fer, quand il ferait volte-face pour résister au 16e corps.

Celui-ci avançait rapidement, refoulant devant lui la 1re brigade du IXe corps et sa cavalerie : à midi 15 minutes, après s'être déployées le long de l'Arrone et avoir réduit au silence les feux de l'artillerie italienne, nos batteries, laissant le champ libre aux fantassins, avaient été obligées de gagner l'aile droite pour franchir le torrent vers son embouchure, où son cours s'étale et devient facilement guéable. D'ailleurs, il entrait dans les projets du général en chef de menacer le flanc gauche de la brigade italienne pour la séparer le plus longtemps possible des troupes qui revenaient de Porto.

Les batteries de montagne, seules, réussissaient à passer l'Arrone vers les hauteurs et se mettaient en mesure de soutenir l'attaque du 16e corps.

A 2 heures, les combattants avaient parcouru 7 kilomètres ; les Italiens se tenaient sur la ligne des hauteurs, ne gardant dans la plaine que leur cavalerie qui venait de faire sa jonction avec les têtes de colonne du IXe corps.

A 4 heures et demie, nos adversaires, ralliés derrière la Galera, s'établissaient sur les collines (40 à 50 mètres de relief) qui bordent la rive gauche de cet affluent du Tibre : leur droite (1re brigade du IXe corps) barrait la route de Civita; cette aile recevait des détachements tirés de Rome et notamment les deux premiers bataillons d'une brigade du VIIIe corps qui arrivait par la route d'Orvieto-Viterbe-Ronciglione. Un régiment de cavalerie battait l'estrade vers la route de Boccea.

Le centre, composé des trois brigades du IXe corps, tenait les abords de San-Cosimato.

Trois régiments du Xe corps et trois régiments de la brigade de cavalerie de Caserte se massaient à la gauche, vers le Tibre, défendant la route de Porto et le chemin de fer de Civita. 72 pièces garnissaient le front de cette ligne et un régiment du Xe corps se tenait en réserve en arrière de la gauche, sur la via Portuense.

L'effectif des troupes qui avaient combattu tout le matin devant Porto était affaibli par de grosses pertes : on comptait au moins 700 tués et 600 blessés qu'il avait fallu abandonner sur le champ de bataille; on emmenait en outre 1,300 blessés.

Le moral des Italiens était vivement affecté par leur échec et déjà quelques débandés se montraient en arrière de la ligne des forts détachés.

A Rome l'émotion était grande ; l'état-major général ne pouvait se dissimuler la gravité de la situation : sans doute les forts de la rive droite fournissaient à l'armée en retraite un appui à peu près assuré; cependant celui du Monte-del-Truglio, qui commande la vallée du Tibre, était à peine ébauché et le fort Portuense, qui s'élève sur le Monte-Verde, n'avait peut-être pas un relief suffisant pour résister à une attaque brusquée.

Les dépêches les plus pressantes enjoignaient aux commandants des VIIe, VIIIe et X^{e} corps de presser la marche de leurs secours. Le Xe corps surtout, dont les chemins de fer fonctionnaient sans interruption, devait fournir sa 3e brigade et deux nouveaux régiments de cavalerie. La 4e brigade seule restait à la défense de Naples : Salerne était évacuée.

On avait laissé le commandant en chef du IXe corps libre de juger s'il devait se retirer tout de suite à l'abri des forts ou s'il pouvait disputer le terrain sur les bords de la Galera.

Cet officier général avait répondu que ses troupes étaient à bout de forces (elles avaient marché et combattu de minuit à 4 heures du soir), et que d'ailleurs la poursuite du 16e corps français paraissait moins pressante. Tout portait à croire que la journée était terminée.

C'était une erreur : le commandant en chef français avait donné à ses troupes deux heures de repos ; il avait rallié à lui son aile droite, les troupes d'Afrique, et, sentant combien il était essentiel de brusquer la marche des événements, il s'était décidé à attaquer les Italiens vers 5 heures pour profiter des deux dernières heures du jour. Confiant dans la valeur de ses troupes, il ne désespérait pas de pousser l'ennemi jusqu'à la ligne des forts et se flattait d'occuper, le soir même, la hauteur importante du Monte-Truglio. C'étaient les troupes d'Afrique qui allaient encore donner de ce côté : le général en chef passa devant le front de ces braves soldats, les complimenta de leur succès du matin et leur dit en peu de mots quels services il attendait d'eux, avant la fin de cette glorieuse journée.

La division du 19e corps comptait encore 9,000 fusils : un millier d'hommes, épuisés de fatigue, se traînaient sur la via Portuense, 250 tués et 800 blessés étaient restés sur le champ de bataille de Porto.

Les troupes du 16e corps et l'infanterie de marine présentaient un effectif de 27,000 fantassins et 700 cavaliers : l'artillerie française des 16e, 19e corps et artillerie de marine comptait 60 pièces de 80 m/m et 18 pièces de montagne.

A 5 heures 15 minutes, le combat reprenait sur toute la ligne de la Galera ; nos canons, dans cette lutte à peu près égale, affirmaient bientôt leur supériorité de justesse et de puissance ; on voyait sous les coups des obus nouveaux (obus à segments et à balles) les lignes italiennes évacuer peu à peu les crêtes de collines et chercher des abris.

A 6 heures, l'armée française prononçait son attaque par la droite où le général en chef venait d'amener lui-même un renfort de trois bataillons d'infanterie de marine et de quatre escadrons de cavalerie. A 6 heures 50 minutes, l'ennemi, abordé avec la dernière vigueur, cédait le terrain sur toute la ligne ; aussitôt notre artillerie, malgré la faiblesse de ses attelages, passait la Galera et, s'avançant au centre, par la strada della Bravetta, hâtait la déroute des Italiens. Mais c'étaient surtout les malheureuses troupes du Xe corps qui avaient été enfoncées par celles du 19e corps français et qui s'enfuyaient dans le désordre le plus complet vers le fort Portuense, en dépit des charges de la brigade de Caserte.

A 7 heures, aux dernières lueurs du jour, nos soldats

entraient pêle-mêle avec les fuyards dans cet ouvrage, dont l'artillerie n'avait pu donner, tant les Italiens et les Français étaient confondus. En revanche, le IXe corps occupait fortement la ligne des collines qui court derrière le fort Bravetta. Là le canon grondait, arrêtant la poursuite de notre 16e corps.

Ainsi le succès de l'armée expéditionnaire, compromis un moment par l'isolement de la division d'Afrique, paraissait complet et définitif.

Les troupes du 16e corps, parties de Palo à 8 heures du matin, avaient fait, les unes 33, les autres 36 kilomètres, dont 12 ou 14 en combattant ou en poursuivant l'ennemi; quelques bataillons, partis des environs de Santa-Severa, avaient même fourni une étape de 45 kilomètres, fait dont l'histoire militaire enregistre quelques autres exemples, mais fort rares [1]. La fatigue des troupes d'Afrique n'était guère moindre, bien que le trajet de Fiumicino au fort Portuense ne fût que de 24 kilomètres environ. Ces braves soldats avaient, en effet, combattu dès la pointe du jour et aucune distribution régulière n'avait pu être faite.

Au reste, si la gloire était grande, les difficultés ne faisaient que commencer : les Gaulois mesuraient une fois de plus les remparts de la Ville éternelle, mais ces remparts tomberaient-ils sous leurs coups?

1. Le 2e corps prussien (Poméraniens) avait, le 18 août, fait près de 45 kilomètres et combattu vigoureusement, vers 7 heures du soir, contre les tranchées-abris de la gauche française au « Point du Jour ». (Bataille de Gravelotte-Saint-Privat.)

CHAPITRE V.

L'ASSAUT DU 25 AVRIL.

Coup d'œil d'ensemble sur la situation des belligérants le 20 avril. — Organisation des services à l'arrière de l'armée française. — Arrivée de renforts de part et d'autre. — Insuffisance de l'artillerie française : attaque infructueuse des forts Bravetta et Aurelia-Antica. — Combat de Bracciano et menaces de l'ennemi sur le flanc gauche de la ligne de communications. — Retraite de l'armée expéditionnaire. — Combats d'arrière-garde. — Rembarquement à Civita et à Fiumicino. — L'armée navale se dirige sur Vado et Savone. — Descente et opérations de l'armée pour s'établir dans le Montferrat.

Le coup hardi qui venait de porter 50,000 Français au pied du Janicule ne trouvait sa justification que dans l'insuffisance momentanée des ressources de l'ennemi. Il importait donc, au plus haut degré, de poursuivre les avantages obtenus sans laisser aux Italiens le temps de se reconnaître, et de profiter de la consternation produite par l'échec du 19 pour brusquer l'attaque des forts qui couvrent la vieille enceinte de la cité papaline.

Il ne pouvait évidemment être question d'amener devant les forts Bravetta et Aurelia-Antica de l'artillerie de siège; mais du moins fallait-il être certain que les pièces de campagne du 16ᵉ corps et de la division d'Afrique ne manqueraient pas de munitions dans le bombardement qu'on allait entreprendre. On se trouvait donc en face des difficultés qui attendent inévitablement toute armée qui marche en avant d'un pas rapide et dont les *services à l'arrière* ne sont pas parfaitement organisés, par suite de l'insuffisance des attelages. Cette pénurie se faisait d'ailleurs sentir non seulement dans le service du réapprovisionnement en munitions (2e échelon du parc), mais aussi dans le ravitaillement et dans le service des ambulances. Partout on craignait que les chevaux de trait, surmenés, ne succombassent bientôt aux fatigues qui leur étaient imposées. Cependant des mesures étaient prises déjà qui devaient porter remède à ces difficultés.

Dès le soir du 17 avril, le vice-amiral avait dirigé sur les Bouches de Bonifacio et de là sur Toulon et Marseille les trois transports-écuries *Nive, Gironde, Algésiras,* et deux paquebots qui avaient transporté des chevaux le 15 et le 16. Ces navires étaient convoyés jusqu'au détroit par le *Sfax* et, de Bonifacio à Toulon, par le *Dupetit-Thouars*. Il était probable qu'arrivés le 19 au matin, ils seraient revenus à Civita, chargés de 1,300 à 1,400 chevaux environ, vers le 22 avril au soir.

En attendant, le général en chef faisait réquisitionner les bœufs et les chars de la campagne romaine pour amener au camp les munitions en caisses blanches, et pour procurer à ses troupes des ressources capables de remplacer les *vivres du sac* qu'il avait fallu entamer.

Tant que la mer pouvait le permettre, c'est-à-dire tant que la barre du fleuve était praticable, on trouvait dans le canal du Tibre (l'ancienne *fossa Trajana*) et dans le chemin de fer de Fiumicino, qui va jusqu'aux *bains*, au bord de la mer, de précieux moyens de transport. La retraite précipitée des Italiens ne leur avait pas permis de dégrader assez la voie ferrée pour que la section des ouvriers de chemins de fer ne pût la réparer ; le Ponte-di-Galera n'avait pas été détruit. Enfin, les grandes barques plates du Tibre, montées par nos marins, remorquées au besoin par les canots à vapeur, amenaient jusqu'au pied du Monte-del-Truglio de lourds chargements transbordés, non sans peine, de nos navires de charge sur des tartanes capables de franchir la barre.

Le général en chef attribuait d'autant plus d'importance à la voie fluviale et aux routes de Fiumicino, que sa ligne de communications, de Civita à Rome, lui paraissait difficile à protéger longtemps contre les entreprises de l'ennemi. Du moins faudrait-il lui consacrer des forces assez considérables, qui ne pouvaient évidemment être fournies que par des renforts venus de France, les trois divisions et la brigade d'infanterie de marine qui composaient l'armée [1] étant à peine suffisantes pour les opérations actives.

Dès la soirée du 19 avril, aussitôt que le général en chef s'était vu assuré, par les succès de ses troupes, que la présence des transports et des paquebots n'était plus aussi indispensable, il avait invité le vice-amiral à expédier un certain nombre de ces navires à Porto-Vecchio, Toulon, Marseille et Bône, d'où le gouvernement français l'autorisait éventuellement à tirer des renforts.

A Porto-Vecchio, le général commandant la subdivision de Corse avait reçu l'ordre de tenir un bataillon de ligne à la disposition de l'armée expéditionnaire. A Bône, on devait trouver deux bataillons, deux batteries, dont une de montagne, et un régiment de chasseurs d'Afrique. Enfin, le général en chef, en expédiant des transports en France, comptait sur l'envoi immédiat d'une brigade d'infanterie du 17e corps : en tout cas les dépôts des régiments du

1. Encore fallait-il en déduire les deux bataillons de Bracciano et des postes à Santa-Marinella, Santa-Severa, Palo, etc.

16e corps pourraient fournir plus d'un millier d'hommes qui viendraient combler les vides produits par le feu.

Le vice-amiral avait désigné pour ces diverses missions :

1° Le *Mytho* et le *Shamrock*, grands transports doués d'une belle vitesse et qui, installés d'ordinaire pour le rapatriement des malades de la Cochinchine, allaient pouvoir porter en France les blessés du 19 et quelques fiévreux.

2° L'*Orne*, pour aller prendre le bataillon tout prêt à Porto-Vecchio ;

3° Quatre paquebots pour le complément de la division d'Afrique. Ces derniers navires devaient être convoyés par la *Triomphante* et le *Papin*. Les trois transports gagnaient les Bouches sous la protection du *Friedland* et de deux torpilleurs de haute mer.

Les avisos rapides faisaient journellement le service des communications entre Porto-Vecchio ou Bastia et la côte italienne. Les *cargo-boats* étaient partis se réapprovisionner à Marseille ; on avait capturé plusieurs navires italiens chargés de charbon et on avait trouvé à Civita un stock assez important.

Le vice-amiral se préoccupait à son tour du soin de renforcer son armée navale et de refaire ses munitions. Il avait demandé depuis plusieurs jours si le degré d'avancement des réparations de l'*Indomptable* permettait d'envoyer le *Colbert* à Toulon pour changer ses deux canons de 27 c/m. Malgré la disparition de l'*Italia*, le commandant en chef estimait que la flotte italienne n'allait pas tarder à reparaître dans les eaux de Civita avec 4 cuirassés au moins, et il constatait que la perte du *Duperré*, les avaries du *Colbert* et la nécessité de garder un cuirassé devant Fiumicino réduisaient ses forces actives à 5 bâtiments de ligne.

La perte du *Duperré* n'étant pas considérée comme définitive, bien que, par un hasard fâcheux, deux de ses compartiments de l'avant fussent intéressés par les deux coups des canons de 100 tonnes, le vice-amiral demandait au port de Toulon des allèges capables de recevoir les poids disponibles, des bigues puissantes, des scaphandriers, des tôles et des écrous préparés.

Le cuirassé, échoué par un fond de 9m,50 de sable, avait heureusement réussi à éviter les roches qui parsèment la côte romaine ; son avant reposait seul sur le fond et était maintenu par un solide système d'accores ; l'arrière flottait, mais en gardant un cap invariable, grâce à 4 chaînes de grosses ancres, mouillées aux points convenables par les soins de l'escadre. Si de gros temps du Sud à l'Ouest ne survenaient, on pouvait espérer raisonnablement le renflouement prochain du *Duperré*.

Pendant que les chefs de l'armée et de la flotte française vaquaient à ces soins importants, le grand état-major italien s'efforçait de pourvoir le mieux possible aux exigences d'une situation difficile. Les renforts arrivaient peu à peu au camp tracé entre le fort Bravetta, le fort Aurelia-Antica, la villa Pamphili et les remparts sud du Janicule.

Mais si les pertes du 19 étaient largement réparées, on ne pouvait compter encore sur l'esprit des troupes, si durement éprouvées ; les soldats italiens des IXe et Xe corps avaient la conscience d'avoir bravement combattu ; mais ils constataient que ni leurs fusils ni leurs canons ne valaient ceux de l'ennemi, et ils paraissaient, fait plus grave encore, avoir perdu leur confiance dans l'habileté de leurs chefs. Il fallait donc les laisser reposer quelques jours, fortifier leur position, engager une série d'actions de détail, et enfin, l'armée reconstituée, reprendre l'offensive sur le front des Français, tout en agissant sérieusement contre leur ligne de communications de Civita à Rome, dont le flanc gauche ne pouvait être défendu partout.

Le grand état-major comptait avoir sous les murs de Rome, vers le 25 avril, 6 divisions d'infanterie à peu près complètes, trois brigades de cavalerie et près de 100 pièces de campagne : ces forces paraissaient devoir suffire contre l'armée française, dont on évaluait l'effectif, renforts compris, à 70,000 hommes de toutes armes, ce qui était exagéré.

En attendant, le fort Bravetta couvrait d'obus le Monte-Verde et le fort Portuense, dont nos troupes utilisaient le mieux possible les abris, assez mal construits. Le *fort Ostiense*, sur la rive gauche du Tibre, ne pouvait fournir de coups dangereux sur le Portuense, mais son armement, tout à fait provisoire d'ailleurs, gênait nos troupes sur le mont Truglio.

La perte de l'*Italia* avait causé une profonde sensation ; en vain faisait-on remarquer que le vaillant navire n'avait succombé qu'en coulant un des plus puissants cuirassés français (ce qui était inexact, mais consolant pour l'orgueil italien) et un torpilleur ; qu'un second cuirassé français (le *Courbet*) avait des avaries qui réduisaient de beaucoup sa valeur militaire..... l'opinion publique, en Italie, regrettait vivement qu'un ordre peut-être un peu inconsidéré eût lancé l'*Italia* presque seule contre toute une escadre ; n'aurait-il pas mieux valu attendre que le *Dandolo* et le *Ruggiero-di-Lauria* fussent en mesure de lui prêter main-forte ?

Au reste, le débarquement des Français étant désormais un fait accompli, le ministre italien avait sagement donné l'ordre de n'expédier contre les convois de renforts et de réapprovisionnement que des navires légers, torpilleurs de haute mer ou avisos rapides. Il se réservait, quand l'escadre serait parfaitement reconstituée avec les 6 cuirassés dont on allait pouvoir disposer dans quelques jours, de fixer un plan d'opérations offensives, soit contre l'armée navale ennemie, soit contre le littoral français de la Provence.

L'Allemagne, très sensible aux désastres maritimes qui frappaient son alliée, surprise d'ailleurs de ne pas sentir sur son littoral la lourde main de la flotte française, prêtait l'oreille à certaine proposition hardie qui s'était fait jour dans le conseil des ministres italiens. Il ne s'agissait de rien moins que de profiter d'une brume ou d'un coup de vent pour faire sortir de la Jahde une division cuirassée allemande et de l'expédier dans la Méditerranée où sa jonction avec l'escadre italienne ne manquerait pas de changer la face des affaires.

En attendant que les détails de cet audacieux projet fussent discutés et acceptés, la flotte italienne s'efforçait de parfaire l'armement de ses grandes unités de combat ; comme la marine allemande, elle souffrait du manque de matelots et surtout de sous-officiers expérimentés dans les détails du service de guerre.

Beaucoup de paquebots, retenus à l'étranger par la crainte de devenir la proie des croisières françaises, avaient à leur bord des mécaniciens dont l'absence, sur les navires de guerre, se faisait vivement regretter ; la défense fixe et la défense mobile des ports absorbaient un nombreux personnel, qui eût été bien plus utilement employé sur les bâtiments de la flotte active, si l'on n'avait été obligé d'avoir égard aux clameurs, aux cris de détresse des grandes cités maritimes, épouvantées par la menace d'une irruption soudaine de la flotte française.

Venise, à peu près en sûreté dans ses lagunes, armait beaucoup de petits navires, qui venaient peu à peu, au risque d'être capturés, augmenter le nombre des éclaireurs et des croiseurs de la future escadre de combat concentrée à Spezia.

Revenons aux opérations en cours sous les murs de Rome :

Les trois jours des 20, 21 et 22 avril avaient été employés par les Français, après l'indispensable repos accordé aux troupes, à aligner les vivres et les munitions qui arrivaient peu à peu, à rectifier les positions prises un peu à l'aventure dans la soirée du 19, et à ébaucher la construction de batteries dirigées, soit contre le fort Bravetta, soit contre le fort Ostiense, ou plutôt contre les batteries de campagne et de position que les Italiens commençaient à élever sur la rive gauche du Tibre.

Au point de vue purement tactique, la position de l'armée française ne laissait pas d'offrir de graves inconvénients. La gauche et le centre campaient sur le plateau qui s'étend à l'est de la Galera, depuis la route de Civita jusqu'au fleuve ; les avant-postes garnissaient le vallon formé par la Maranna de Maglianella, à moins de 5 kilomètres du fort Aurelia, à 3 ou 4 kilomètres du fort Bravetta. La droite, formant un saillant, un crochet vers le Nord-Est, s'était établie sur le revers des collines qui descendent vers le Tibre et, se défilant à grand'peine des coups du Bravetta, occupait le Monte-del-Truglio et son ouvrage, ébauché par le génie italien ; une sorte d'avant-garde, que l'on ravitaillait et réapprovisionnait la nuit seulement, était logée dans les casemates du fort Portuense. Toute cette aile commençait en outre à souffrir du feu fort incommode des pièces italiennes de la rive gauche.

Le développement total atteignait 12 kilomètres et l'effectif réparti sur cette ligne 36,000 hommes, déduction faite des détachements et des réserves à San-Cosimato et à Ponte-di-Galera, et de la cavalerie, gardant la gauche extrême, au nord de la route de Civita-Vecchia.

Des épaulements pour 30 pièces de 80 m/m furent disposés sur la rive droite de la Maranna, pour battre de front le fort Bravetta, sur lequel le général en chef voulait concentrer ses efforts : les pièces de montagne durent, à la gauche, tirer à toute volée sur le fort Aurelia-Antica.

Le Monte-del-Truglio fut soigneusement fortifié et armé de 18 pièces, dont 12 battaient le flanc gauche du Bravetta et 6 le fort Ostiense et les batteries de circonstance des Italiens.

On profita d'un vallon assez profond qui monte au nord du Monte-Truglio jusque sur les derrières du fort Bravetta pour faciliter les approches de l'infanterie.

Enfin des barques, amenées de Porto et disposées par les soins de la marine dans la boucle du Tibre, au sud-ouest du Monte-Truglio, devaient permettre de passer rapidement sur la rive gauche et de tenter un coup de main sur le fort Ostiense et sur ses batteries avancées.

Tous ces travaux avaient exigé de la part des troupes et surtout du personnel assez restreint du génie, des efforts considérables : les outils étaient au complet dans les parcs du 16e corps ; la division du 19e corps n'en avait que quelques-uns, ceux des régiments. On se procura assez facilement toutefois des pioches et des pelles dans les nombreuses villas qui entourent la grande ville, et dont les constructions fournissaient à nos troupes de précieux abris.

Le 23 avril, les travaux des batteries étant terminés (il

ne s'agissait que d'épaulements pour batteries de campagne), le général en chef décida que le feu commencerait le lendemain : à cette date, en effet, toutes les munitions d'artillerie revenant au 16e corps et à la division du 19e étaient arrivées au camp et les services du parc pouvaient fonctionner avec régularité.

Une partie des renforts attendus était même arrivée : les deux batteries du 19e corps débarquaient à Civita ; la batterie de montagne était destinée, ainsi qu'un bataillon nouveau, à renforcer le détachement de Bracciano. La batterie de 80 m/m allait rejoindre l'armée. Les chasseurs d'Afrique étaient impatiemment attendus : en effet, la faible cavalerie du corps expéditionnaire luttait avec désavantage contre les trois brigades italiennes dont l'audace allait croissant tous les jours. Il était essentiel de garder parfaitement libre la route de Civita qui, longeant la mer jusqu'un peu après Palo (et, là, protégée par la marine), s'enfonçait ensuite dans l'intérieur et restait exposée aux entreprises des coureurs ennemis.

Le bataillon de Porto-Vecchio avait rejoint l'armée au camp de San-Cosimato ; les transports-écuries étaient signalés au large de Civita ; seule la brigade attendue du 17e corps ne paraissait pas.

Le 24, cependant, à l'heure fixée par le commandant en chef, le feu s'ouvrait sur les forts romains. Pendant la nuit, un détachement d'artillerie et du génie était arrivé au fort Portuense et avait essayé de rétablir quelques pièces italiennes sur leurs plates-formes bouleversées par les obus du Bravetta. On réussit en effet à utiliser deux pièces de place frettées de 12 c/m (bouche) que l'on put désenclouer. Les pièces de 15 étaient hors de service, la poignée de la culasse mobile ayant été brisée.

Le duel d'artillerie qui venait de s'engager s'était maintenu pendant quelques heures sans avantage trop marqué d'un côté ou de l'autre ; mais peu à peu les batteries de campagne des troupes italiennes, après avoir choisi leurs positions et s'être couvertes de quelques abris naturels ou d'épaulements rapides, commençaient à entrer en ligne ; le nombre des pièces qui nous étaient opposées balançait la supériorité de justesse et de puissance balistique de nos canons. A 1 heure, le général en chef ordonna de suspendre le feu : on devait le reprendre à 5 heures, au moment où le soleil couchant éclairait en plein les lignes italiennes et laissait les nôtres dans cette brume dorée qui se dégage de la terre humide à la tombée du jour.

Pendant ces quatre heures de répit, l'ennemi ayant, lui aussi, suspendu son feu, sauf le fort Bravetta qui tirait sans relâche sur le Portuense, on rectifia les positions, on répara les brèches des épaulements et quelques avaries dans les affûts : deux pièces étaient démontées définitivement, mais on allait recevoir le lendemain les 6 canons de 80 m/m venus de Bône.

A 5 heures, le feu recommençait de notre côté avec la plus grande vigueur et il fut évident que cette reprise avait surpris l'ennemi : les batteries de campagne italiennes, avancées à la limite extrême du rayon d'action des forts et du camp retranché, venaient de se retirer pour la nuit.

Les circonstances étaient donc favorables pour écraser le fort Bravetta, ou du moins pour rendre momentanément intenables tous ses espaces découverts. Le général en chef fut tenté un instant d'ordonner un assaut : mais on pouvait ainsi se laisser entraîner à un combat de nuit sur un terrain que l'ennemi connaissait à fond et où il s'était sans doute retranché. L'attaque générale des positions italiennes fut remise au lendemain, à la pointe du jour, et seule, l'artillerie dut entretenir un feu lent et continu sur Bravetta et Aurelia-Antica.

Les mesures générales ordonnées par le général en chef furent les suivantes :

« A 11 heures du soir, la légion étrangère et un déta- « chement du génie embarqueront dans les bateaux plats, « barques, canots, disposés par les soins de la marine dans « la boucle du fleuve sous le Monte-Truglio; on remon- « tera le fleuve, à la remorque des quatre canots à vapeur, « jusqu'à un kilomètre en aval du fort Ostiense; la légion « débarquera alors sur la rive gauche et marchera sur le « fort, qu'elle essaiera de surprendre. On fera comprendre « aux troupes la nécessité de ne tirer qu'à la dernière « extrémité. Si l'entreprise réussit, la légion s'établira « dans le fort. Le détachement du génie retournera les « pièces installées provisoirement dans cet ouvrage contre « les batteries de campagne de *Saint-Paul-hors-les-Murs*. « Le général en chef sera prévenu du succès par deux fu- « sées lancées à 2 minutes d'intervalle.

« A 2 heures du matin, les troupes prendront les armes « (pas de sonneries); on fera le café. A 2 heures 45 mi- « nutes, la division du 19e corps et les bataillons qui la « soutiennent se masseront dans les deux vallons qui sé- « parent le fort Portuense du fort Bravetta; on gagnera « du terrain le plus possible sans éveiller l'attention de « l'ennemi; halte à un kilomètre au nord de la via Por- « tuense.

« Se ménager dans les cassines les plus solides des « points d'appui fortifiés en cas d'échec. Les deux batteries « de 80 m/m de la division suivront les colonnes. — *Objectif* « *général :* pour la colonne de droite, contenir les troupes

« italiennes du camp retranché au nord du fort Portuense; « pour la colonne de gauche : gagner les derrières du fort « Bravetta et se rabattre sur la gorge de cet ouvrage quand « l'attaque de front se prononcera.

« Le 16e corps se mettra en marche à la même heure « (2 h. 45 m.) et abordera le plateau à l'est de la Ma- « ranna : 6 batteries marcheront avec les troupes; 4 res- « teront en position entre la strada della Bravetta et la « via Portuense.

« La 4e brigade et la cavalerie s'avanceront par la route « de Civita jusqu'à Maglianella. La cavalerie prendra « alors la gauche et s'établira, face au nord, à 2 kilomètres « de la route.

« Elle doit couvrir le mouvement en avant de l'armée « contre les attaques de flanc de la cavalerie italienne; « deux batteries de 80 m/m marcheront avec la cavalerie.

« Les batteries de montagne suivront la 4e brigade, « spécialement chargée d'une forte démonstration contre « le fort Aurelia-Antica et la portion du camp qui s'étend « entre Bravetta et la via Aurelia. Exécuter, si possible, « une attaque à revers sur Bravetta, au moment favorable, « avec un ou deux bataillons.

« Le signal de l'attaque sera donné, vers 3 heures 30 mi- « nutes, par un coup de canon tiré du centre, sur l'ordre « direct du général en chef. — *Objectif général :* enlever le « fort Bravetta et, éventuellement, attaquer le camp retran- « ché en arrière.

« Le général se tiendra, à partir de 4 heures du matin. « sur le plateau du Bravetta, entre les deux routes; il aura, « avec son état-major, un demi-escadron de chasseurs « d'Afrique et la réserve, composée de deux bataillons « d'infanterie de marine et du bataillon de Corse. »

Je ne m'étendrai pas sur les péripéties de cette journée où nos troupes firent preuve d'une vigueur incomparable ; le récit, avec des détails suffisamment précis, en a paru déjà dans les publications militaires.

On sait que la surprise du fort Ostiense fut complète et que la légion étrangère y entra presque sans coup férir ; mais, quand le jour fut venu, une brigade italienne du XIe corps et un régiment du Xe, appuyés par 4 batteries, prononcèrent un retour offensif sur la gorge de l'ouvrage qu'on n'avait pas eu le temps de fortifier suffisamment. Après un combat acharné, la légion fut obligée de céder le fort et de se retirer par la via Ostiense : quelques pièces du Monte-del-Truglio protégèrent sa retraite et le passage du fleuve se fit sans encombre dans la boucle qui longe les hauteurs. Il était 7 heures du matin environ.

Cette attaque, malgré son insuccès, avait pour résultat d'attirer l'attention de l'ennemi sur la rive gauche du fleuve ; elle avait détourné d'ailleurs sur le fort Ostiense les coups des batteries Saint-Paul-hors-les-Murs, qui auraient été sans cela dirigés sur nos colonnes du 19e corps en marche sur le camp retranché.

Pendant ce temps, les opérations de la rive droite suivaient leur cours : les troupes d'Afrique s'étaient admirablement conduites ; mais la colonne de droite, emportée par son ardeur, avait dépassé le camp retranché, refoulant devant elle la gauche italienne... Un instant nos soldats avaient touché les remparts de la Ville éternelle, mais bientôt ils étaient ramenés sous le fort Portuense par des forces bien supérieures.

La colonne de gauche, elle aussi, avait brillamment attaqué les retranchements italiens; mais elle s'y était attardée et n'avait pu se rabattre en temps utile sur le fort

Bravetta. Les troupes du 16e corps avaient donc supporté tout le fort de la résistance de cet ouvrage.

L'assaut avait été donné cependant et avait réussi, du moins en partie ; à 6 heures du matin, le général en chef avait pu croire que, malgré l'échec de la droite, l'objectif principal de la journée était atteint; mais là aussi, vers 7 heures, un retour offensif du IXe corps et d'une division du VIIIe nous avait forcés à lâcher prise. Du moins, pendant que nous occupions le fort, le génie avait pu causer à l'armement, aux magasins à poudre, aux caponnières, des dégâts considérables. La plupart des pièces étaient désormais hors de service. Une partie de la garnison du fort s'était obstinément défendue dans le réduit et y avait résisté à toutes les attaques.

A 8 heures du matin, l'armée française, repoussée mais gardant une contenance menaçante, était massée sur le plateau du Bravetta, l'aile droite groupée autour du fort Portuense qu'on armait rapidement avec des pièces de 80 m/m ; l'aile gauche et la cavalerie gardant toujours la route de Civita. Les Italiens semblaient hésiter à prononcer une attaque que le général en chef désirait vivement.

En revanche, les pentes des collines qui dominent la rive gauche du Tibre commençaient à se garnir de bouches à feu dont les projectiles atteignaient nos colonnes d'Afrique. Il fallut diriger peu à peu un certain nombre de batteries sur les pentes des Monte-Verde et Monte-del-Truglio, au moment même où l'artillerie italienne rentrait en ligne sur le front du 16e corps. L'ennemi déployait ainsi plus de 100 bouches à feu de campagne contre nos 13 batteries de 80 m/m [1].

1. Dont 2 pièces démontées.

Dans ces circonstances, il devenait inutile et dangereux de s'obstiner à garder le plateau. A 10 heures, le général en chef donnait l'ordre de reprendre les positions de la veille. Nous n'avions conservé d'autre avantage que celui, assez précieux d'ailleurs, d'avoir établi 4 pièces de 80 $^m/_m$ sur le flanc de droite du fort Portuense.

Les pertes de l'armée française dans la journée du 25 avril s'élevaient à 800 tués et 1780 blessés; la légion étrangère avait, à elle seule, perdu 500 hommes, dont 180 tués.

Nous avions fait, dans notre brusque attaque des camps italiens et dans l'assaut du fort Bravetta, un millier de prisonniers; on put en échanger 400 ou 500 contre un égal nombre de soldats du 19e corps capturés à la suite de leur pointe téméraire sur le Janicule.

Le 25 avril, le général en chef, en rendant compte au gouvernement français de l'insuccès de sa tentative, émettait l'avis que rien ne l'obligeait jusque-là à renoncer au succès final, mais qu'il fallait se hâter de lui envoyer des renforts en infanterie et surtout en artillerie; que d'ailleurs la tournure des événements semblait devoir faire du camp retranché de Rome un deuxième Sébastopol et qu'il fallait se décider promptement, soit à entreprendre une attaque en règle avec de l'artillerie de siège, ou au moins avec des pièces de position, soit à profiter de la supériorité manifeste de la flotte française pour transporter l'armée sur un terrain d'opérations plus avantageux.

Le général en chef, faisant remarquer que l'attaque sur Rome avait eu pour résultat d'y faire converger toutes les forces disponibles des VIIe, VIIIe, IXe et Xe corps, estimait que si l'armée pouvait, après une retraite bien conduite sur Civita et Porto, se rembarquer et paraître, au bout de 8 jours, devant *Vado* et *Savone* (Ligurie), elle serait en mesure de jouer un rôle prépondérant dans les opérations en cours sur les Alpes et sur le Var.

Ce projet, qui renfermait une exacte appréciation des services que peut rendre une flotte puissante dans le cours d'une grande guerre, fut agréé par le gouvernement français avec d'autant plus d'empressement que les événements militaires qui se déroulaient sur la frontière du Sud-Est semblaient prendre un aspect défavorable.

Les 14e et 15e corps avaient été poussés jusqu'à la crête des Alpes, non sans de pénibles travaux, dus à la longueur peu ordinaire de la saison froide.

On s'était disputé pendant quelques jours les neiges du col de Tende, puis, peu à peu, la supériorité numérique de l'ennemi s'étant accentuée, nos troupes avaient été reportées sur les positions de l'Authion et de la Turbie.

Dès le 20 avril le 17e corps avait été porté sur le massif du Cheiron, puis sur la Vésubie, et une série d'engagements avait lieu contre les Italiens des Ier, IIe, IIIe et IVe corps.

Le 25 avril, nos troupes, reculant peu à peu, couvraient Nice et les forts de la Corniche, tandis qu'une division du 14e corps et les compagnies alpines protégeaient avec succès la haute vallée du Var. Pendant ce temps, les corps de l'armée territoriale s'organisaient et bientôt l'on pourrait compter sur les secours de ces troupes robustes pour défendre pied à pied le département des Alpes-Maritimes... Il fallait seulement qu'une diversion puissante vînt arrêter la marche en avant des Italiens.

En tout cas, la destination définitive donnée aux troupes du 17e corps excluant toute idée de renforcer l'armée expéditionnaire, le ministère français avait avisé le général en chef, par une dépêche arrivée précisément le 25 avril, qu'il ne pouvait compter sur une brigade du 17e corps, mais qu'on l'autorisait à emprunter encore deux bataillons et une batterie aux troupes de la Corse. La 2e division du 19e corps était, comme le 17e, destinée à renforcer l'armée des Alpes, et l'on réunissait à Marseille les paquebots qui devaient la transporter.

Une période de calme relatif avait succédé, sur le Tibre, aux combats du 25 avril; les Italiens s'efforçaient, malgré le tir de nos batteries de campagne, de réarmer le fort Bravetta; ils battaient surtout avec acharnement nos positions de droite au Portuense et au Truglio; la division d'Afrique, placée en flèche, souffrait beaucoup des feux qui commençaient à se croiser, du Nord et de l'Est, par-dessus le Tibre.

Le fort Portuense était toujours occupé par nos soldats, mais il était comme isolé au milieu des positions de l'adversaire et l'on pouvait aisément prévoir une évacuation prochaine.

Le 27 avril, au soir, le général en chef recevait l'avis que le Gouvernement adhérait au plan proposé le 25. On l'informait en même temps que si les circonstances paraissaient favorables, la 2e division du 19e corps serait dirigée sur Savone dès que cette ville aurait été fortement occupée par le 16e corps.

Le vice-amiral commandant l'armée navale était avisé que l'*Indomptable* reprenait sa station de la Maddalena, que le *Colbert* serait promptement muni de deux nouveaux canons de 27%, que le *Caïman* pourrait probablement faire partie de l'escadre le 30 avril, enfin qu'on lui envoyait tous ses transports et ses *cargo-boats* en vue de l'évacuation de Civita.

On l'invitait en outre à renvoyer le plus tôt possible la division navale d'Algérie à Bône pour qu'elle fût en mesure de convoyer la 2e division du 19e corps.

Le 27 avril, peu d'heures avant l'arrivée de cette dépêche au camp français, notre détachement de Bracciano avait essuyé une attaque vigoureuse de la part de la 3e brigade du VIIIe corps qui descendait de Toscane par Orvieto, Orte et Civita-Castellana. Le combat s'était terminé à l'avantage des nôtres, mais l'officier supérieur qui commandait à Bracciano faisait savoir que l'ennemi s'était retiré à peu de distance et paraissait disposé à recommencer son attaque.

Cette tentative, parfaitement prévue du reste, ne pouvait que hâter les résolutions du général en chef : il importait cependant que l'ennemi restât le plus longtemps possible dans l'ignorance de sa retraite qui se préparait; aussi, en expédiant une brigade du 16e corps et deux batteries de 80 m/m par la route de Boccea, le général en chef avait-il affecté d'annoncer que ces troupes se portaient au secours de notre détachement de flanqueurs. En réalité, l'officier général qui commandait cette brigade avait pour mission, après avoir repoussé l'ennemi hors du bassin du lac, de s'établir sur l'Arrone et d'y choisir une bonne position où l'armée fût assurée de trouver un point d'appui après sa première marche en retraite. Une compagnie du génie allait d'ailleurs disposer, sur la rive droite du torrent, des emplacements de batterie. Un pont de chevalets serait établi entre ceux de la route et du chemin de fer.

Déjà, depuis le 25 avril, en prévision d'un mouvement de retraite, des ordres avaient été donnés pour compléter la défense de Porto et de Fiumicino, que le général en chef comptait utiliser largement; les ports de Trajan et de

Claude avaient fourni les éléments d'une sorte de camp retranché à l'abri duquel d'assez nombreuses troupes pourraient entreprendre la délicate opération du *rembarquement en pleine côte*.

Le génie et la marine avaient même, en 10 jours, réussi à construire devant les bains un appontement qui permettait aux grandes embarcations et aux tartanes de venir prendre directement le personnel et le matériel de poids moyen.

Si le temps n'était pas trop défavorable, on pouvait espérer rembarquer à Fiumicino une bonne partie de l'infanterie, les batteries de montagne et quelques batteries de campagne, sans les caissons, les chariots et forges, qui devaient forcément passer par Civita.

Le général en chef donna aussi l'ordre de surseoir au débarquement des chevaux récemment venus de France; on ne dut mettre à terre que ceux qui devaient compléter les attelages, fort éprouvés, des batteries de campagne.

Ces mesures préliminaires ayant été prises, le général en chef et le vice-amiral, accompagnés de leurs chefs d'état-major, s'étaient rencontrés à Fiumicino et avaient arrêté tous les détails de la retraite et de l'évacuation.

Dans la nuit du 27 au 28 avril, nos soldats abandonnaient les ruines du fort Portuense et la position du Monte-del-Truglio. A 2 heures du matin, une formidable explosion détruisait les casemates du fort évacué et annonçait à l'armée italienne surprise que la retraite des Français commençait. En effet, le 28, au point du jour, le mouvement était déjà en pleine exécution; les ambulances, les convois administratifs, les parcs filaient déjà par le chemin de fer de Civita dont la voie avait été réparée, par les routes de Civita (via Aurelia) et de Boccea. Cette dernière, particulièrement menacée par l'ennemi, était couverte par la cavalerie et par une brigade du 16e corps.

Les deux autres brigades, les bataillons de renfort et les batteries attelées restaient en position au centre, sur le plateau de la Galera ; la division d'Afrique se portait avec l'infanterie de marine au Ponte-di-Galera.

La retraite des Français se croisait fort heureusement avec un projet d'offensive sur tout le front et d'attaques de flanc contre la ligne de communications, conçu par le grand état-major italien qui, ayant sous la main plus de 80,000 hommes de toutes armes, jugeait le moment venu de tâter la position de l'armée française. Les ordres d'attaque étaient donnés pour le 28 à midi. Dès que l'on s'aperçut de la retraite des convois, que dénonçait une épaisse poussière, les colonnes italiennes se mirent en devoir de pousser vigoureusement l'ennemi.

Chacun connaît les épisodes principaux de cette remarquable retraite. Nos soldats, qui savaient que, seule, la situation des affaires sur le Var leur imposait la retraite, conservaient une attitude de vainqueurs et infligèrent souvent aux têtes de colonne de l'ennemi des pertes sensibles.

On tint la ligne de la Galera jusqu'à la nuit pour permettre l'écoulement, par les trois routes et par des sentiers praticables, de tous les impedimenta. Le soir venu, la division d'Afrique, les bataillons de Corse et toute l'infanterie de marine, avec deux batteries de campagne et trois batteries de montagne, se dirigèrent sur Fiumicino, où ces troupes arrivèrent le matin du 29. A minuit, le pont sur la Galera sautait et le 16e corps se dirigeait sur l'Arrone.

Le 29, le 16e corps ralliait le détachement de Bracciano et la brigade détachée ; un violent combat s'engageait au passage du torrent : les Italiens étaient repoussés.

Le 30, on couchait à Santa-Severa ; le 1er mai, après un nouvel et très vif engagement où la cavalerie française avait montré un dévouement héroïque, le 16e corps rentrait à Civita-Vecchia. Malheureusement, le temps s'étant mis à la pluie le 29, un certain nombre de fourgons et de caissons vides, embourbés, avaient dû être abandonnés. C'étaient d'ailleurs, avec les deux pièces démontées et avariées dans le duel d'artillerie du 24 avril, les seuls trophées de l'armée italienne.

Quant à la division d'Afrique et aux troupes qui la suivaient, elles avaient pu gagner Fiumicino et commencer leur rembarquement sans être inquiétées ; le souvenir de la journée du 19 inspirait à l'ennemi une grande prudence, et c'est à peine si, le 30, au moment où l'infanterie de marine se disposait à embarquer, les troupes du Xe corps se présentèrent devant le camp retranché.

Le corps de débarquement de l'escadre, solidement établi avec ses pièces de 65 m/m derrière de bons parapets et dans des maisons fortifiées avec soin, reçut l'ennemi de manière à le dégoûter de toute nouvelle attaque. A la nuit faite, nos marins embarquaient lestement dans leurs canots sans laisser aux Italiens une seule voiture ni un seul caisson.

Le 3 mai, malgré un violent bombardement des Italiens sur la malheureuse ville de Civita-Vecchia, l'opération du rembarquement était entièrement terminée.

Le 16e corps avait perdu, pendant la retraite et dans le bombardement de la ville, 250 tués et 1,000 blessés environ.

On dut laisser 200 blessés dans les hôpitaux de Civita ; c'étaient ceux qu'on n'aurait pu transporter sans inhumanité ; plus tard un cartel d'échange rendit à la France ceux qui avaient survécu à leurs blessures.

Le 3 mai, à 2 heures, l'armée navale, la flotte de combat en tête, levait l'ancre et faisait route à l'Ouest. Elle se composait : 1° *flotte de combat :* de 7 cuirassés (le *Caïman* compris), de 4 croiseurs ou éclaireurs, de 3 avisos-torpilleurs, de 3 torpilleurs de haute mer, de 5 torpilleurs de 1re classe et de 6 canots-vedettes ; 2° *flotte de transport :* 15 transports de l'État[1], 20 paquebots et *cargo-boats*, 6 remorqueurs et un transport-torpilleur.

A 8 heures du soir, après avoir parcouru 50 milles dans l'O.-S.-O. pour dépister l'ennemi, le vice-amiral mettait la route au Nord-Ouest pour donner dans le canal de l'île d'Elbe, que l'armée navale franchit pendant la nuit, rangeant de préférence la côte de Corse. A 6 heures du matin, l'armée se trouvait sur le parallèle du cap Corse et là le vice-amiral recevait de ses éclaireurs, expédiés la veille au soir vers Spezia, la nouvelle qu'une escadre italienne de 5 cuirassés, 3 croiseurs et 8 torpilleurs était sortie de la baie, la veille vers 3 heures, et avait paru se diriger vers le canal de Piombino. Nos éclaireurs, obligés de prendre chasse devant les croiseurs et les torpilleurs de l'ennemi, avaient perdu de vue l'escadre italienne à l'arrivée de la nuit.

Le vice-amiral estima que l'escadre ennemie avait dû, en effet, pensant le surprendre plus aisément, longer de très près la côte, et qu'elle courait vers Civita, tandis que l'armée navale avait gagné 20 heures.

Le cap fut mis aussitôt sur Savone (80-85 milles) et la vitesse réglée à 9 nœuds. Les vents étant du Sud, modérés, l'armée navale devait se présenter devant la place vers 2 ou 3 heures de l'après-midi.

---

1. Dont 3 transports de matériel et 4 transports-écuries.

2 torpilleurs de haute mer furent laissés aux atterrages du cap Corse pour surveiller le Sud et avertir, le cas échéant, de l'approche de l'escadre italienne.

Une division légère formée du *Sfax,* de la *Couleuvrine* et de trois torpilleurs de 1re classe dut observer les parages de la *rivière du Levant,* Sestri, Chiavari, Rapallo, et se présenter devant Gênes à peu près à l'heure où l'armée navale arriverait devant Savone : le *Sfax* était autorisé à s'engager avec les ouvrages extérieurs (San-Giuliano, la Lanterne et San-Andrea) ; les torpilleurs essaieraient de se glisser dans le port ; en tout cas, il fallait surveiller exactement la route de la Corniche et ne pas permettre la circulation des troupes allant vers l'Ouest.

A 2 heures, l'escadre de combat, devançant les transports, entamait le bombardement de la vieille citadelle de Savone ; à 3 heures, la division d'Afrique commençait son débarquement à Vado. A 4 heures, la 1re division du 16e corps débarquait à son tour, et de vive force, à quelque distance à l'est de Savone, dans l'anse de San-Giacomo ; elle repoussait la garnison dans l'intérieur de la ville et s'élevait vers le Nord, menaçant la route d'Altare. A 6 heures, toute résistance devenant impossible dans le fort, écrasé d'obus, la garnison se hâtait de l'évacuer et de se retirer sur les Apennins.

Ainsi le 4 mai, à 6 heures du soir, l'armée expéditionnaire était en possession de deux points de débarquement très favorables sur la côte de Ligurie ; il était de la dernière importance de compléter ce succès en s'assurant des débouchés des Apennins et des routes qui commandent le Montferrat.

Pendant que le débarquement continuait sous les faisceaux lumineux des projecteurs de l'escadre, une brigade

LIGURIE ET MONTFERRAT

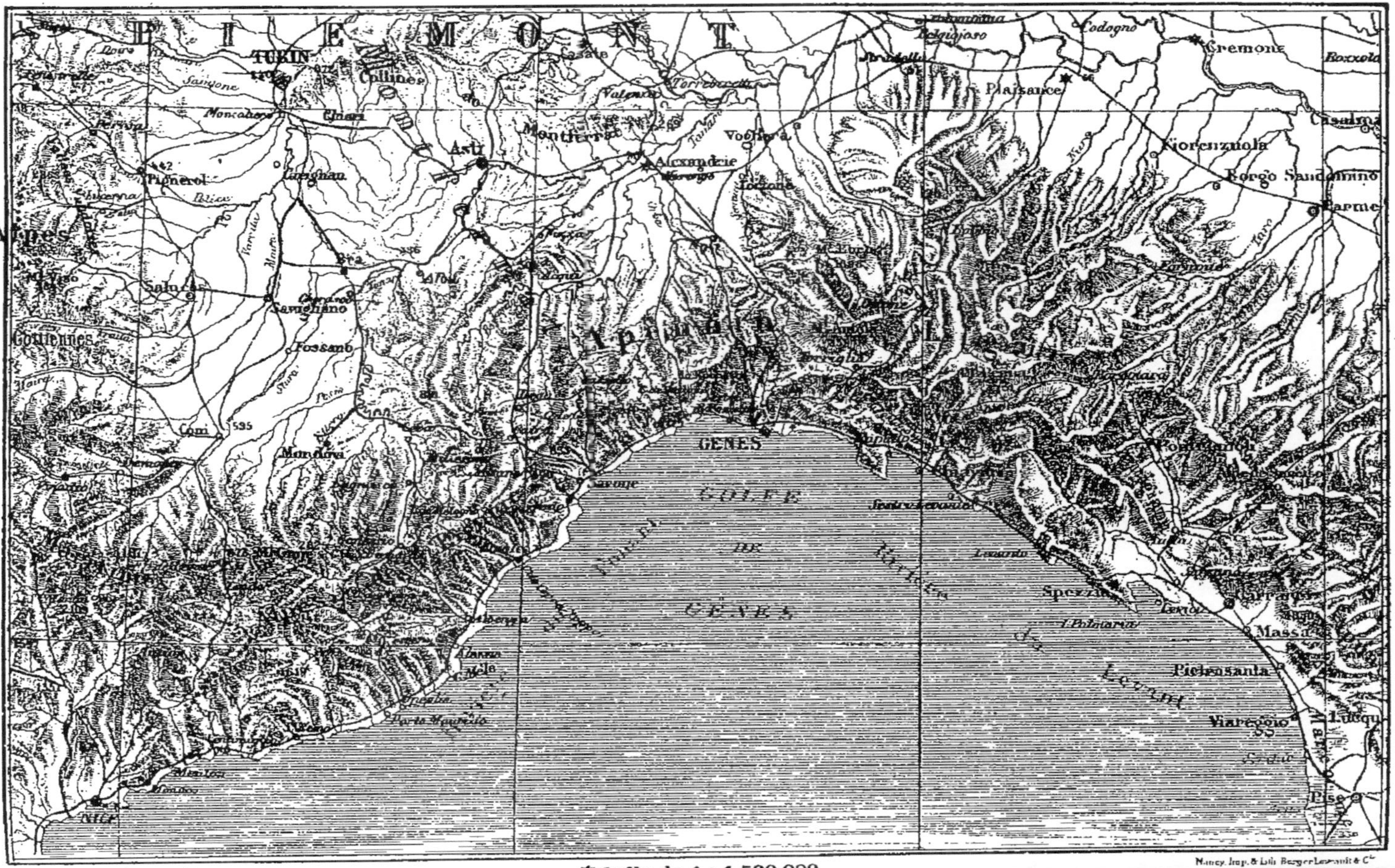

Échelle de 1 : 1.500.000

Nancy, Imp. & Lith. Berger-Levrault & Cie

du 16e corps et deux batteries de montagne mises à terre dès 8 heures du soir, se jetaient sur les traces de la garnison de Savone par la route du col d'Altare ; bientôt deux bataillons et une section de montagne remontaient, droit au Nord, la route du col de Giove, et le premier escadron débarqué, vers minuit, prenant en croupe une compagnie de chasseurs à pied, courait sur la voie ferrée de Savone à Alexandrie (par Cairo et Dego) pour tâcher de prévenir la destruction des ouvrages d'art, ponts, tunnels, etc.

Nos soldats allaient-ils devancer l'ennemi sur la crête des Apennins? Pourraient-ils, masquant ou enlevant le *fort d'Altare,* déboucher dans ces gorges célèbres de *Dego* et de *Millesimo* qu'avaient parcourues leurs pères?

La tâche était difficile, malgré la surprise de l'ennemi ; mais elle ne dépassait pas les forces de l'armée qui avait si vaillamment combattu sous les murs de Rome, qui avait supporté avec tant d'abnégation d'incessantes fatigues et des labeurs écrasants.

CHAPITRE VI.

SAVONE.

Situation des flottes française et italienne au commencement de mai. — Acceptation par l'Allemagne du plan de jonction des deux escadres. — Sortie d'une division allemande, le 6 mai, par une brume épaisse. — Réunion des alliés à Messine. — Déblocus de Spezia et bataille navale de Savone : défaite des alliés. — Deuxième blocus de Spezia. — Opérations de l'armée « de Ligurie » dans le Montferrat; les hostilités traînent en longueur jusqu'à l'armistice. — Coup d'œil d'ensemble sur le rôle de la flotte française dans la Méditerranée.

Nelson, en 1798, courant après l'armée navale qui allait conquérir l'Égypte, avait traversé, dans l'ouest de la Crète, le sillage de nos vaisseaux, encore tracé sur une mer tranquille. L'escadre italienne passa, le 3 mai, à quelques milles de notre flotte de transport et lorsque, le 4, de grand matin, elle parut en vue de Civita-Vecchia, les sémaphores ne purent lui donner que des indications très vagues sur la route suivie par les Français.

Le vice-amiral italien résolut alors de se diriger sur les Bouches de Bonifacio ; si l'armée navale ennemie avait franchi le détroit, le sémaphore du cap Ferro ne manquerait pas de le lui signaler. Mais là, pas plus qu'à Civita, on ne pouvait rien dire, et l'escadre remontait à vitesse modérée vers le canal de l'île d'Elbe, le 5 mai, lorsqu'un torpilleur, expédié de Porto-Ferrajo dès la soirée du 4, vint lui annoncer que l'armée française était en pleine opération de débarquement sur la côte de la Ligurie. En même temps, le vice-amiral italien recevait l'ordre de rallier Spezia sans s'engager avec la flotte française.

Le 6, de très bonne heure, l'escadre mouillait à l'abri de la digue de Spezia.

Cette force navale, dont la rapide constitution par les moyens *d'un seul arsenal* (du moins en ce qui concerne les cuirassés) faisait le plus grand honneur au ministre de la marine italienne, se composait des cuirassés nouveaux : *Dandolo, Ruggiero-di-Lauria* et *Lepanto* ; des cuirassés anciens : *Principe-Amedeo* et *Palestro* ; des croiseurs : *Vesuvio* et *Marc-Antonio-Colonna* ; du torpilleur de haute mer *Folgore* et de 6 torpilleurs de 1re classe ; enfin l'aviso *Rapido* (déplaçant 1,600 tonnes et armé de 5 pièces de 7 c/m,5 d'Armstrong) jouait le rôle de soutien et de *ravitailleur* des torpilleurs de 1re classe.

Les deux anciens cuirassés, ne pouvant plus donner que 11 nœuds de vitesse au plus, ôtaient à cette escadre les qualités de mobilité qui auraient pu lui permettre de harceler la flotte française et de lui enlever une partie de ses transports, opération dont le *Lepanto* avait appris à ses dépens la difficulté.

Il ne lui restait donc qu'à se prendre corps à corps avec les cuirassés français, et alors, malgré la valeur des trois premières unités de combat, il était permis de craindre que la dernière escadre italienne ne subît un échec irréparable.

Ce n'était donc pas sans appréhension que le ministre italien avait consenti, sur les instances de ses collègues du cabinet, à faire prendre la mer à son escadre ; encore avait-il recommandé la prudence à l'officier général qui la dirigeait. Sur ces entrefaites, la nouvelle arrivait à Rome, le 4 mai, que l'Allemagne acceptait la combinaison dont j'ai parlé déjà, dans le chapitre V, et qu'une division de 3 cuirassés, 1 croiseur, 1 aviso rapide et 3 torpilleurs, devait sortir de la Jahde à la première occasion favorable et s'efforcer de gagner les eaux italiennes. On invitait le cabinet de Rome à fixer le point où se ferait la jonction des deux escadres. Cette dépêche fut suivie à deux heures de distance de celle qui annonçait le débarquement des Français à Vado et à Savone. Quels que fussent le désappointement et la surprise du ministère, qui avait compté sur la retraite définitive, à Toulon et à Marseille, de l'armée expéditionnaire, ce n'était plus le moment de risquer une bataille navale : il était évidemment plus sage d'attendre la jonction promise. Si, comme on l'espérait bien, la victoire couronnait enfin les efforts des alliés, l'armée française, privée de l'appui de ses vaisseaux et du ravitaillement fourni par la flotte, tenue en échec sur les rochers de l'Apennin par les forces des corps italiens de la Péninsule qu'on allait envoyer le plus tôt possible dans la Ligurie, se trouverait bientôt dans la situation de l'armée de Masséna, en 1800, et ne tarderait pas à capituler.

Il fut convenu en conséquence que l'escadre réunie à Spezia se bornerait à des expéditions d'un rayon peu étendu, protégerait, par exemple, la circulation des trains et des transports de troupes sur les routes et sur la voie ferrée du littoral, et attendrait, sans engager d'action décisive, le concours promis par la marine allemande.

Le point de jonction à choisir donna lieu à des discussions assez vives. Tout bien pesé, et puisqu'on ne pouvait plus se servir de la Maddalena, où les Français se fortifiaient sans relâche, Messine fut désigné. On avait beaucoup travaillé aux batteries du phare ; on était là assez loin de l'escadre française, forcément rivée à la côte de Ligurie, et enfin sous l'appui des forces navales qui allaient s'y rassembler, le XIIe corps italien pourrait se risquer à faire franchir le détroit à ses batteries, parcs, convois et charrois de toute nature.

Le vice-amiral français, de son côté, averti par ses éclaireurs de la rentrée à Spezia de l'escadre italienne, avait cru pouvoir donner quelque repos à son escadre.

Une division était mouillée à Savone, une autre à Vado; les bâtiments étaient autorisés à faire, dans leurs machines, les réparations et démontages qui n'entraînaient pas une *indisponibilité* de plus de trois heures.

D'ailleurs, le service de surveillance était fait avec une extrême ponctualité; chaque nuit, les projecteurs électriques s'allumaient; il y en avait quatre sur chaque cuirassé, mais deux seulement fonctionnaient à la fois. On avait mouillé les « Bullivants », filets protecteurs contre les torpilles; mais là de grands mécomptes se produisaient : la mer, le service actif des embarcations, les accostages avec de la houle, et surtout *le souffle* des gros canons, avaient gravement avarié ces filets métalliques et leur gréement. Les cuirassés du type *Redoutable* qui avaient eu occasion de tirer en extrême chasse leurs pièces de 27 c/m ou de 34 c/m, étaient à peu près dépourvus, par le fait de ce tir même, de la protection de leurs filets d'avant.

On y suppléait par des installations de fortune (filets en cordes ou toiles) et surtout par des rondes fréquentes exécutées par les torpilleurs, les canots à vapeur et les vedettes attachées à l'escadre.

Une division légère composée, à tour de rôle, d'un cuirassé, d'un croiseur et de deux torpilleurrs, se tenait toujours en observation, au large; le *Sfax* et le *Milan* alternaient dans le service de surveillance de Spezia : tout était calculé pour que le commandant en chef fût prévenu de la sortie de l'escadre italienne quatre heures au moins avant qu'elle pût paraître en vue de Savone.

Les transports et paquebots, mouillés en dedans des navires de combat [1], étaient protégés contre les torpilleurs par une longue ceinture d'espars tenus, à bonne distance, par des grappins et de petites ancres.

Rien d'ailleurs n'était venu troubler le débarquement de l'armée; on avait pu, dès le 7, renvoyer à Toulon les transports-hôpitaux chargés des blessés des dernières journées, du moins des plus gravement atteints, et les transports de matériel qui devaient prendre des chargements de munitions d'artillerie et d'infanterie. Plusieurs « charbonniers » avaient rejoint l'armée navale, et l'on s'occupait activement de faire le plein des soutes et de se réapprovisionner en *matières grasses*.

Le vice-amiral se préoccupait cependant d'augmenter la force de son escadre : l'expérience des derniers engagements avait démontré la nécessité de certaines modifications et améliorations qui pouvaient, en partie du moins, être exécutées à bord des grands bâtiments de combat.

On avait reconnu que les organes de transmission d'ordres n'étaient pas convenablement protégés au-dessous des blockhaus cuirassés où se tiennent les commandants; que ces blockhaus même n'étaient souvent pas à l'abri des projectiles de petit calibre, surtout du canon italien à tir rapide de 57 $^{m}/_{m}$. On constatait que les masques des hotchkiss, sur certains navires, ne descendaient pas assez bas; que ceux des pièces du pont, 14 $^{c}/_{m}$ ou 10 $^{c}/_{m}$, ne mettaient pas les servants à l'abri de la mousqueterie des hunes.

1. Et un bon nombre dans le port de Savone creusé à $7^{m},50$.

Le vice-amiral demanda et obtint qu'on lui expédiât de Toulon des tôles de fer et d'acier, des outils convenables et quelques ouvriers spéciaux.

On s'efforça aussi de perfectionner les installations de la mousqueterie, dont on reconnaissait les merveilleux effets; enfin les commandants furent invités à étudier sur leurs bâtiments l'installation de plusieurs *postes de combat* pour eux-mêmes, ces postes devant offrir, suivant les circonstances, des abris naturels, et être pourvus de tous les organes convenables de transmission d'ordres.

J'ai dit déjà que le *Caïman* était venu remplacer le *Duperré,* renfloué et conduit à Toulon, mais que ses avaries devaient retenir au bassin pendant toute la durée de la guerre. Le vice-amiral comptait beaucoup sur les facultés évolutives du *Caïman* et sur la puissance de ses pièces de 72 tonnes. Il se proposait, quand l'heure d'une rencontre décisive serait arrivée, d'opposer tout particulièrement ce navire au *Lepanto* ou au *Ruggiero-di-Lauria,* et avait manifesté déjà à plusieurs reprises le désir de remplacer l'*Indomptable,* à la Maddalena, par un des cuirassés anciens de son escadre.

Le 5 mai, le *Colbert* avait rallié son pavillon et le vice-amiral avait, à regret, dû expédier à Toulon le *Courbet,* dont la teugue, la tourelle tribord, la passerelle et la cheminée de tribord avaient beaucoup souffert des derniers coups de l'*Italia.*

Avec le *Colbert* étaient venus trois torpilleurs nouveaux et l'*Ouragan,* grand torpilleur de 50 mètres, armé de tubes sur le pont, de deux canons à tir rapide, d'un canon-revolver, et en qui le *Folgore* ne tarderait pas à trouver un redoutable adversaire.

Le personnel était aussi l'objet de la sollicitude constante du commandant en chef, qui s'efforçait d'adoucir autant qu'il lui était possible, les inévitables fatigues de la guerre. Les équipages étaient divisés en *trois bordées* au lieu de deux : le service paraissait suffisamment assuré malgré cette diminution du nombre des *hommes de quart,* et le temps consacré au sommeil ou au repos était sensiblement augmenté.

Les vides produits par les combats du mois d'avril dans le personnel subalterne avaient été comblés peu à peu. Mais le ministre s'était trouvé dans l'impossibilité de remplacer les officiers tués ou mis hors de combat ; une fois de plus on était réduit aux expédients par suite de l'insuffisance des cadres, et il fallait faire appel, au moins pour les navires armés en vue du long cours et des campagnes lointaines, aux officiers de la marine marchande, absolument neufs dans toutes les questions militaires.

Le service des ports souffrait aussi de la pénurie d'officiers : ceux que l'on tirait du cadre de réserve étaient peu nombreux, souvent hors d'état de rendre des services actifs, quelquefois incapables de se plier aux exigences de certaines situations.

Tant que notre marine resterait victorieuse, on pouvait encore passer sur ces graves lacunes de notre organisation ; mais si notre escadre était obligée de se renfermer dans ses ports, il était facile de prévoir que l'absence à peu près complète d'un corps de « défense des côtes » entraînerait de très fâcheuses conséquences.

A la vérité, les batteries du littoral desservies par la guerre commençaient à recevoir leur armement en hommes de la territoriale, mais ce personnel paraissait tout nouveau dans son service, peu au courant de la manœuvre des grosses pièces de côte, et assez mal renseigné sur les méthodes de tir qui conviennent dans une lutte contre des navires, buts essentiellement mobiles.

On pouvait, par contre, tirer des événements en cours cette consolation que l'ennemi n'était pas, à cet égard, beaucoup mieux organisé que nous, malgré ses efforts récents pour se constituer avec les *milices* un corps sérieux de *défense des côtes*.

Mais il est temps de revenir aux opérations de l'armée expéditionnaire, ou au moins à ses premières marches sur l'Apennin ligure.

De Savone partent deux routes et une voie ferrée qui franchissent les Apennins ; la première, par le col de *Giove*, tombe sur la vallée de l'Erro, affluent de la Bormida ; la deuxième et la voie ferrée, par le col de *Cadibone* ou d'*Altare*, commandent les vallées des deux Bormida. A *Carcare*, dans la vallée de la Bormida orientale (ou *Spigno*), se détache la route de *Coni*, qui coupe les contreforts des Alpes de Ligurie et va tomber à l'ouest, par *Ceva* et *Mondovi*, sur les derrières de l'armée qui a franchi le col de Tende. Les deux premières routes, au contraire, descendent dans les vallées et finissent par tomber sur Acqui et sur Alexandrie.

La voie ferrée se bifurque, elle aussi, près de Carcare ; l'une des branches suit la route de Coni, l'autre court au nord rejoindre à Alexandrie le réseau de la haute Italie.

Je n'ai pas besoin de bien longues considérations stratégiques pour faire sentir à mes lecteurs l'importance de ce réseau de voies de communication. Par le fait, si l'armée française réussissait à occuper fortement, avant l'arrivée des masses ennemies, les points de *Montenotte* (vallée de l'Erro), de *Dego* et *Cairo* (vallée de la Bormida orientale) et de *Millesimo* (Bormida occidentale), les communications de l'armée italienne opérant dans le comté de Nice étaient dangereusement menacées.

Sans doute des forces italiennes ne manqueraient pas d'accourir, sinon de Gênes ou d'Oneille (la route de la Corniche passant sous le canon de nos navires), mais d'Alexandrie et de Novi, tandis que des détachements de l'armée d'invasion rebrousseraient chemin, et viendraient, probablement par la haute vallée du Tanaro, nous disputer la route de Coni; mais on pouvait être assuré que le mouvement en avant de l'armée italienne serait arrêté tout net et que la guerre serait reportée, à notre grand profit, dans le massif du Montferrat :

« Qui tient le Montferrat tient l'Italie », adage stratégique dont les guerres du siècle dernier (succession d'Autriche, campagnes de Bonaparte) ont démontré toute la valeur.

Au demeurant, les Italiens, appréciant l'importance du col de Cadibone pour une armée française débouchant par Savone, venaient de mettre la dernière main au fort d'Altare, qui barre exactement la route de Savone à Carcare.

Ils avaient entrepris aussi des travaux au col du Melogno qui permet de franchir l'Apennin en partant de Finale (20 kilomètres au sud-ouest de Vado) et de tomber sur les sources de la Bormida.

Le général en chef ne désespéra pas de franchir le col de Cadibone malgré le fort d'Altare : on avait pu, heureusement, occuper la voie ferrée avant que la garnison de Savone eût songé à en détruire les principaux ouvrages d'art.

Dès le matin du 6 mai, les batteries de montagne occupaient les hauteurs de *Santuario* et le sommet du *Montelegino*, ce nœud si marquant de la chaîne ligure, où le brave Rampon, en 1796, avait arrêté avec 1,500 Français la division autrichienne d'Argenteau. De ces deux points on dominait le fort d'Altare et aussitôt on en commençait le bombardement.

Pendant cette opération, les Africains du 19e corps, grimpant par de vrais sentiers de chèvres, réussissaient à passer de Vado dans la haute vallée de la Bormida orientale, et le général lançait une forte colonne du 16e corps, avec des batteries attelées et le régiment de chasseurs d'Afrique, dans la vallée de l'Erro, par le col de Giove. Cette colonne devait occuper Sassello, y installer fortement un détachement des trois armes et se rabattre sur Dego par la route qui franchit le contrefort de l'Apennin. L'objectif général des colonnes en route était donc l'occupation de la ligne Sassello-Dego-Millesimo.

Cet objectif fut atteint le 7 mai dans la nuit et le 8 mai de grand matin par la colonne qui marchait sur Dego.

A Millesimo, déjà, les troupes du 19e corps (infanterie seule) s'étaient heurtées à une colonne italienne remontant de *Ceva* vers *Carcare :* cette colonne appartenait au VIIe corps et au 1er régiment alpin.

Le 8 mai, vers le soir, notre détachement de Sassello était attaqué par des troupes du Ve corps ; enfin on signalait l'apparition de l'ennemi dans la haute vallée du Tanaro, vers *Garessio* et *Marialto.*

La position pouvait, à ce moment, devenir critique pour l'armée expéditionnaire : la résistance du fort d'Altare empêchait l'arrivée dans les hautes vallées des batteries de campagne et des échelons du parc ; seules les batteries de montagne pouvaient circuler sur les routes muletières du col de Giove et de Sassello à Dego. Enfin, le 9, après avoir, par des prodiges de patience et d'habileté, hissé quelques pièces de 80 ᵐ/ₘ sur les hauteurs qui dominent l'Altare, l'armée française put entreprendre une attaque en règle devant laquelle l'ennemi capitula, le 10. Il était temps, nos troupes étaient vivement pressées à Sassello et à Millesimo, et, à plusieurs reprises, les munitions devenant rares, il avait fallu lutter corps à corps contre les têtes de colonne de l'ennemi.

En même temps, les deux flancs de l'armée étaient menacés, à droite par une brigade du VIIIe corps qui arrivait à Gênes, à gauche par des troupes appartenant au VIe et qui essayaient d'atteindre Albenga ou Finale-Borgo pour remonter jusqu'aux cols de San-Bernardo et du Melogno. Le général en chef invita le vice-amiral à menacer Gênes, d'un côté, et, de l'autre, à faire occuper Finale par ses compagnies de débarquement et un bataillon d'infanterie de marine.

Cette dernière opération fut exécutée dans la journée du 11 mai ; un brillant combat nous livra Finale et une batterie de campagne italienne. L'attaque de Gênes était déjà l'objet des préoccupations du commandant en chef de l'armée navale, qui sentait toute l'importance de cette diversion et qui espérait, en outre, que l'escadre italienne se déciderait à sortir de Spezia pour secourir l'antique et riche cité des doges. Le vice-amiral répondit, en conséquence, à l'invitation du général en chef, que, dès l'arrivée du convoi d'Afrique (2e division du 19e corps), annoncée pour le 12, il appareillerait de Savone et de Vado avec son escadre de combat et 5 transports, laissant les autres à la garde de la division d'Algérie renforcée par le *Friedland,* et qu'il opérerait sur Gênes une forte reconnaissance avec attaque des forts extérieurs et débarquement vers San-Pier-d'Arena.

Le 10 mai, de grand matin, un paquebot à grande vitesse qui, affrété par l'État et armé de quelques pièces légères, faisait le service postal entre Nice et l'armée expéditionnaire, remit à l'amiral une dépêche du Gouvernement annonçant que le 8 mai un torpilleur du port de Cherbourg, ayant poussé une pointe jusqu'en vue de la côte d'Angleterre, avait reconnu une division allemande qui suivait de près le littoral et faisait route pour sortir de la Manche.

Des brumes épaisses avaient régné sur la mer du Nord et sur le Pas-de-Calais pendant plusieurs jours... ; on savait en outre qu'un engagement assez vif avait eu lieu le 6 entre les navires allemands renfermés dans la Jahde et l'escadre française qui les bloquait ; la brume n'avait pas permis à nos bâtiments de pousser à fond leur premier avantage et il était probable qu'à la faveur de cette diversion, un certain nombre de cuirassés ennemis avaient pu se soustraire à la surveillance des nôtres. Le croiseur *le Nielly*, accompagné de deux torpilleurs de haute mer, avait été aussitôt dépêché de Brest à la recherche de l'escadre ennemie, mais on n'en avait pas encore de nouvelles. On avisait le vice-amiral que, dans l'hypothèse où cette force navale se rendrait dans les eaux italiennes, on allait lui envoyer un renfort composé du grand cuirassé neuf *Amiral-Baudin*, qui terminait ses essais, d'un croiseur de 2e classe, le *Villars*, et de deux avisos-torpilleurs, la *Bombe* et la *Lance*.

Le ministre invitait en outre le contre-amiral à faire observer le détroit de Gibraltar par deux navires légers.

Sur ce dernier point, il fallait se hâter et par conséquent envoyer un des navires les plus rapides de l'armée navale ; mais il fallait aussi que ce navire fût en mesure de croiser immédiatement sans renouveler son approvisionnement de combustible ou d'eau douce[1] dans un port de la côte. Le *Sfax,* à peu près seul, réalisait ces différents *desiderata,* et, non sans regret de se priver des services de cet excellent croiseur sur la côte de Ligurie, le vice-amiral l'expédia sur Gibraltar.

La mission confiée à ce navire consistait surtout à dénoncer le moment précis du passage de la division allemande dans le détroit au moyen d'une dépêche expédiée de Cadix, Tarifa ou Algésiras au gouvernement français, qui en aviserait le vice-amiral. Cela fait, le *Sfax* devait s'efforcer de retrouver la piste de l'ennemi, ce qui, avec sa vitesse, n'était pas bien difficile, le suivre à distance sans le perdre de vue et tâcher de communiquer le plus possible soit avec l'Algérie, soit avec les Baléares ou la côte espagnole ; à cet effet, un des torpilleurs de 1re classe lui fut adjoint.

Le 13 mai, en effet, le *Sfax* avait établi sa croisière entre Spartel et Trafalgar ; son torpilleur, expédié à Tarifa, avait acquis la certitude que l'escadre allemande n'avait pas franchi le détroit.

Le soir même, un peu après le coucher du soleil, les vigies du *Sfax* annonçaient, dans l'O.-N.-O., un torpilleur, ou au moins un navire à vapeur très ras sur l'eau. Le torpilleur français poussa ses feux aussitôt et s'élança dans la direction indiquée : une houle assez forte, mais longue, venant de l'Ouest, n'arrêtait pas sa marche, mais diminuait beaucoup le champ d'observation.

Il était important, toutefois, si l'ennemi était proche, que le *Sfax* ne fût pas découvert avant que la division allemande donnât dans le détroit. A 8 heures du soir, les

1. Pour les chaudières à très haute pression.

torpilleurs passaient en vue l'un de l'autre; le français hissa son pavillon, encore visible sous un reste de jour, l'allemand hissa le sien et, l'appuyant d'un coup de canon-revolver, tira deux fusées.

Au même moment, le torpilleur français apercevait les fumées de 6 navires à vapeur. Son exploration avait eu un succès complet et il se dirigea à toute vitesse, poursuivi par l'allemand, vers le détroit.

A 11 heures du soir, l'escadre allemande doublait Tarifa, gardant ses feux éteints; mais elle restait visible pour le *Sfax* qui, longeant d'assez près la côte d'Afrique et se projetant sur le haut relief des montagnes, ne pouvait être découvert.

A 1 heure du matin, le torpilleur français était expédié à Gibraltar. La dépêche envoyée, il devait rejoindre le *Sfax* qui suivait, à deux milles de distance, la division allemande.

Le 14 mai, au jour, l'ennemi reconnut le croiseur français; l'amiral allemand comprit sans doute que ses précautions avaient été inutiles, mais il continua sa route avec ses 3 cuirassés, le *Preussen*, le *Friedrich der Grosse* et le *Deutschland*, et détacha ses deux croiseurs et l'un de ses torpilleurs contre le navire français.

Les croiseurs allemands étaient le *Gneisenau*, corvette à batterie déplaçant 3,000 tonneaux, armée de 16 pièces de 15c/m et filant 14 nœuds environ, et la *Carola*, corvette à batterie barbette, déplaçant 2,200 tonneaux, armée de 8 pièces de 15c/m et donnant un peu moins de 14 nœuds. La mission du *Sfax* excluait toute idée de combat décisif: le commandant de ce croiseur, à qui sa vitesse de 17 nœuds passés permettait d'accepter ou de refuser l'engagement, se borna à canonner à distance, avec ses pièces de 16c/m modèle 1881, les deux navires allemands. On eut la certitude qu'un des projectiles avait atteint la *Carola*, qui cessa de tirer et se rapprocha du *Gneisenau*, tandis que le torpilleur allemand exécutait une charge à fond sur le croiseur français.

Les deux torpilles lancées par ce petit navire, qui avait dû se placer en travers de la mer et dont la visée était certainement défectueuse, n'atteignirent pas le *Sfax*, et le torpilleur allemand, virant de bord, s'empressa de se mettre hors de la portée des canons-revolvers français.

A midi, le torpilleur n° 74 rejoignait notre croiseur et la poursuite de l'escadre allemande par nos deux navires continuait sans incidents notables. L'ennemi se résignait à subir une incommode mais inévitable surveillance.

Le 15 mai, le torpilleur français était détaché à Oran et y portait des renseignements précis sur la division allemande.

Le 16, vers le soir, le « 74 » communiquait avec Bône; l'ennemi paraissait décidément se diriger sur Messine.

Le 18, à minuit, le *Sfax* et son annexe, mouillés à Tunis, où ils refaisaient leur approvisionnement de charbon, annonçaient au ministre que la jonction des escadres italienne et allemande, à Messine, était un fait accompli.

L'escadre italienne avait réussi en effet, dès le 12 mai, à sortir de Spezia, à la faveur d'une nuit noire et pluvieuse et d'un coup de vent d'Est qui rendait assez difficile la surveillance de nos avisos-torpilleurs.

C'était là un fait fâcheux, assurément, et, dès lors, il fallait s'attendre à une bataille où serait vidée définitivement la querelle des trois marines.

Le vice-amiral y prépara son armée navale, à qui le repos de ces derniers jours et la prévoyance du ministre de la marine avaient ménagé de nouvelles forces. En effet, augmentée du *Colbert*, réparé, de l'*Amiral-Baudin*, qui ralliait l'escadre avec sa division, et de la *Triomphante*, cuirassé de 2e rang qui venait d'arriver devant Savone avec la deuxième division du 19e corps, l'escadre de combat comptait 9 cuirassés, dont 8 de premier rang, 2 grands croiseurs, 3 éclaireurs d'escadre, 3 avisos-torpilleurs, 2 croiseurs-torpilleurs, et 8 torpilleurs de 1re classe.

Cette force navale pouvait attendre avec confiance l'attaque des escadres ennemies.

En attendant, le ministre ayant avisé le commandant en chef que le cuirassé italien *Andrea-Doria*, du type du *Lauria*, était sur le point de prendre la mer et d'aller se joindre aux alliés devant Messine, le vice-amiral prit les dispositions suivantes pour tenir bloqué ce cuirassé et les navires légers qui devaient le suivre, sans pour cela diminuer d'une manière compromettante la protection qu'il devait à la flotte de transport et à la base d'opérations de l'armée expéditionnaire.

Les cuirassés *Caïman* et *Trident*, le croiseur *Sfax*, revenu de Tunis, les avisos-torpilleurs *Bombe* et *Lance*, et 4 torpilleurs de 1re classe durent former une division détachée qui était chargée de bloquer Spezia et en même temps d'éclairer l'armée navale vers le sud (canal de Piombino). La moitié de cette division se tiendrait au mouillage de la Magra, au sud-est de Spezia, gardant allumés les feux des deux tiers ou de la moitié de ses chaudières, l'autre serait de garde devant la baie. Les deux avisos-torpilleurs alternaient pour la surveillance spéciale de la côte sud, vers Livourne.

Les torpilleurs de la station de Bastia (Corse) étaient tout naturellement désignés pour la surveillance du canal de l'île d'Elbe. 2 torpilleurs de l'escadre vinrent les renforcer pour ce service, toujours pénible. Là le télégraphe devait transmettre, par la France et par Antibes, où se tenait toujours un torpilleur de haute mer, les avis des éclaireurs au commandant en chef.

Enfin, pour éviter toute surprise venant du Sud-Ouest, une croisière était installée entre Nice et l'île Rousse (Corse) : elle se composait des éclaireurs d'escadre *Milan, Hirondelle* et *Desaix* et des croiseurs-torpilleurs *Faucon* et *Condor*.

Le vice-amiral, qui avait mis son pavillon sur l'*Amiral-Baudin,* gardait avec lui 7 cuirassés, 1 croiseur de 2e classe, 1 croiseur-torpilleur, 2 torpilleurs de haute mer et 3 torpilleurs de 1re classe. Ces bâtiments légers servaient, à tour de rôle, de liens entre le gros de l'escadre et les détachements.

Le 21 mai, vers 10 heures du soir, l'aviso-torpilleur *Lance,* en croisière de l'île Gorgona à la côte de Livourne, fut brusquement attaqué par 4 torpilleurs de différents types qui avaient pu se dissimuler derrière l'île ; l'aviso français se défendit avec énergie et causa de graves avaries à deux de ses adversaires avec ses projectiles de 47 m/m (canons rapides), mais il fut torpillé cependant par un « porte-torpilles » italien qui parvint à faire exploser son engin sur l'avant de l'aviso. Bientôt, malgré la puissance de ses pompes, il devint évident pour le capitaine de ce navire qu'il fallait se hâter de rallier la division détachée et peut-être se jeter à la côte avant que l'eau eût rempli le compartiment avant. A 1 heure du matin, la *Lance,* en effet, après avoir marché aussi vite que le lui permettait sa situation, l'hélice à moitié hors de l'eau, s'échouait au nord de Viareggio, vers Pietra-Santa, mais en brûlant des artifices, tirant des fusées et des coups de canon, enfin en usant de tous les moyens en son pouvoir pour avertir la division de l'approche de l'ennemi.

A 1 heure 15 minutes, les bâtiments mouillés devant la Magra appareillaient et se réunissaient à ceux qui tenaient le blocus.

A 2 heures, ils étaient attaqués par les torpilleurs de l'ennemi et par ceux de la défense mobile de Spezia : cet émouvant combat de nuit, s'il n'eut pas pour résultat de couler ou d'avarier gravement nos cuirassés, permit du moins au *Doria* d'appareiller à son tour, tous feux éteints, et de se glisser le long de la côte de Lerici jusqu'en dehors de la baie. Le *Sfax,* seul, s'étant aperçu de la sortie d'un navire de haut bord, signala cette circonstance au chef de division qui, jugeant toute poursuite désormais inutile, répondit par l'ordre de ralliement général et absolu.

Le jour venu, les torpilleurs ennemis lâchèrent prise ; à toute vue dans le Sud on apercevait distinctement les panaches de fumée d'un grand nombre de vapeurs : c'était l'escadre alliée. Le chef de division dépêcha le *Sfax* vers la *Lance,* toujours échouée, pour en recueillir l'équipage ; l'aviso fut détruit et la division détachée fit route sur Savone, le *Sfax* et les torpilleurs gardant toujours le contact avec l'ennemi.

A 5 heures 30 minutes du matin, l'amiral était prévenu, par les signaux de grande distance, répétés par l'*Épervier,* de l'arrivée de sa division détachée et de l'approche de l'ennemi.

L'armée navale appareilla aussitôt et poussa ses feux : les éclaireurs furent rappelés ; le torpilleur de haute mer *Déroulède* arrivait, longeant la côte à toute vapeur, et

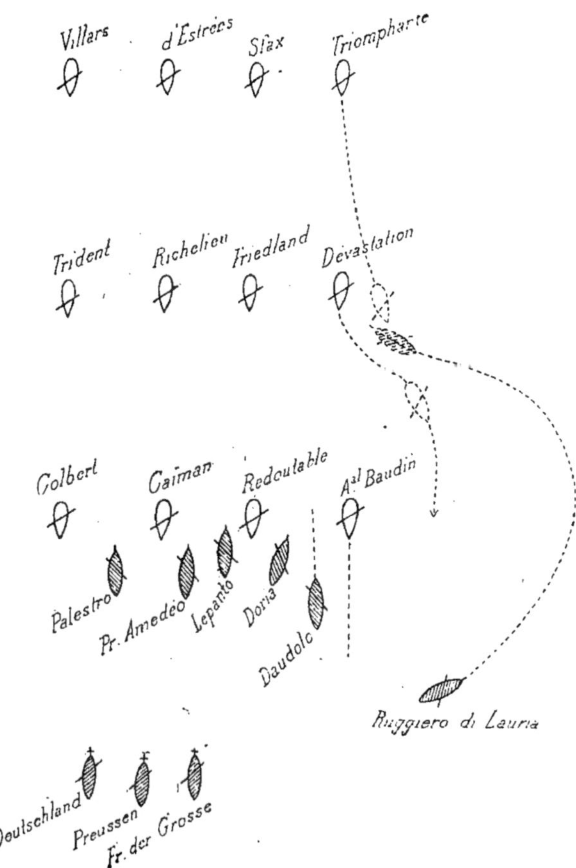

Bataille de Savone.

apportant la nouvelle (qu'un concours de circonstances favorables venait de rendre inutile) du passage des alliés dans le canal de l'île d'Elbe. D'ailleurs, les torpilleurs détachés ne tardaient pas à paraître à leur tour dans le S.-S.-O.

A 8 heures du matin, l'armée navale était ralliée et complète, sauf l'*Hirondelle*, dont on n'avait pas de nouvelles.

Le vice-amiral français adopta pour la bataille qui allait s'engager les dispositions suivantes :

L'armée navale allait se ranger sur trois lignes, distantes de 5 encâblures (1,000 mètres). La première ligne se composait des cuirassés : *Amiral-Baudin*, *Redoutable*, *Caïman* et *Colbert*; la deuxième des cuirassés : *Dévastation*, *Friedland*, *Richelieu* et *Trident*; la troisième, du cuirassé de 2e rang *Triomphante* et des croiseurs : *Sfax*, *Villars* et d'*Estrées*. Dans chaque ligne, les unités de combat étaient séparées par un intervalle de trois demi-encâblures.

La distance de 1,000 mètres entre chacune des trois lignes de front était calculée de manière à ne pas laisser à l'ennemi le temps de recharger ses grosses pièces et à permettre au contraire à la fumée de se dissiper; d'ailleurs les vents étaient à l'Est et commençaient à fraîchir : la mer grossissait peu à peu. Les deux flottes ayant à peu près, l'une le cap au S.-S.-E. (Français), l'autre le cap au N.-N.-O. (Alliés), recevaient les lames par le travers.

Les torpilleurs fatiguaient beaucoup; l'amiral, qui avait d'abord l'intention de les grouper autour de la 3e ligne (composée des navires les plus faibles, mais qui devait recevoir des adversaires déjà sérieusement atteints sans doute), se vit obligé de les placer sur la hanche de tribord de chacune des unités de combat des deux premières lignes.

En revanche, les trois torpilleurs de haute mer et les trois avisos-torpilleurs furent affectés à la troisième ligne. Les trois croiseurs-torpilleurs et les éclaireurs d'escadre furent placés sur les flancs de l'armée. A 8 heures 30 minutes, le vice-amiral passa sur le *Milan* et signala à l'armée de régler la vitesse à 11 nœuds ; l'*Amiral-Baudin* servait de régulateur à la première ligne ; la *Dévastation* à la seconde ; la *Triomphante* à la troisième. Le contre-amiral, commandant en sous-ordre, avait demandé et obtenu de rester sur son navire amiral.

A 9 heures, vu l'état de la mer, la vitesse fut réglée à 9 nœuds. A ce moment, on voyait, à 6 milles dans le S.-S.-E. l'armée ennemie prendre sa formation de combat.

Les alliés, assez peu habitués aux manœuvres d'ensemble, puisqu'ils étaient réunis depuis cinq jours à peine, dont deux employés, à Messine, à faire du charbon, avaient adopté un ordre simple et presque instinctif. Ils étaient rangés sur deux lignes de front, les six cuirassés italiens en tête : *Dandolo, Lepanto, Ruggiero-di-Lauria, Andrea-Doria, Palestro* et *Principe-Amedeo* ; les trois cuirassés allemands ensuite, à 4 encâblures (800 mètres) de distance : *Preussen, Friedrich der Grosse* et *Deutschland.* Six croiseurs ou éclaireurs d'escadre étaient répartis sur les ailes ; les torpilleurs, ayant la mer un peu de l'arrière du travers souffraient moins que les nôtres, mais il était évident que leur tir serait tout à fait irrégulier.

A 9 heures 15 minutes, le vice-amiral français signala qu'il rappelait les instructions générales pour le combat données déjà à chacun des commandants, puis aussitôt, par le télégraphe : « La France compte sur la valeur des « équipages et sur l'habileté des capitaines. » A 9 heures 25 minutes, les grosses pièces de chasse des navires de la première ligne commençaient le feu : on était à 5 encâblures de l'ennemi.

Comme la droite de la première ligne des alliés débordait la gauche de la nôtre de deux *unités de combat,* le vice-amiral italien, qui montait le *Ruggiero-di-Lauria,* précisément à la droite italienne, avait rendu sa manœuvre indépendante et, devançant le gros de son escadre, il était venu un peu sur sa droite (sur tribord) pour se rabattre ensuite sur le flanc gauche (bâbord) de la *Dévastation,* qui tenait la gauche de la seconde ligne française, et où il voyait flotter un pavillon d'officier général. L'amiral italien comptait, par cette manœuvre, se mettre en mesure de donner un coup d'éperon au cuirassé français, ou bien l'obliger, pour éviter cette attaque, à venir sur bâbord et, par conséquent, à prêter le flanc au *Dandolo* qui, dans un moment, allait traverser la première ligne française.

Mais si l'ordre de front est d'une conception simple et aisée, la pratique n'en est pas facile, par grosse mer, avec des escadres peu homogènes et encore mal exercées.

Le cuirassé neuf *Doria,* qui tenait la gauche du *Dandolo* et qui gouvernait mal, était venu brusquement sur la droite, un peu avant de traverser la ligne française et avait obligé le *Dandolo* à diminuer de vitesse et à lui céder le passage dans le premier créneau formé par l'*Amiral-Baudin* et le *Redoutable.* Les cuirassés allemands, au contraire, s'étaient trouvés portés sur la gauche, formant comme une masse compacte, où devenaient inutiles les feux du *Preussen,* cuirassé à tourelles, placé au milieu du groupe.

A 9 heures 27 minutes, les deux premières lignes, française et italienne, s'étaient rencontrées ; le *Dandolo,* placé un peu en arrière du *Doria,* et l'*Amiral-Baudin* avaient tiré leurs grosses pièces de 100 et de 76 tonnes presque à bout portant.

Cependant l'amiral italien exécutait son évolution contre le contre-amiral français ; mais la *Dévastation*, trouvant le champ relativement libre devant elle, avait pu, d'un coup de barre, éviter l'abordage et le *Ruggiero-di-Lauria*, tout en tirant sur sa hanche deux de ses grosses pièces, continuait à venir sur bâbord, sans pouvoir redresser immédiatement sa route. Le vice-amiral italien ne comptait pas sur la présence, en troisième ligne, d'un 9e cuirassé français, la *Triomphante*; son état-major ne lui avait signalé qu'un groupe de croiseurs placé derrière la deuxième ligne française, et, de fait, la haute mâture de la *Triomphante* justifiait, ainsi que l'éloignement, cette grave erreur.

La *Triomphante* trouvait là une occasion trop belle de porter à l'ennemi un coup décisif : à 9 heures 30 minutes, son éperon s'enfonçait dans la joue de tribord du cuirassé italien et y faisait une énorme brèche. A 9 heures 50 minutes, le malheureux *Ruggiero-di-Lauria*, achevé par nos torpilles, coulait à pic en s'enfonçant par l'avant.

Ce n'était pas d'ailleurs le seul résultat important de la première passe : le cuirassé allemand *Friedrich der Grosse* avait eu son grand mât coupé par un projectile de 42 c/m du *Caïman*. Comme les haubans de ce mât avaient été largués, pour dégager le tir des pièces de la tourelle Æ, un coup de tangage le fit tomber sur la tourelle, qu'il fut désormais impossible de faire mouvoir.

Le *Lepanto*, après avoir, au centre de la ligne italienne, épuisé ses quatre coups de canon de 100 tonnes contre le *Caïman*, qu'il avait manqué, et contre le *Richelieu*, à qui il avait fait de graves avaries, s'était trouvé sous le feu des canons du *Sfax* avant d'avoir pu terminer le chargement de ses pièces de 100 tonnes. Les canons de 16 c/m, modèle

1881, des tourelles tribord[1] de ce croiseur et ses canons-revolvers avaient fait pleuvoir sur les grosses pièces et sur les organes de chargement une telle pluie de projectiles, que la manœuvre de deux canons de 100 tonnes était devenue impossible.

L'un des monte-charges, notamment, troué en plusieurs endroits par les petits obus de 37 m/m, présentait des bavures de métal qui ne permettaient plus l'accès du projectile : on reconnaissait là les inconvénients, déjà pressentis par tant d'officiers, de ces systèmes de précision, admirables en temps de paix, mais trop délicats, trop compliqués pour le service de guerre.

En outre, un coup heureux d'un des canons de 16 c/m avait atteint le blockhaus du commandant italien et l'avait mis en pièces.

Le *Principe-Amedeo,* qui se tenait sur la hanche de bâbord du *Lepanto,* avait reçu du *Redoutable* un coup de canon de 27 c/m, modèle 1875 n° 1, qui l'avait perforé à la flottaison ; ce cuirassé, la première passe terminée, s'éloignait du fort de l'action et se tenait à la bande, mettant en action toutes ses pompes et présentant, ce qui paralysait sa manœuvre, son flanc de bâbord à la mer, pour éviter l'irruption des crêtes de lames dans sa plaie béante.

C'était là, pour les torpilleurs français, une proie assurée ; malgré l'état de la mer, le *Déroulède*[2] et la *Bombe*[3] se détachèrent du gros de l'escadre et réussirent à couler le *Principe-Amedeo.*

Les avaries de l'escadre française, après cette première passe, ne laissaient pas d'être fort graves. Le *Richelieu,*

1. De simples encorbellements.
2. Torpilleur de haute mer.
3. Aviso-torpilleur.

on l'a vu déjà, avait subi les feux du *Lepanto ;* deux projectiles de 908 kilogr. avaient atteint et percé complètement la muraille de bâbord du cuirassé français, heureusement un peu au-dessus de la flottaison ; mais la machine et les chaudières étaient atteintes : la vapeur s'échappait de toutes les ouvertures du pont et des batteries ; le *Richelieu* se retira aussitôt de la mêlée et le vice-amiral signala au *d'Estrées* de prendre à la remorque le navire hors de combat, au *Faucon* et à la *Couleuvrine* de le protéger contre les torpilleurs ennemis.

Le *Redoutable* avait, lui aussi, ressenti les effets des puissantes pièces d'Armstrong. Deux coups de canon de 103 tonneaux du *Doria* l'avaient atteint, en plein fort central, et avaient pour ainsi dire tout détruit à l'intérieur de ce réduit.

Enfin l'*Amiral-Baudin,* au moment où il décrivait ses 180 degrés pour revenir sur l'ennemi après la première passe, avait reçu du *Vesuvio* une torpille Whitehead qui, éclatant sous sa hanche de tribord avait rempli d'eau un compartiment et, ce qui était plus grave, brisé sans doute une ou deux ailes de l'hélice de tribord, car la machine correspondante s'était emportée et le navire gouvernait difficilement.

La mêlée qui suivit la première passe échappe à toute description : en général les cuirassés français évoluaient mieux que leurs adversaires et si leur artillerie était, en moyenne, un peu plus faible que celle des Italiens, la mousqueterie et les canons légers étaient incomparablement mieux servis.

D'ailleurs la mer grossissait toujours : le *Dandolo,* trop ras sur l'eau, le *Preussen* et le *Friedrich der Grosse,* obligés de tenir leurs pavois rabattus pour le tir de leurs tourelles, étaient *mangés* par les lames. De notre côté, le *Caïman*, type voisin du *Dandolo*, mais beaucoup plus manœuvrable, souffrait aussi des coups de mer; cependant son canon de 42 c/m de l'avant était assez efficacement protégé des lames par le masque en corbeille établi à l'avant de la tourelle et qui rejetait l'eau de chaque côté du navire.

Les torpilleurs et avisos-torpilleurs dont le rôle actif aurait dû commencer avec la mêlée étaient complètement paralysés par le temps : déjà le vice-amiral français avait autorisé ses torpilleurs de 1re classe à ne plus s'occuper que de leur sûreté.

Ceux des alliés, réunis en paquet et dans une confusion complète, étaient poussés peu à peu dans l'ouest, accompagnés par les projectiles des éclaireurs français.

À 11 heures, le vice-amiral italien, passé sur le *Colonna* au moment où coulait le *Lauria*, signalait à son escadre de se rallier à lui, dans le S.-S.-O. Le temps devenait de plus en plus mauvais et la continuation du combat eût été sans objet.

A 11 heures 15 minutes, les deux flottes étaient séparées par un intervalle de deux milles environ, chacune comptant ses pertes et pansant ses blessures. Deux cuirassés avaient disparu dans l'engagement confus qui avait suivi la première passe : le *Friedrich der Grosse*, attaqué par le *Trident* qui manœuvrait pour battre son arrière dépourvu de feux, avait vu un projectile de 27 c/m briser sa barre de gouvernail et fausser la mèche. Désormais incapable de gouverner, le cuirassé allemand avait été atteint et coulé par l'éperon du *Colbert*. De notre côté, le *Friedland* avait succombé sous les coups du *Doria* et du *Deutschland* accidentellement réunis. Percé de plusieurs coups à la flottaison, le cuirassé français s'enfonçait lentement, ses pompes ne parvenant pas à épuiser l'eau : bientôt les feux furent éteints et le vaillant navire, paralysé, reçut le coup mortel de l'éperon du *Deutschland*.

Du moins sa dernière décharge, partie du canon de 27 c/m de la tourelle bâbord, pointé avec l'angle négatif maximum, perçait les ponts du cuirassé allemand (51 m/m de tôle) et allait, en éclatant dans une soute à poudre, provoquer une explosion qui obligeait le *Deutschland* à se retirer du combat.

A midi, le coup de vent se déclarait avec violence. Les alliés, réduits à 6 cuirassés par la perte du *Ruggiero-di-Lauria*, du *Principe-Amedeo* et du *Friedrich der Grosse*, essayaient en vain de gagner dans le vent pour revenir à Spezia.

Les 7 cuirassés français se tenaient bien groupés, face au sud-est, le *Caïman* sous le vent de l'escadre et debout à la mer. L'infatigable *Sfax* et les croiseurs recevaient l'ordre de se rapprocher de l'ennemi et de le canonner à distance. Le vice-amiral voulait constater la victoire de son armée navale en présentant à l'ennemi une occasion de renouveler la lutte.

Bien loin d'en profiter, le commandant en chef italien signala à son armée de laisser porter au sud.

A 2 heures, l'ennemi était à toute vue, poursuivi d'assez près par les trois croiseurs français qui s'engageaient de temps en temps avec les croiseurs alliés. A 3 heures, ils étaient rappelés par le vice-amiral, désireux de mettre son armée à l'abri du temps.

A 7 heures du soir, l'armée navale était mouillée à Villefranche, à l'éxception de la *Dévastation* et des trois croiseurs que l'amiral se décidait à envoyer à Savone pour défendre les transports contre toute éventualité.

Ces quatre navires ne purent, d'ailleurs, parvenir à leur destination que le 23 à 8 heures du matin, après avoir lutté toute la nuit contre une mer démontée.

La bataille de Savone décidait de la suprématie sur la Méditerranée. Le 23 mai, la flotte alliée, le coup de vent terminé, rentrait à Spezia : le lendemain, elle y était bloquée par l'escadre française. Désormais l'armée expéditionnaire de Ligurie était assurée de recevoir ses renforts, ses munitions, ses approvisionnements. Plus heureuse que la vaillante armée de Macdonald et de Masséna, bloquée sur ces rochers par les flottes anglaises, elle allait s'illustrer par de brillantes victoires.

Résumons en quelques lignes ces opérations :

Dès le 7 mai l'influence du débarquement de 50,000 Français à Savone et à Vado s'était fait sentir sur la frontière du sud-est. L'armée italienne, qui avait un moment occupé Nice et obligé nos troupes à se réduire à la défense de la ligne du Var, était restée quelques jours indécise, tâtant nos positions, mais sans engager de combat sérieux ; c'est à ce moment qu'avaient eu lieu sur le massif du Montferrat les engagements que nous avons déjà mentionnés.

Pendant ce temps, les troupes disponibles des corps d'armée de la péninsule commençaient à affluer en Toscane, n'empruntant d'ailleurs pour cette lente concentration que les routes et les chemins de fer du Centre.

Mais, pour passer dans le bassin du Pô, on ne disposait que de la voie ferrée de Pistoïa à Bologne, celle de l'Émilie, comme celle de la Ligurie, restant sous le canon des navires français (division du Levant).

On ne pouvait donc compter sur une action efficace des divisions des VIIe et VIIIe corps (les IXe, X^{e} et XIe restant chargés de la garde de la péninsule) que dans une huitaine de jours.

En revanche, le VIe corps se massait vers Plaisance et Stradella, point stratégique fort important; une division du Ve était poussée sur Pavie. Enfin, le grand état-major italien se décidait à ordonner à son armée des Alpes maritimes de se retirer lentement sur le col de Tende et le col de Nava, d'y laisser les IIe et IIIe corps et de concentrer le IVe vers Mondovi.

Tous ces ordres de mouvements, contrariés d'ailleurs par le mauvais temps, ne pouvaient recevoir une entière exécution qu'au bout de quelques jours: le général en chef de l'armée de Ligurie, qui avait reçu la 2e division du 19e corps et à qui l'on venait de constituer un état-major général d'armée avec les services qui en dépendent, résolut de profiter, sans plus attendre, des avantages que lui procurait sa position centrale, pour battre successivement les détachements italiens qui convergeaient sur le Montferrat. C'est alors que le général en chef invita le vice-amiral à faire une forte démonstration sur Gênes; cette opération, qui avait pour but d'y retenir les troupes du VIIIe corps dont on signalait l'arrivée, fut retardée jusqu'au 14 par des circonstances que nous avons déjà rapportées. Le 14, l'escadre exécutait une descente à San-Pier-d'Arena; deux bataillons et le corps de débarquement s'emparaient, après un vif bombardement, de la batterie Sant'-Andrea.

Le même jour, une brigade du 16e corps avec artillerie et cavalerie avait solidement occupé Acqui, au débouché des hautes vallées des deux Bormida et de l'Erro.

Ses derrières une fois assurés, le général en chef avait porté rapidement, dès le 15 mai, trois divisions d'infanterie et la brigade d'infanterie de marine (formant réserve) sur Ceva. Le 16, de fortes colonnes du IVe corps italien étaient culbutées en avant de *Mondovi*, à la jonction des lignes de Mondovi et de Ceva. Le 17, nôtre avant-garde occupait Mondovi et nos chasseurs d'Afrique paraissaient sur la route de Coni.

Le 18 mai, le général en chef apprenait que l'armée italienne des Alpes maritimes se concentrait tout entière à Coni, abandonnant le col de Tende aux 15e et 17e corps français.

Bientôt la réunion de nos deux armées eût été possible et les corps italiens eussent sans doute éprouvé un grand échec, si la nouvelle que la brigade combinée d'Acqui était vivement attaquée, n'avait rappelé le général en chef sur la Bormida.

Le 19 mai, après des fatigues inouïes, le gros de notre infanterie et les batteries de montagne reparaissaient à Millesimo et à Dego.

Le 20 et le 21, le général en chef, laissant l'ennemi s'engager à la suite de la brigade en retraite dans la vallée de la Bormida orientale, se portait vivement avec deux divisions et le détachement de Sassello sur Acqui par la vallée de l'Erro, reprenait cette ville, et, apparaissant sur les derrières des Italiens, les obligeait à se retirer en désordre par des chemins affreux, sur Alba (vallée du Tanaro) ; 18 pièces de campagne et 4,000 prisonniers tombaient au pouvoir de nos troupes.

Le 22 mai, le 17e corps, marchant le long de la Corniche jusqu'à Oneglia et Albenga, s'engageait dans les Apennins, faisait tomber le fort de Nava et descendait le Tanaro.

Le 24 mai, trois corps d'armée français et une brigade d'infanterie de marine occupaient le Montferrat d'une manière désormais inexpugnable.

On sait la suite : les hostilités languirent en Italie jusqu'à l'armistice ; l'opinion publique de la péninsule, un moment surexcitée, n'avait pas tardé à revenir à une plus saine appréciation des choses ; on critiquait sévèrement la politique du cabinet et la conduite des opérations de la guerre. Malgré les satisfactions que les Italiens avaient ressenties, un peu complaisamment, de notre échec devant Rome, ils voyaient bien, à la tournure des événements, que leur organisation militaire et maritime n'était pas encore assez perfectionnée pour soutenir une longue guerre continentale.

Les sacrifices imposés à des populations pauvres et encore mal fondues ensemble n'étaient pas acceptés sans murmures et sans impatience. D'autre part, les événements qui se pressaient au mois de mai dans la péninsule des Balkans, l'attitude hautaine de l'Autriche, la sévérité de la répression du mouvement insurrectionnel de l'Istrie et du Trentin, tout contribuait à détourner l'attention d'une campagne dont on ne pouvait désormais retirer aucune gloire et aucun profit.

Enfin, le gouvernement italien désespérant, après la bataille de Novi (1er juin), de nous déloger du Montferrat, inquiet pour Gênes et surtout pour Spezia, étroitement bloquée par notre escadre et qu'on disait menacée d'un siège en règle, se décida à négocier le 8 juin un armistice particulier qui devait durer un mois, mais qui aboutit, par le fait, au traité de Turin.

C'était une dérogation formelle aux conventions qui liaient l'Italie à l'Allemagne ou plutôt au grand chancelier ; mais les succès très contestés des armées allemandes ne justifiaient pas, aux yeux des hommes d'État italiens, la prolongation d'une alliance onéreuse. M. de Bismarck

GOLFE D'HELGOLAND

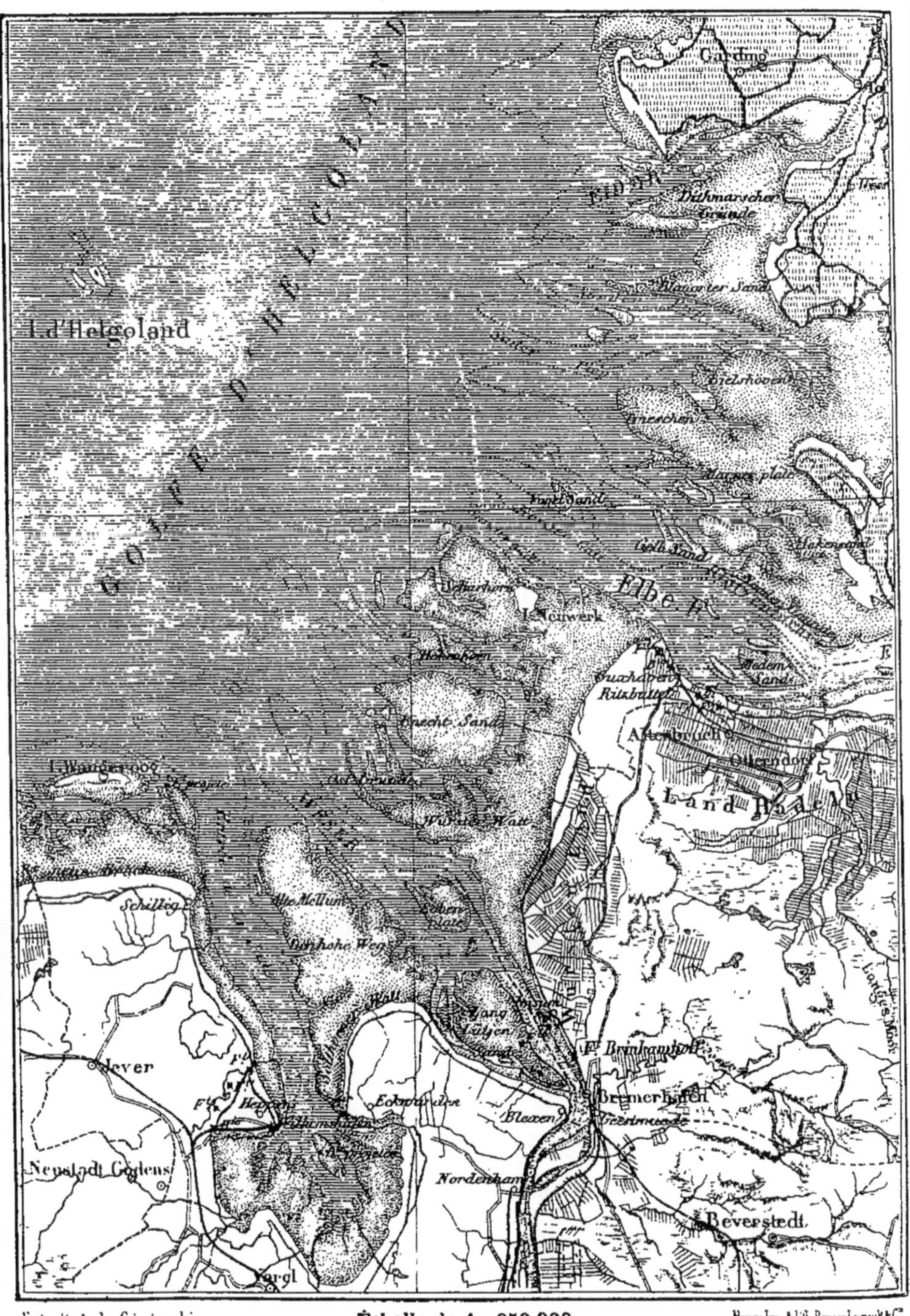

Extrait de la Géographie du Cl. Marga.

Échelle de 1 : 650,000

Nancy, Imp. & Lith. Berger-Levrault & Cie

se plaignit hautement; il menaça même, mais que pouvait-il faire ? N'avait-il pas maintes fois donné l'exemple de ces voltes subites ? N'avait-il pas appris aux Italiens à ne consulter en politique que l'intérêt du moment ? Et dans la formation de ces liens si artificiels, si vite dénoués, avait-il assez tenu compte des sentiments intimes des peuples, des irrésistibles mouvements de l'opinion ?

Le caractère général qui se dégage des opérations de la guerre dans le bassin de la Méditerranée est celui d'une coopération active de la flotte et de l'armée.

L'attaque brusquée sur la capitale italienne aurait pu réussir si nous avions été en mesure de transporter quelques batteries de plus et des attelages complets ; avoir des *transports-écuries* en nombre suffisant, c'est un des secrets du succès dans les opérations de ce genre et le secret peut être divulgué sans inconvénient, car il faut à la fois une marine puissante et une nombreuse armée pour justifier l'emploi de ces types particuliers de navires ; c'est notre cas et nous ne devrions jamais l'oublier.

En tout cas, la réussite des opérations dans le Montferrat est due, en principe, à la marine, qui put transporter l'armée à Savone et à Vado en deux jours, alors que les corps de la péninsule, privés d'une partie de leurs voies de communication, mirent 8, 10 et 12 jours à faire le même trajet.

Je ne dis rien des opérations de détail où les navires de l'escadre et leurs compagnies de débarquement purent rendre des services : il y eut des fatigues, des épreuves, des périls pour tous, marins et soldats : pour tous aussi il y eut de la gloire.

CHAPITRE VII.

FRANÇAIS ET DANOIS.

Opérations maritimes dans le Nord. — Départ de l'escadre de la Manche pour bloquer Wilhelmshaven et observer le Skager-Rack. — Préparatifs de la France pour une descente sur les côtes de la mer Baltique. — Attitude hésitante du Danemark. — Négociations. — Invasion du Jutland par le IXe corps allemand. — Conclusion de l'alliance franco-danoise.

Lorsque la guerre fut déclarée, le 31 mars, les forces navales dont la France pouvait disposer immédiatement dans le Nord se composaient : 1° de la *division de la Manche,* forte de trois cuirassés d'escadre d'un type relativement ancien, l'*Océan,* le *Marengo* et le *Suffren,* d'un grand croiseur, le *Duguay-Trouin,* de deux avisos-torpilleurs, la *Flèche* et la *Dragonne,* et de deux torpilleurs de haute mer ;

2° D'un certain nombre de navires de combat placés dans la position de réserve 1re catégorie, c'est-à-dire prêts à marcher en 48 heures : les cuirassés de 2e classe *Duguesclin* et *Bayard,* les cuirassés garde-côtes *Terrible* et *Furieux,* le croiseur de 1re classe *Dubourdieu* et quelques avisos, torpilleurs ou autres navires légers.

Dès le 1er avril, de grand matin, la division de la Manche appareillait avec l'ordre de bloquer étroitement l'entrée de la baie de la Jahde, de surveiller les embouchures du Weser et de l'Elbe, ainsi que la tête du canal de l'Eider, enfin d'observer le Skager-Rack.

Cette mission, évidemment très lourde, exigeait l'adjonction, à la division de la Manche, d'un grand nombre de navires légers. L'activité des ports de l'Océan fut donc concentrée sur l'armement des croiseurs, avisos, avisos-torpilleurs placés en 2e *catégorie de réserve* ou en *essais*.

Le 4 avril au matin, le *Duguesclin* et le *Dubourdieu*, accompagnés de deux torpilleurs de 1re classe, appareillaient à leur tour pour la mer du Nord. Le 5, le *Bayard* suivait la même destination.

Le *Terrible* et le *Furieux* étaient portés, avec 4 torpilleurs, à Dunkerque, où ils devaient surveiller le Pas-de-Calais et former le noyau d'une division spéciale de *garde-côtes offensifs* qu'on se proposait d'employer plus tard dans les eaux de la mer Baltique.

Le plan général du gouvernement français était de constituer à loisir une armée navale composée autant que possible de navires à faible tirant d'eau, de petits transports, de paquebots de tonnage médiocre, de remorqueurs, de grands chalans à vapeur, en un mot une flotte capable de pénétrer assez avant dans les eaux intérieures de l'Allemagne et d'y transporter une armée expéditionnaire sérieuse.

J'ai dit : à loisir. C'est qu'en effet la réunion de cette flotte, dont les éléments étaient, au commencement d'avril, fort dispersés, devait exiger au moins 6 ou 7 semaines, avec un déploiement d'activité considérable dans les quatre ports.

L'armée qui devait prendre passage sur cette flotte se composait, en principe, de : *un corps de l'armée active*, le 10e, qui serait prêt à s'embarquer le 14 ou 15 avril, soit à Brest, soit à Cherbourg, soit à Lorient, et dont on comptait utiliser immédiatement une partie, l'infanterie au moins, pour montrer aux Danois l'uniforme de nos troupes, pour les convaincre que nos promesses de secours, en cas d'alliance, ne seraient pas un leurre, comme en 1870.

Une division d'infanterie de marine qu'on espérait pouvoir constituer en dédoublant les deux premiers régiments de l'arme, et dont l'artillerie (4 batteries) serait fournie par le régiment d'artillerie de marine à Lorient; enfin on comptait obtenir des Chambres et du patriotisme des populations de l'Ouest l'autorisation de disposer d'une division du 10e corps de l'armée territoriale; on ne doutait pas que dans quelques semaines l'organisation de ces troupes, recrutées dans la vaillante et docile Bretagne, ne fût arrivée à un point suffisant pour qu'on pût les employer aux opérations actives, où d'ailleurs elles serviraient de *réserve*; il semblait enfin que, familiarisés dans une certaine mesure avec la mer, les Bretons accepteraient sans répugnance de prendre passage sur de petits navires, et d'essayer les bourrasques des mers du nord de l'Europe.

Une difficulté se présentait cependant: en cas d'avantages marqués des armées allemandes, au début de la guerre, l'opinion n'exigerait-elle pas que les troupes destinées à l'expédition fussent envoyées à la frontière de l'Est?

C'est ce qui était arrivé en 1870 pour le 12e corps, et le sacrifice avait été inutile. Le ministre de la guerre et son collègue de la marine, convaincus de la puissance d'une diversion exécutée de concert avec l'armée danoise sur des côtes qui touchent au cœur de l'empire allemand, se promirent de résister à toute pression tendant à faire avorter le projet de descente: d'ailleurs on comptait, non sans raison, sur la valeur de nos lignes de défense, fortifiées avec un soin minutieux depuis quinze ans, et l'on estimait que la résistance de nos armées y serait toujours assez longue pour que le bénéfice de la diversion fût parfaitement assuré.

En tout état de cause, il fallait se préoccuper d'abord de bloquer dans leurs ports les forces navales de l'ennemi, tâche beaucoup plus difficile aujourd'hui qu'en 1870-1871.

Le port de Wilhelmshaven, à lui seul, contenait le gros de l'escadre allemande de haute mer, et l'on savait qu'il fallait compter avoir, en très peu de jours, à combattre une division d'au moins 4 cuirassés, 4 grands croiseurs et un certain nombre de petits navires, canonnières, avisos et torpilleurs.

L'envoi de la division de la Manche ne parait qu'aux dangers de la première heure et il fallait se hâter de renforcer cette escadre pour la mettre en mesure de s'opposer à une sortie des cuirassés allemands qui n'hésiteraient pas cette fois, plus hardis qu'en juillet 1870, à venir essayer sur Cherbourg la portée et la justesse de leurs bouches à feu.

L'escadre de la Manche était donc, pour employer l'expression consacrée aujourd'hui dans la langue militaire, une escadre de « couverture »; elle devait *couvrir* nos armements et nos préparatifs de descente.

Une deuxième division, formée de garde-côtes aptes à jouer un rôle offensif, allait, comme nous l'avons vu, se tenir dans le Pas-de-Calais comme deuxième échelon; enfin les garde-côtes purement *défensifs*, à peu près tous réunis au port de Cherbourg, passaient en toute hâte de la position de réserve 2e catégorie à celle de l'armement, et seraient prêts à défendre cet arsenal et nos grands ports de mer vers le 10 ou 12 avril.

Les ports de Brest, Lorient et Rochefort, outre les renforts que chacun d'eux devait fournir à l'escadre de la Manche, devenue « Escadre de la mer du Nord », étaient mis en demeure de disposer le plus rapidement possible les navires désignés pour faire partie de la flotte expéditionnaire.

Cette flotte dut être composée d'éléments assez disparates dont voici l'énumération à peu près complète :

1° *Flotte de combat :*

a) Cuirassés garde-côtes : *Terrible, Furieux, Tonnerre, Fulminant.*

b) Cuirassés de croisière (ou de 2e classe) : *La Galissonnière, Montcalm, Victorieuse.*

c) Croiseurs de 1re classe : *Magon, Forfait, Nielly, Primauguet.*

d) Croiseurs de 2e classe : *Champlain, Fabert, Sané.*

e) Croiseurs de 3e classe : *Hugon, Kerguelen, Bourayne, Beautemps-Beaupré, Vaudreuil.*

f) Croiseur-torpilleur : *Vautour.*

g) Avisos de station ou de 1re classe : *Parseval, Bisson, Chasseur, Voltigeur, Dumont-d'Urville.*

h) Avisos de flottille ou de 2e classe : *Volage, Mouette, Ibis, Albatros, Vigilant, Alcyon, Bengali, Pingouin, Jouffroy.*

i) Canonnières cuirassées : *Achéron, Cocyte* (1re classe) ; *Fusée, Mitraille, Flamme* (2e classe).

j) Canonnières non cuirassées : *Crocodile, Lionne, Sagittaire, Capricorne, Chacal, Lutin, Lynx, Fanfare.*

Ajoutons que l'on retint en France *10 chaloupes canonnières* à hélice ou à roues qui étaient destinées au Tonquin et que l'on se hâta d'achever celles qui étaient sur chantiers, soit dans les arsenaux de l'État, soit à l'industrie.

On s'était attaché surtout à réunir le plus grand nombre de navires calant peu d'eau. A partir des croiseurs de 3e classe, on était au-dessous de 5m,50 et presque toujours vers 5 mètres de tirant d'eau AR. Les avisos ne dépassaient pas 4m,20 pour ceux de 1re classe ; 3 mètres, 2m,50 et même

2 mètres pour ceux de 2e classe. Les canonnières cuirassées n'atteignaient pas 3m,80 (1re classe) et 3m,20 (2e classe).

2° *Flotte de transport :*

a) Transports-avisos[1] de l'État : *Allier, Eure, Durance, Nièvre, Romanche, Saône, Seudre, Vaucluse* (tirant d'eau : 5 mètres).

b) 26 paquebots affrétés au Havre, Nantes, Dunkerque et Bordeaux (tirants d'eau inférieurs à 5m,50).

c) 10 grands *ferry-boats* achetés en Angleterre.

d) Un nombre indéterminé de remorqueurs, de grandes chaloupes à vapeur, allèges, chalans et petits navires à voiles.

On faisait enfin de grands efforts pour munir cette flotte d'un bon nombre de torpilleurs et de grands canots à vapeur armés, comme ceux de l'escadre de la Méditerranée, d'un canon-revolver de 47 m/m.

Il est bon de noter, pour qu'on puisse apprécier la *capacité de transport* de cette flotte, qu'un grand nombre de navires de combat (croiseurs de 1re, 2e et 3e classes, avisos et surtout avisos à roues) pouvaient prendre des troupes d'infanterie, et que l'on comptait donner 400 ou 500 hommes d'infanterie de marine à chacun des cuirassés, la traversée ne pouvant être bien longue.

Une des plus grosses difficultés et, à vrai dire, celle qui ne permettait pas d'espérer que la flotte de charge fût prête avant 6 semaines, était la construction, sur les transports et paquebots, d'installations convenables pour la cavalerie et les animaux de trait.

Nous avons vu déjà qu'en ne donnant à une armée expéditionnaire qu'une seule brigade de cavalerie, en rognant le plus possible sur les chevaux de selle et sur les

---

1. Ces navires sont capables de fournir des services *militaires* : ils sont armés de 4 pièces de 14 c/m et d'un certain nombre de canons-revolvers.

attelages, en supprimant certains services qui ne sont pas absolument indispensables, ou auxquels on peut fournir des chevaux de réquisition, le chiffre de 8,800 chevaux ou mulets revenant à un corps d'armée sur le pied de guerre pouvait être abaissé jusqu'à 4,500 ou 5,000.

Mais c'est à peine si, en faisant porter des chevaux, en plus ou moins grande quantité, *à tous les navires* de la flotte, soit de combat, soit de charge, on arrivait à « enlever » d'un seul coup ces 5,000 bêtes de selle ou de trait.

D'ailleurs ce chiffre, à peine suffisant pour le 10e corps, ne représentait pas le nombre de chevaux indispensables à la division d'infanterie de marine et à la division du 10e corps territorial.

A la vérité, comptant sur l'alliance du Danemark, on était assuré de pouvoir se procurer facilement des chevaux dans l'archipel danois, chevaux que l'on pourrait aisément transporter, pour quelques heures, dans les bateaux du pays.

De plus, quel que fût *l'épuisement* produit par la mise sur le pied de guerre des corps d'armée allemands, on avait la certitude de trouver des chevaux sur le théâtre des opérations, Mecklembourg, Schleswig ou Poméranie.

Enfin on se résignait à ne transporter d'un coup que 4,600 chevaux environ, quitte à renvoyer immédiatement les transports ou paquebots disposés *ad hoc* pour prendre le reste, avec la division du 10e corps territorial, probablement retardée par son organisation.

Ces 4,600 ou 4,700 chevaux et mulets devaient être répartis à peu près comme suit, pour assurer un fonctionnement suffisant pour quelques jours aux divers services.

		Chevaux.	Mulets.
États-majors		270	»
3 divisions d'infanterie (Infanterie de marine comprise.)		350	100
1 brigade réduite de cavalerie		800	»
Artillerie.	14 batteries (90 chevaux)	1,260	»
	Chevaux de selle	200	»
	Premier échelon du parc	750	»
Génie		70	»
Train.	Ambulances	100	100
	Convois administratifs	600	»
	Trésorerie et postes	10	»
Sections télégraphiques et des chemins de fer		90	»
Totaux		4,500	200

Chaque transport de l'État devait prendre une cinquantaine de chevaux ; les paquebots 60, 80 ou 100, suivant leurs dimensions ; les *ferry-boats* 30 ou 40 ; les grands bâtiments de combat (sauf les garde-côtes cuirassés) les chevaux des états-majors ; les croiseurs de troisième classe, avisos, avisos de flottille et canonnières non cuirassées embarqueraient, non sans se gêner beaucoup, de 4 à 10 chevaux suivant le tonnage, ou plutôt suivant les aménagements.

Enfin on disposait les allèges ou pontons, les bâtiments à voiles et un certain nombre de grands chalans pour porter des chevaux et du fourrage ; ces allèges et chalans devant être remorqués soit par les grands navires, soit par les remorqueurs spéciaux.

Les officiers de marine, préoccupés surtout de la nécessité de se tenir prêts pour le combat, voyaient avec déplaisir leurs navires encombrés par des troupes et surtout par des chevaux. Les états-majors se plaignaient à leur tour des réductions imposées et de la faiblesse des attelages destinés à certains services. Peu à peu cependant on reconnut qu'il était impossible, dans une opération aussi compliquée, aussi délicate, de satisfaire entièrement à tous les besoins, à des exigences quelquefois opposées; puis, le patriotisme et le désir du succès aidant, on arriva à se tasser, *à s'arrimer*, et il devint évident pour tout le monde que l'expédition arriverait sans encombre dans la Baltique si l'on pouvait tomber sur une série de beaux temps et si l'escadre de la mer du Nord réussissait à contenir les forces navales renfermées dans la baie de la Jahde.

La tâche de cette escadre, nous l'avons dit déjà, était assurément des plus lourdes, mais chaque jour qui s'écoulait l'allégeait en quelque sorte, grâce aux renforts que lui expédiait le ministre de la marine.

Cependant, le 6 avril, un combat très vif s'était engagé entre les deux escadres et avait failli nous coûter un échec.

Ce jour-là, vers 3 heures du soir, les éclaireurs de notre escadre, la *Dragonne* et le torpilleur de haute mer *Cuny*, avaient signalé à l'amiral une division ennemie sortant des passes de Wangeroog. Cette division se composait de trois cuirassés, le *König Wilhelm*, le *Kaiser* et le *Deutschland*, de trois grands croiseurs, *Stosch*, *Moltke* et *Gneisenau*, et d'un certain nombre de torpilleurs ou navires légers.

C'étaient les premiers navires armés dans le port de Wilhelmshaven; ils avaient l'ordre de tâter sérieusement nos forces, d'exécuter en somme une sortie qui devait décider, au moins pour quelques jours, du blocus des côtes allemandes, déjà très gênant pour le commerce de Hambourg et de Brême.

Le temps était à grains, les vents au Nord-Ouest, la mer assez creuse.

L'escadre française venait de recevoir le *Duguesclin*, cuirassé de 2e classe, et le *Dubourdieu*, croiseur de 1re classe, avec 2 torpilleurs ; mais le *Suffren*, obligé de réparer une avarie de machine, était resté au mouillage sous Helgoland.

Nous ne pouvions donc présenter à l'ennemi que 3 cuirassés, dont un de 2e classe (armé seulement de 4 pièces de 24 c/m en tourelles), 2 grands croiseurs, 2 avisos-torpilleurs et 4 torpilleurs.

La partie ne pouvait être égale que si la valeur des équipages, mieux exercés ou exercés depuis plus longtemps que ceux de l'ennemi, venait rétablir l'équilibre.

Le contre-amiral français, après avoir reconnu l'ennemi, vira de bord et prit chasse, le cap à l'Ouest ; les 3 cuirassés marchaient en ligne de relèvement, le *Marengo* (navire amiral) au centre, les croiseurs à bonne distance sur les ailes, les avisos et torpilleurs par tribord des cuirassés et à l'abri de l'ennemi. La vitesse fut réglée à 11 nœuds.

L'amiral allemand, qui avait son pavillon sur le *König Wilhelm*, s'empressa de poursuivre ses adversaires ; venant du Sud, il avait le cap à l'Ouest-Nord-Ouest et marchait à 12n,5 environ.

A 4 heures 15 m. du soir, les Allemands étant à 6 encâblures de l'escadre française, celle-ci commença le feu. Nous avions, à cause de l'état du temps, un avantage marqué sur l'ennemi, dont le flanc de tribord, celui qui devait tirer sur nous, recevait à chaque instant de forts paquets de mer. Les pièces de batterie (fort central) du *Kaiser* et du *Deutschland* ne tardèrent pas à abandonner la lutte.

En outre les tangages ou l'inexpérience du tir à la mer paraissaient diminuer singulièrement l'efficacité du feu des pièces de 24 et de 21% de l'ennemi, tandis que nos canonniers manquaient rarement leurs coups.

Les croiseurs français, cependant, certains de pouvoir, grâce à leur vitesse très supérieure, se retirer du combat quand ils le voudraient, se laissaient gagner peu à peu par les 3 frégates allemandes, tout en leur envoyant des coups bien ajustés de leurs pièces de 14 et de 16%.

A 5 heures, la distance entre les deux escadres étant réduite à 4 encâblures, les canons revolvers et la mousqueterie des Français commencèrent à entrer en jeu, et de ce côté-là encore leur supériorité s'affirmait d'une manière incontestable [1], rendant très difficile la manœuvre des pièces placées sur les gaillards des navires allemands.

Malheureusement, vers 5 heures 15 m., au moment où le contre-amiral français se disposait à employer le tir de ses torpilles, lancées par les tubes placés sur la hanche de bâbord de ses cuirassés, un projectile de 24% du *König Wilhelm* vint frapper le *Marengo* un peu au-dessus de la flottaison, par bâbord derrière, et l'un des éclats, pénétrant dans le compartiment A1, vint briser le chariot de la barre du gouvernail. Quelle que fût la rapidité avec laquelle on disposa la barre, ou plutôt les palans de rechange, et les communications nécessaires entre ces palans et le blockhaus, le *Marengo*, qui avait donné à sa machine l'allure maxima, tombait peu à peu en travers et présentait son flanc à l'ennemi. Le contre-amiral signala aussitôt à ses torpilleurs d'attaquer les cuirassés allemands et à ses deux cuirassés de virer de bord et de combattre l'ennemi le plus près possible. Mais déjà les capitaines de l'*Océan*

1. Non pas que l'instruction du marin allemand soit négligée sous ce rapport, bien au contraire; mais les équipages de ces navires n'étaient pas encore *amarinés* et souffraient de la mer.

et du *Duguesclin*, attentifs à suivre toutes les phases du combat, étaient venus brusquement sur bâbord et menaçaient le flanc du *Deutschland* et du *Kaiser*. Quant aux torpilleurs, ils s'élançaient sur le *König Wilhelm* et bientôt une explosion sur le flanc de tribord du cuirassé allemand annonçait qu'un des engins au moins avait atteint son but. Les torpilleurs ennemis, retardés par la mer, n'étaient pas en mesure de combattre encore. A ce moment et comme la mêlée s'engageait confusément, un nouvel acteur entrait en scène : c'était le cuirassé français *Bayard*, parti la veille, de très bonne heure, de Cherbourg. L'amiral allemand, dont le cuirassé se soutenait à peine hors de l'eau, jugea qu'il était impossible de continuer le combat et, mettant le cap sur Wangeroog, signala à son escadre de se placer entre lui et la division française. Un peu après il signalait au *Stosch* de lui donner la remorque.

Le contre-amiral français était passé sur l'*Océan*. Il donna l'ordre à sa division de poursuivre l'ennemi en forçant de vitesse et en s'attachant à détruire le *König Wilhelm*.

Des signaux de grande distance invitaient en outre le *Bayard*, qui venait de l'O.-S.-O., à couper la route au groupe formé par les 3 cuirassés allemands.

Mais les torpilleurs ennemis, que l'escadre allemande venait de rejoindre en se retirant, se sacrifièrent noblement pour arrêter la poursuite. Deux d'entre eux se firent couler par le *Duguesclin* et par le *Duguay-Trouin*. Une torpille éclata, sans grands résultats, sur l'avant du *Duguesclin*, parfaitement cloisonné.

Le combat du 6 avril devait donner à notre escadre de la mer du Nord une haute confiance dans ses forces. Cependant le ministre, instruit par le commandant en chef des particularités de cette rencontre, jugea avec raison qu'il y avait lieu de renforcer cette force navale : en conséquence le *Furieux* reçut l'ordre de partir pour se mettre à la disposition du contre-amiral en attendant qu'on pût lui fournir un ou deux cuirassés de croisière, plus aptes au service pénible et quelquefois périlleux du blocus dans ces parages. En outre un nouvel aviso-torpilleur, la *Sainte-Barbe,* et deux torpilleurs de haute mer durent suivre la même destination. Enfin le contre-amiral commandant la division de la Manche fut nommé vice-amiral et investi du commandement de *l'escadre de la mer du Nord.*

Le 12 avril, deux croiseurs, le *Château-Renaud* et le *Rigault-de-Genouilly,* rejoignirent l'escadre, en vue d'Helgoland ; ils convoyaient des paquebots charbonniers et un transport de l'État chargé de munitions et de rechanges ; ils portaient en même temps l'ordre au vice-amiral d'assurer définitivement le service de surveillance du Skager-Rack.

Certains renseignements arrivés au ministère faisaient appréhender la réunion en une escadre des « corvettes de sortie » allemandes de la Baltique et l'attaque de l'escadre de la mer du Nord par cette division, en vue de débloquer la Jahde. C'était cependant une éventualité dont la réalisation ne semblait pas probable : la Baltique était à peine libre de glaces ; les corvettes de sortie ne passaient pas pour des navires aptes à tenir la mer pendant plusieurs jours.

Toutefois le vice-amiral, en exécution des ordres du ministre, disposa ses forces de la manière suivante :

Les quatre cuirassés *Océan, Marengo, Suffren* et *Furieux* devaient se tenir, pendant le jour, au mouillage sous Helgoland ; pendant la nuit ils restaient sous vapeur à 8 ou 10 milles des bouches de la Jahde et du Weser.

Une division légère composée du *Duguesclin*, du *Bayard*, du *Château-Renaud*, du *Rigault-de-Genouilly*, de la *Sainte-Barbe*, de la *Dragonne* et de deux torpilleurs, se partageait le service de surveillance étroite à l'embouchure de la Jahde, soit de nuit, soit de jour. Ainsi il y avait toujours devant les passes un cuirassé de 2e classe, un croiseur, un aviso-torpilleur et un torpilleur. Ce service durait 24 heures sans interruption; pendant les 24 heures suivantes, les navires relevés restaient mouillés sous Helgoland, gardant la moitié de leurs feux allumés et prenant toutes les précautions réglementaires pour se garder contre les torpilleurs ennemis.

Deux torpilleurs de haute mer étaient, à tour de rôle, détachés à l'embouchure de l'Elbe.

Enfin une division détachée et ne correspondant avec l'amiral que par les voyages quotidiens d'un aviso-torpilleur, s'était établie en croisière entre le cap Skagen et la côte danoise. Elle se composait du *Dubourdieu* et du *Duguay-Trouin*, de deux avisos-torpilleurs et deux torpilleurs de haute mer. Son mouillage ordinaire était, à peu près en pleine côte, dans la baie danoise de Jämmer.

L'apparition périodique de deux navires français au mouillage de Jämmer ne tarda pas à être signalée au gouvernement allemand, dont les espions couvraient le Jutland.

La chancellerie fit de ce fait, qu'elle considérait comme une violation de la neutralité du Danemark, l'objet d'une note comminatoire dont les termes allaient soulever l'opinion publique, déjà assez excitée, du petit royaume.

Une campagne de négociations s'engagea dès lors à Copenhague entre les agents de l'Allemagne, de la Russie, de l'Angleterre et de la France ; l'Angleterre, sans prendre ouvertement parti contre nous, conseillait fort au gouvernement danois de garder la plus stricte neutralité et de faire droit aux réclamations de l'Allemagne. Le grand chancelier parlait haut, montrant les IIe et IXe corps allemands (Poméranie et duchés) tout prêts à envahir le Jutland et même à passer dans l'archipel danois. La Russie, dont l'attitude, équivoque depuis le commencement de la guerre, avait permis à l'Allemagne de s'engager résolument à l'Ouest, tout en conservant sur sa frontière orientale une armée sérieuse [1], semblait encourager le Danemark à la résistance en lui faisant espérer un prochain appui. Enfin le représentant de la France demandait avec chaleur la conclusion d'une alliance défensive et offensive : il montrait l'immense flotte qui s'organisait, l'armée expéditionnaire qui se rassemblait dans les ports de la Manche ; appuyé sur le sentiment public qui, sans se dissimuler la gravité de la situation, nous était nettement favorable, il rappelait les outrages passés, la défaite, le démembrement ; l'heure n'avait-elle pas sonné pour le Danemark, comme pour la France, d'une entière et glorieuse revanche, d'une solennelle revendication des droits de la justice contre ceux de la force brutale !

Peu à peu, d'ailleurs, l'armée et la flotte danoises se mettaient en mesure de répondre à l'appel de leur roi et de la nation : les travaux de Fredericia et de Hölgenœss étaient poussés avec une hâte fébrile et l'on se préparait à évacuer le Jutland méridional et central pour concentrer la défense dans ces deux points et dans l'île du Nord, le *Vendsyssel*, séparée du continent par le *Lijmfjörd*.

Le 17 avril, sur les instances du chargé d'affaires de

---

1. Ier, V^e et VIe corps, occupant la ligne Thorn-Posen-Glogau.

France, une escadre, rapidement formée avec les premiers navires prêts de la grande flotte expéditionnaire, avait paru devant Copenhague : elle se composait du *Terrible*, du *Furieux*[1], du *Tonnerre* et du *La Galissonnière*, accompagnés de 3 croiseurs, de 3 transports-avisos et de 10 bâtiments légers; 5,000 fantassins du 10e corps et de l'infanterie de marine montaient cette escadre, dont l'apparition provoquait un enthousiasme significatif dans cette noble cité qui, deux fois déjà, au commencement de ce siècle, avait enduré les horreurs du bombardement pour avoir voulu rester notre alliée.

Le 18 au soir, le gouvernement danois reçut une note qui l'avertissait que si la flotte française restait mouillée dans les eaux danoises plus de 48 heures, le IXe corps allemand recevrait l'ordre d'envahir le Jutland.

Le 19, dans la nuit, au moment des plus vives perplexités, arriva la dépêche qui annonçait notre succès devant Rome : on apprenait en même temps que deux corps de l'armée allemande avaient subi un échec à Vézelise. L'influence française sembla l'emporter enfin dans les conseils du gouvernement de Copenhague et il fut décidé qu'on résisterait aux injonctions de l'Allemagne, sans rompre ouvertement, toutefois, pour gagner du temps et parfaire les préparatifs.

Le 21 avril, la 17e division allemande entrait à Kolding et lançait de la cavalerie sur Fredericia ; la place était d'ailleurs sur ses gardes et reçut les uhlans à coups de fusil. Cependant l'Angleterre, uniquement préoccupée, disait-elle, du soin de circonscrire le fléau de la guerre, proposa sa médiation ; le grand chancelier qui ne se sou-

1. Remplacé à l'escadre de la mer du Nord par la *Victorieuse*.

ciait guère d'augmenter à plaisir le nombre de ses adversaires et qui sentait toute la valeur de l'archipel danois pour les opérations de la flotte française, s'empressa de l'accepter et les troupes allemandes s'arrêtèrent devant Fredericia.

Le Danemark, de son côté, tout en protestant, et c'était la vérité, de son désir de maintenir la paix, déclarait que les négociations ne pourraient reprendre que si le IXe corps allemand repassait la frontière.

En attendant, les gardes côtes cuirassés *Helgoland, Gorm* et *Lindormen,* accompagnés de 4 torpilleurs, s'établissaient dans le petit Belt et, pénétrant dans le fjörd de Kolding, menaçaient le flanc droit des forces allemandes. Un grand nombre de bateaux de toutes dimensions garnissaient le sund de Fredericia, renforçant peu à peu la garnison de la place forte.

Plus au Nord, la position de Hölgenœss avait acquis une grande valeur ; la presqu'île était devenue une place forte, l'isthme était barré par des ouvrages en terre analogues à ceux de Düppel ; le cuirassé neuf *Iver-Hvitfeldt,* le vieux *Rolf-Krake* et deux croiseurs devaient flanquer ces ouvrages.

La frégate cuirassée *Danmark,* le garde-côtes *Odin* et un certain nombre de navires en bois restaient attachés à la défense de Copenhague.

La fin d'avril s'écoula dans le Nord dans des hésitations continuelles ; les croiseurs français et le cuirassé *La Galissonnière*, franchissant le grand Belt, avaient déjà poussé une pointe sur Kiel : le *Kronprinz* et l'*Oldenburg* (corvette de sortie) avaient engagé une canonnade lointaine contre nos navires qui étaient seulement chargés d'ailleurs de reconnaître les abords de la baie et la place de *Friedrichsort.*

Les gardes-côtes avaient mouillé dans la baie de Kiöje, au sud de Copenhague, et l'amiral français s'efforçait de se procurer le plus possible de pilotes de la Baltique, de pratiques des côtes poméraniennes ; il cherchait aussi, de concert avec les agents de la légation, à négocier des marchés de vivres, de bestiaux et de chevaux, soit dans le Séeland, soit en Suède.

Le 2 mai, au moment où notre insuccès momentané dans la Méditerranée paraissait donner raison aux partisans de la neutralité complète, un incident se produisit à Fredericia, qui précipita le dénouement de la crise : deux déserteurs du IXe corps allemand, mais de langue danoise, s'étant enfuis du côté de la place, furent poursuivis par une patrouille jusqu'au delà des limites tracées par les autorités militaires des deux nations : les Danois intervinrent et repoussèrent les Allemands ; ceux-ci firent usage de leurs armes et un conflit s'engagea où les Allemands eurent le dessous.

Cette fois la patience du chancelier de l'Empire était à bout : un ultimatum impérieux fut envoyé à la cour de Copenhague le 4 mai ; le 5, il était rejeté et le chargé d'affaires d'Allemagne quittait la capitale danoise en déclarant que l'Empire se considérait comme en état de guerre avec le royaume de Danemark. L'alliance franco-danoise fut aussitôt signée ; l'escadre française, dont les forces s'augmentaient peu à peu, se saisit de la baie de Hörup, position avantageuse dans le sund d'Alsen et à quelques milles de Düppel et Flensburg. Puis elle établit devant Kiel un blocus en règle, prenant comme mouillage de repos la baie d'Eckernförde ; enfin elle détacha aux ordres du commandant en chef des forces danoises dans le Jutland les troupes qu'elle transportait (une brigade d'infanterie environ et deux batteries de 80$^m/_m$), et une division légère composée de deux canonnières cuirassées, deux croiseurs de 2e classe et de trois torpilleurs.

Les troupes allemandes, malgré la convention du 22 avril, s'étaient de beaucoup renforcées pendant la fin d'avril; deux divisions de landwehr[1] étaient venues porter à près de 60,000 hommes le corps qui campait devant Fredericia. Ces troupes de réserve, l'artillerie de corps et une brigade du IXe furent chargées de bloquer la place, pendant que les trois brigades d'infanterie, une division de cavalerie et les batteries divisionnaires se hâtaient de remonter vers le Nord, par Horsens et Aarhus pour occuper l'importante presqu'île de Grenau. Une division danoise se retirait lentement devant ces forces supérieures, ne visant qu'à conserver le débouché précieux d'Hölgenœss.

Le dépôt d'artillerie de Rendsburg dut former et acheminer un parc de siège sur Fredericia.

Le IIe corps, établi sur la ligne Stettin, Pasewalk, Neu-Brandenburg, avec détachements à Stralsund, Swinemünde et Colberg, dut se concentrer à Bützow-Güstrow (Mecklembourg) et pousser une brigade d'infanterie et une brigade de cavalerie sur Neu-Münster.

Le Ier corps appuya sur sa droite et recula vers la ligne Schneidemühl-Konitz, le Ve envoya une brigade à Kreutz, le VIe une brigade à Güben.

2 divisions de landwehr durent s'établir à Dirschau sur la basse Vistule et à Neu-Brandenburg. Les garnisons des places maritimes étaient complètes; les défenses fixes et mobiles parfaitement installées, du moins comme maté-

1. IXe corps : 12 bataillons; Xe corps : 12 bataillons; artillerie : 8 batteries.

riel; on comptait beaucoup sur les *batteries de torpilles* Whitehead ou plutôt Schwartzkopf, installées, sur radeaux, aux embouchures des cours d'eau ou dans les passes importantes.

La distribution des forces navales fut ainsi réglée :

A Kiel : les cuirassés *Kronprinz* et *Hansa,* la corvette de sortie *Oldenburg,* les croiseurs *Freya, Ariadne* et *Luise,* les avisos *Hohenzollern* et *Zieten.* 12 torpilleurs.

A Lübeck, Travemünde et Wismar (golfe de Neustadt) : la corvette de sortie *Sachsen,* le croiseur *Marie* et 4 torpilleurs, ayant un centre de station secondaire dans le canal de l'île Fehmarn, en jonction avec ceux de Kiel.

A Warnemünde et Rostock : la canonnière cuirassée *Basilisk,* la canonnière non cuirassée *Cyclop* et 4 torpilleurs.

A Stralsund et dans le Greifswalder Bodden : 6 canonnières cuirassées : *Biene, Camäleon, Krokodill, Hummel, Mücke, Natter ;* 2 avisos : *Falke* et *Pomerania ;* 12 torpilleurs.

A Swinemünde et Stettin : la corvette de sortie *Bayern ;* les canonnières cuirassées *Viper* et *Scorpion ;* l'aviso *Greif ;* les grands torpilleurs *Schütze* et *Flink,* 6 torpilleurs.

A Colberg : la canonnière *Adler* et 2 torpilleurs.

A Stolpmünde : l'aviso *Loreley* et deux torpilleurs.

A Danzig : les corvettes de sortie *Württemberg* et *Baden ;* les croiseurs *Olga* et *Alexandrina ;* les canonnières cuirassées *Salamander* et *Wespe,* l'aviso *Blitz* et 10 torpilleurs.

Dans le Frische Haff et à Pillau : 2 canonnières de 340 tonneaux et 4 torpilleurs de 50 tonneaux (type *Vorwärts*).

Dans le Kürische Haff et à Memel : 3 torpilleurs anciens.

Il est bon de dire que, malgré l'alliance du Danemark avec la France, le grand état-major allemand ne concevait pas d'inquiétudes sérieuses pour les côtes de la Poméranie ou de la Prusse orientale ; les forces que la France rassemblait dans la Manche et sur lesquelles, d'ailleurs, des opinions fort contradictoires étaient émises, paraissaient uniquement destinées à soutenir l'armée danoise dans sa lutte directe contre l'Allemagne, et, tout au plus, à entreprendre le siège de Kiel, si, ce que l'on n'admettait guère, les corps dirigés sur le Schleswig venaient à être battus.

Au reste, et par mesure d'extrême précaution, des travaux de fortification semi-permanente s'élevaient autour de la ville et l'arsenal de Kiel, jusque-là protégés seulement du côté de la mer.

Enfin on dirigerait, si cela devenait nécessaire, les corps d'armée en voie de formation avec les régiments de marche (bataillons de campagne) et les régiments de réserve[1] sur la péninsule cimbrique.

Telles étaient les dispositions prises à la fin d'avril et au commencement de mai par le grand état-major, tandis qu'en France, après la bataille de trois jours autour de Neufchâteau, notre troisième armée reculait lentement vers Chaumont.

A l'Est et au Sud-Est de l'Europe, la situation s'aggravait toujours : la Russie et l'Autriche semblaient se contenir l'une l'autre; la Pologne regorgeait de troupes qui se massaient aussi bien sur les frontières de la Posnanie que sur celles de la Galicie. Enfin les insurrections de la Roumélie orientale, de la Bulgarie, de l'Herzégovine éclataient à la fois, mettant en feu la presqu'île des Balkans et obligeant l'Autriche à détourner une partie de ses forces vers ses frontières du sud, au grand déplaisir de l'Allemagne.

---

1. Ces corps d'armée dont la formation, quoique prévue, exigeait quelques semaines, surtout au point de vue des services des parcs et du train, devaient porter les numéros 20, 21, 22, 23.

CHAPITRE VIII.

PLANS DE CAMPAGNE.

Opérations dans le Jutland et les duchés. — Continuation des préparatifs en France et en Danemark; discussion du plan d'opérations. — Examen de l'éventualité d'un grand siège de Kiel et d'opérations sur les derrières de l'armée allemande. — Répugnance à admettre le Jutland et le Schleswig comme base. — Examen du plan du ministère français qui préconise une descente vers les bouches de l'Oder et une marche rapide sur Berlin, avec diversions sur le Schleswig et Danzig.

L'activité des préparatifs d'attaque en France et en Danemark ne dépassait pas celle des préparatifs de défense en Allemagne. Fidèles à leur tactique, nos adversaires jugeant que le meilleur et le plus efficace moyen de se défendre est d'attaquer résolument l'ennemi, n'avaient pas hésité à couvrir le Jutland de leurs troupes.

Le 8 mai, tandis que les divisions de landwehr des IXe et X^e corps venaient remplacer au blocus de Fredericia trois brigades actives du IXe, une colonne allemande entrait à Viborg et y installait aussitôt l'administration prussienne. Toute la péninsule était destinée à rester à l'Empire, c'était du moins ce qu'annonçaient bien haut les *présidents* et *directeurs* venus dans les fourgons des troupes allemandes.

Cependant 5 régiments d'infanterie, 2 régiments de cavalerie et 8 batteries suivaient en combattant une division danoise qui se retirait par la route du littoral sur Kalö et de là sur la presqu'île de Hölgenœss.

Le 10 mai, le général allemand, pressé d'en venir sérieusement aux mains avant que les Danois eussent gagné leur réduit, donna l'ordre à son avant-garde, composée d'un régiment d'infanterie, de la brigade de cavalerie et de 3 batteries, de s'engager le plus tôt possible avec l'arrière-garde danoise et de la pousser de façon à obliger le gros de la division à faire volte-face.

Ce jour-là même, le commandant des forces danoises à Fredericia, gardant deux bataillons français dans la forteresse, en avait expédié trois au secours de la division qui se retirait sur Hölgenœss et qu'il savait vivement pressée.

A midi, nos navires légers, pilotés par les Danois, mouillaient dans la petite baie de Knebel, qui s'ouvre sur le Kalö-Viig, et mettaient à terre les troupes, une batterie de 80 m/m et deux sections de 65 m/m.

Le petit corps français marcha aussitôt au canon qui retentissait vers le milieu de la presqu'île de Knebel, au nord de l'isthme de Hölgenœss ; à 1 heure, la jonction s'opérait avec l'extrême gauche de la division danoise qui, en effet, avait dû faire face à l'ennemi, et ce secours inespéré, tombant sur la droite des Allemands, changeait immédiatement l'aspect du combat.

A 2 heures, le IXe corps allemand lâchait prise et se retirait vers Kalö, laissant sa cavalerie seule en contact avec les troupes danoises et françaises, solidement établies dans la presqu'île.

A 4 heures, les colonnes de vivres, de munitions et d'artillerie en retraite sur la route de Kalö à Hölgenœss longeaient le littoral, lorsqu'elles reçurent les projectiles des navires danois et français : ce fut bientôt un sauve-qui-peut général, une confusion complète ; une batterie lourde (88 m/m) fut cependant placée derrière un ressaut du terrain et tira quelques coups sur nos bâtiments; elle ne tarda pas à être démontée ; la cavalerie qui revenait vers 5 heures par la même route, reçut le même accueil et fut dispersée.

Le 11 et le 12, des renforts arrivèrent à la division danoise d'Hölgenœss, et un bataillon d'infanterie de marine, suivi d'une section de 80$^{m}/_{m}$ et d'un demi-escadron du 10e corps, vint donner au détachement français la force d'une petite brigade. Il fut décidé que, pour dégager entièrement les abords de la presqu'île de Knebel, qui devait servir plus tard de base à une armée assez considérable, débarquée sous Hölgenœss, on prendrait l'offensive contre le IXe corps et que l'on attaquerait la position de Kalö.

La marine prêterait son concours en menaçant le flanc droit et les derrières du corps allemand, dont la ligne de retraite, soit sur Aarhus, soit sur Viborg, passait sous le feu des canons des navires alliés.

Ce projet reçut son exécution le 14 mai ; la brigade française (qui tenait la gauche) et une brigade danoise attaquèrent vigoureusement Kalö, tandis que le gros de la division et quelques faibles escadrons soutenaient le combat contre la gauche allemande et sa belle cavalerie.

Le combat, indécis à la droite, tourna, à Kalö même, à l'avantage des alliés, soutenus par le canon et par les compagnies de débarquement des navires. Vers 3 heures, le IXe corps allemand se retirait, empruntant des chemins de traverse pour éviter de passer sur la côte; sa retraite était efficacement protégée par sa cavalerie et son artillerie de campagne.

Le général allemand, qui avait rappelé le détachement de Viborg, ne jugea pas prudent de garder Aarhus et s'établit, pour couvrir le siège de Fredericia, derrière la ligne du *Himmelsberg* et des lacs de *Mos-See*.

L'arrivée des renforts qu'il attendait d'Allemagne était retardée par les opérations de la marine qui, pénétrant dans les fjörds de *Horsens* et de *Veile,* détruisait fréquemment, malgré les détachements des troupes allemandes, des tronçons de voie ferrée. Les Allemands avaient été obligés de s'établir en forces à Kolding pour s'assurer la ligne de Schleswig à Fredericia; encore cette voie était-elle l'objet de fréquentes attaques du côté de Gudsö, où elle touche la branche nord du fjörd de Kolding.

Le 13 mai, une brigade danoise prenant passage à Faaborg sur des paquebots et des bâtiments à voiles, s'était montrée devant Sonderburg-Düppel; puis, la nuit venue, convoyée par notre escadrille de la baie de Hörup, elle avait effectué un débarquement devant Flensburg, s'était emparée de la ville et s'y maintenait en présence des troupes chargées de garder, sur les derrières de l'armée allemande, la route d'étapes.

Le grand état-major estimant que cette situation ne pouvait durer sans préjudice pour les opérations dans le Nord et pour le prestige des armes allemandes, combina avec l'amirauté un plan d'attaque vigoureuse, par terre et par mer, contre les forces des alliés échelonnées sur la côte du Jutland.

Tous les renseignements parvenus à Berlin portaient à 3 cuirassés seulement et à quelques croiseurs la composition de l'escadre française : on se flatta qu'en faisant concourir à l'attaque projetée les navires disséminés sur toute l'étendue de la côte poméranienne et prussienne, on obligerait les navires alliés à se retirer, au moins momentanément, et que leur retraite entraînerait celle des contingents de l'armée de terre. En outre, le IIe corps tout entier dut entrer dans les duchés et concourir avec le IXe à la conquête définitive du Jutland. Les IIe, IXe corps, les deux divisions de landwehr (des IXe et Xe corps) qui formaient le corps de siège devant Fredericia, furent réunis sous un même commandement et prirent le nom d'*armée du Jutland*; on se réservait de doter cette armée d'un corps de nouvelle formation, le XXe, si la situation des affaires dans l'Ouest le permettait.

Pendant ce temps-là, l'organisation de l'armée expéditionnaire française suivait un cours régulier et assez rapide.

La réunion des *engins de transport* et de *débarquement* paraissait achevée : l'adaptation d'un grand nombre de bâtiments, de types fort divers, au service du transport de la cavalerie et des animaux de trait avait exigé des efforts considérables et la coopération, non seulement des quatre arsenaux des côtes de l'Océan et de la Manche, mais encore de tous les ports de commerce et des chantiers de construction de l'industrie privée; le 15 mai cependant, on se considérait comme arrivé au but : le transport de 4,700 chevaux était assuré ; un second voyage des mêmes bâtiments ou de ceux qu'on aurait pu disposer dans l'intervalle permettrait de fournir à l'armée expéditionnaire les 9,000 chevaux ou mulets indispensables au bon fonctionnement des services. Au reste, l'alliance du Danemark et la bienveillance des nations du Nord faisaient prévoir que l'on pourrait assez aisément se procurer des bêtes de trait sur les côtes de la Baltique.

C'est pendant cette période de fiévreuse activité que s'était livré le combat du 6 mai, qui avait permis à une division allemande de forcer le blocus de la Jahde et de se diriger vers la Méditerranée.

Ce jour-là, en effet, une brume intense couvrait la mer

du Nord, d'ailleurs parfaitement calme. Le vice-amiral commandant l'escadre de blocus avait levé l'ancre avec tous ses navires et s'était rapproché des bouches de la Jahde et du Weser pour mieux en surveiller les abords.

Les cinq cuirassés[1], les deux grands croiseurs et les bâtiments légers, marchant en deux colonnes aussi rapprochées que possible l'une de l'autre, s'avançaient lentement et avec une grande prudence vers le Sud : on était réduit à faire un fréquent usage des signaux de brume, sifflet, cloche, clairon, canon même, soit pour éviter des abordages, soit pour indiquer la route que voulait suivre l'amiral, soit pour communiquer avec les éclaireurs. A midi, l'état-major général, d'accord avec les commandants des navires, s'estimait à 8 milles au N.-N.-E. de Wangeroog : l'intention de l'amiral était, après avoir assuré sa position par une série de sondages, de profiter de l'état de la mer pour mouiller un pied d'ancre à 3 ou 4 milles des passes ; à ce moment, et comme la brume s'éclaircissait un peu, un des éclaireurs de gauche signala un vapeur de guerre suspect dans le Nord-Est, paraissant courir au Sud-Ouest dans la direction de l'armée navale.

D'après les conjectures les plus autorisées, ce navire ne pouvait être que le vieux cuirassé *Friedrich-Karl,* dont on savait la présence dans l'Elbe et qui ne s'éloignait guère, en général, de la portée des canons de Cuxhaven. Le vice-amiral détacha aussitôt le *Duguesclin* et le *Dubourdieu* dans la direction signalée ; le reste de l'escadre reçut l'ordre de mouiller et de se tenir prêt à appareiller en filant la chaîne. Les tangons des filets Bullivant furent croisés au moment où les ancres tombaient à la mer. Bientôt le canon se fit

1. *Océan, Suffren, Marengo, Bayard, Duguesclin.*

entendre à intervalles irréguliers dans le Nord-Est; le bruit s'éloignait peu à peu, l'ennemi prenant chasse sans doute. Le vice-amiral expédia un torpilleur dans la direction du combat pour prescrire aux bâtiments détachés de ne pas s'éloigner, ou du moins de rester à portée d'entendre ses signaux.

A peine ce torpilleur avait-il disparu dans la brume que les éclaireurs (2 torpilleurs de haute mer) d'avant-garde signalèrent l'ennemi dans le Sud, par plusieurs coups de leur canon-revolver. Le nombre de coups tirés n'indiquait d'abord que des torpilleurs en vue : l'amiral confiant dans la protection de ses filets, crut pouvoir prescrire de lever l'ancre et de la mettre à poste, la perte ou seulement l'abandon momentané d'une ancre étant toujours un grave inconvénient pour des bâtiments qui croisent dans ces parages.

Quelques minutes après les signaux de nos éclaireurs, les cuirassés et les croiseurs étaient attaqués, en effet, par 8 torpilleurs allemands sortis de la Jahde. Les croiseurs, non pourvus de filets protecteurs, avaient déjà appareillé et évoluaient en couvrant d'obus de $10^{c}/_{m}$, $14^{c}/_{m}$ et de hotchkiss les torpilleurs qui passaient à leur portée. Mais ceux-ci paraissaient en vouloir tout spécialement aux cuirassés. Bientôt plusieurs torpilles éclatant à quelques mètres des carènes, prouvaient à la fois la justesse des « Schwartzkopf » allemandes et l'efficacité des filets; d'autre part, malgré un feu intense et quelquefois dangereux, à cause de la brume, pour nos propres navires, nous n'arrivions pas à nous débarrasser de nos agiles adversaires : un seul torpilleur allemand, qui avait lancé sa torpille sur l'*Océan*, avait paru atteint sérieusement; du moins on le signalait comme laissant échapper beaucoup de vapeur au-dessus de sa chaudière. A ce moment du combat, on crut entendre, se distinguant assez confusément des détonations qui remplissaient l'air, de nouveaux signaux des éclaireurs, qui cette fois annonçaient l'entrée en ligne des cuirassés allemands.

Aussitôt, et malgré le danger qui en pouvait résulter de la part des torpilleurs ennemis, l'amiral donna l'ordre de *rentrer les filets*, puis de se former en peloton d'escadre, enfin de faire route au Sud à la vitesse de 9 nœuds.

Les croiseurs et les torpilleurs reçurent l'ordre particulier de devancer le gros de l'escadre et d'attaquer l'ennemi dès qu'il serait en vue.

Il était deux heures : la brume s'épaississait à ce point que les torpilleurs ennemis, fort heureusement pour nos cuirassés, lançaient leurs derniers engins à l'aventure, déroutés d'ailleurs par la marche de l'escadre. A 2 heures 15 m., la canonnade commençant dans le Sud annonçait que nos croiseurs s'engageaient avec l'ennemi; à 2 heures 25 m., brusquement, dans une déchirure de la brume, on vit cinq navires de haut bord et quatre plus petits qui s'avançaient rapidement sur l'escadre française; la passe d'armes fut rapide; le *Marengo* et le *König Wilhelm* passèrent si près l'un de l'autre que, de passerelle à passerelle, on échangea des coups de revolver.

A 2 heures 30 m., au moment où l'amiral, qui ne voyait autour de lui que le *Bayard*, le *Duguay-Trouin* et quelques torpilleurs, allait signaler de virer de bord, on annonça de la dunette du *Marengo* que le fond ne donnait plus que 10 mètres.

La route fut mise au Nord-Ouest aussitôt; quelques instants après, la sonde accusait 9^{m},50. L'hésitation n'était plus possible : il fallait mouiller, la position de l'escadre étant absolument incertaine et les bancs de la côte très proches.

La nuit qui s'écoula fut, on le devine aisément, pleine d'angoisse pour le commandant en chef de l'escadre française. Par le fait son armée navale était dispersée et il ne lui était permis de rien tenter pour la rallier autour de lui. Signaler sa position à coups de canon c'était, à la fois, la révéler à l'ennemi et exposer ses grandes unités de combat, l'*Océan* et le *Suffren,* à s'échouer.

On maudissait alors les *grands tirants d'eau;* on se demandait pourquoi c'étaient justement les navires les plus profonds de la flotte française que le hasard des circonstances réunissait sur une côte basse et dans une croisière si périlleuse?

Au jour, les torpilleurs et les canots à vapeur qui avaient sondé toute la nuit purent déterminer une sorte de chenal où s'engagèrent les trois grands bâtiments. On n'avait plus connaissance de l'ennemi; la *Sainte-Barbe* avait rallié le pavillon de l'amiral, n'apportant aucune indication précise sur les autres navires de l'escadre.

Ce ne fut que le matin du 8 mai que l'escadre de la mer du Nord put se rallier à quelques milles d'Helgoland. Le *Duguesclin* et le *Dubourdieu* avaient poursuivi vigoureusement le *Friedrich-Karl* et pensaient lui avoir causé de graves avaries; mais le cuirassé allemand avait pu leur échapper au moment où l'ordre de l'amiral leur était parvenu de ne pas pousser la poursuite trop loin. Ils avaient ensuite marché au canon, mais, l'engagement étant terminé au moment où ils arrivaient dans les environs du théâtre de la lutte, ils avaient complètement perdu la trace de l'escadre.

Un torpilleur de haute mer qui s'était attaché à l'escadre

allemande déclara qu'il avait vu un certain nombre de navires s'en détacher et courir vers l'Ouest, tandis que les autres se dirigeaient vers le Sud.

L'amiral expédia aussitôt un aviso-torpilleur au Helder (Hollande) pour télégraphier au ministre les événements du 6 et lui exprimer la crainte qu'une partie de l'escadre allemande n'eût quitté la Jahde.

Un torpilleur de haute mer, expédié à Elseneur (Danemark), dut donner le même avis au gouvernement danois et au commandant en chef de nos forces de la Baltique.

On sait déjà ce qu'était devenue la division allemande qui avait profité si adroitement de la rupture momentanée du blocus. Assurément, si l'amirauté et le grand état-major avaient pu apprécier avec une exactitude suffisante la valeur des préparatifs qui se faisaient dans la Manche et dans l'Océan au commencement de mai, l'escadre de Wilhelmshaven serait restée complète et aurait pu fournir le moyen de barrer le passage au grand convoi qui allait traverser la mer du Nord. Mais on ne pensait alors qu'à quelques détachements d'infanterie de marine, peut-être des régiments de marche organisés lentement sur les derrières de l'armée active.

Ces régiments s'organisaient en effet dans les régions de l'ouest et du sud-ouest de la France et devaient fournir plus tard un appoint considérable à l'armée expéditionnaire, si la descente de la portion principale de cette armée paraissait réussir.

Aussitôt que l'opinion du ministre fut fixée sur la destination de la division allemande sortie de la Jahde, le vice-amiral commandant l'escadre du Nord fut avisé qu'il ne devait rester dans la rade de Wilhelmshaven que les deux cuirassés *König Wilhelm* et *Kaiser*, le *Friedrich-Karl* étant

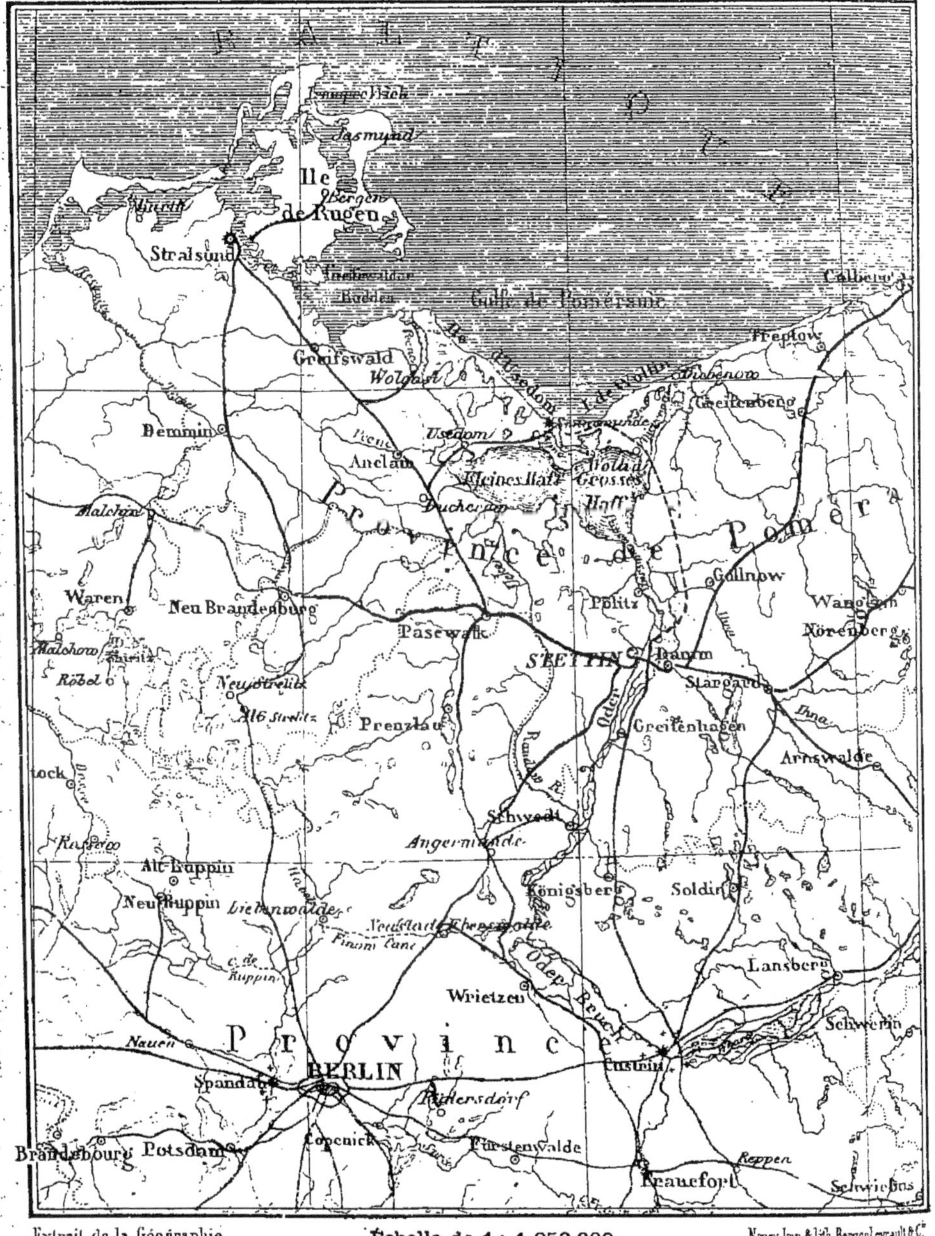

Extrait de la Géographie du Cl. Marga.

Échelle de 1 : 1,850,000.

Nancy, Imp. & Lith. Berger-Levrault & Cie.

rentré dans l'Elbe. On invitait en conséquence cet officier général à mettre le cuirassé de 2e classe *Duguesclin* et un *aviso-torpilleur* à la disposition du commandant en chef de la flotte expéditionnaire, quand elle traverserait la mer du Nord. On l'invitait en même temps à étudier et à présenter un plan d'attaque des forts de Cuxhaven, attaque qui devait être suivie d'une tentative sur Hambourg.

Cette tentative, d'ailleurs, ne devait constituer, dans le plan général que le ministre français cherchait à faire prévaloir, qu'une diversion qui retiendrait sur l'Elbe une partie des forces de l'Allemagne dans la région du Mecklembourg.

Peu de jours après la conclusion définitive de l'alliance franco-danoise, un officier général délégué par le ministre de la guerre et un capitaine de vaisseau, pourvu des instructions du ministre de la marine, s'étaient rendus à Copenhague pour y discuter le plan des opérations actives dans la Baltique.

Dans des conférences où se réunissaient, avec le conseil des ministres danois et l'ambassadeur de France, les chefs principaux de l'armée et de la marine, plusieurs projets avaient été discutés. On inclinait d'abord à profiter des débouchés que l'on avait conservés dans le Jutland pour y porter le fort de la guerre et lutter avec 50,000 Danois et à peu près autant de Français contre les trois corps d'armée allemands. On faisait remarquer qu'avec l'appui d'une flotte puissante on était toujours assuré d'une retraite ; que d'ailleurs le *Vendsyssel,* la partie septentrionale du Jutland, resterait toujours aux alliés, grâce à la flottille danoise qui défendait le Lijmfjörd. On pouvait aussi prendre pour base l'île d'Alsen (Schleswig) dont la conquête serait facile, s'emparer de la position Sonderburg-

Düppel dont l'Allemagne avait abandonné les fortifications, et, en occupant la ligne Apenrade-Tinglef-Flensburg, couper les communications de l'armée allemande avec le Holstein et le Mecklembourg. Dans le même ordre d'idées, on pouvait encore descendre à Eckernförde, tournant ainsi la ligne du Danewerk, et s'établir en forces sur les deux voies ferrées principales qui unissent le Schleswig au continent.

Là on menaçait à la fois Schleswig, Rendsburg, le grand dépôt d'artillerie de la région, et surtout Kiel-Ellerbeck, l'arsenal de la marine allemande.

Enfin, en descendant plus bas encore dans le golfe de Neustadt, en s'emparant de Travemünde et de Lübeck, on pouvait obtenir aussi de grands résultats : on séparait en deux les forces ennemies de la péninsule cimbrique et des régions de l'Elbe et de l'Oder; on menaçait Hambourg, déjà sous le coup d'une attaque par le cours de l'Elbe; on s'établissait, en tout cas, sur une bonne ligne, celle de la *Trave*, à Segeberg, Oldesloë et Lübeck, au milieu d'un réseau très important de chemins de fer. En même temps, les bâtiments légers de l'escadre de la mer du Nord feraient des démonstrations sur les têtes de ligne, Husum, Mehldorf, etc.

Toutes ces conceptions avaient naturellement pour objet principal d'obliger l'armée allemande à évacuer le Jutland et le Schleswig, peut-être même le Holstein; on ne pouvait s'étonner que des officiers danois se préoccupassent surtout de ce côté particulier des opérations. Les représentants de la France, sans méconnaître la réelle valeur des plans qui leur étaient proposés, faisaient remarquer qu'il ne s'agissait là que d'opérations locales, pour ainsi dire, et qu'en admettant que les Allemands fussent obligés d'évacuer les duchés, il paraissait difficile de les empêcher de se concentrer sous Hambourg, où ils gardaient la faculté de manœuvrer sur les deux rives de l'Elbe, et que dès lors les deux armées se contenant l'une l'autre, le but principal de toute guerre, celui de l'occupation de la capitale ennemie (en tant que centre administratif et militaire), ne pouvait être atteint.

Le plan qu'ils soumettaient à leur tour au conseil avait en effet une envergure plus large : il consistait à rassembler dans les baies de Kiöje et de Faxö, au sud de Copenhague, la plus grande partie de l'armée expéditionnaire, le 10e corps français, la division d'infanterie de marine et trois divisions danoises ; de réunir là, pour le transport des contingents danois, le plus grand nombre possible de paquebots et de bâtiments à voiles de toutes dimensions, de manière à *enlever* d'un seul coup, si c'était possible, 50,000 ou 60,000 hommes : c'était un grand effort, mais qui ne dépassait pas les ressources des deux pays, la France étant d'ailleurs disposée à aider le Danemark de ses finances.

Cette concentration, évidemment, n'échapperait pas à l'Allemagne, mais rien ne pouvait lui indiquer le point particulièrement menacé ; au reste, on ferait tout au monde pour accréditer le bruit que l'armée expéditionnaire devait débarquer dans le Schleswig et mettre le siège devant Kiel quand l'armée allemande aurait été repoussée des duchés.

Pour confirmer ces bruits, une division danoise effectuerait, avec le concours de l'escadre de blocus devant Kiel et des navires danois, un débarquement, soit dans l'île d'Alsen, soit dans la baie d'Eckernförde, suivant les circonstances.

Pendant ce temps, en choisissant des vents et une mer favorables, l'armée expéditionnaire appareillerait de Kiöje et de Faxö à la nuit, et paraîtrait inopinément, le matin, devant Swinemünde et Rügen.

L'escadre de combat se chargeait de réduire au silence les ouvrages de Swinemünde et il était difficile d'admettre que les troupes répandues dans l'île d'Usedom fussent en état de s'opposer au débarquement d'un corps aussi considérable.

D'ailleurs, la descente ne pouvant guère s'effectuer d'un seul coup sur la plage de Swinemünde, un certain nombre de troupes débarquerait vers la pointe de Thiessow, à l'est de Rügen, pendant que les canonnières françaises forceraient les passes du Greifswalder Bodden et se montreraient à l'entrée du sund de Strela. Cette opération secondaire aurait pour résultat d'attirer une partie des forces allemandes du littoral du côté de Stralsund que l'on peut facilement attaquer en prenant pour base l'île de Rügen. Des diversions accessoires seraient faites, en outre, sur Colberg et éventuellement sur Danzig.

L'île d'Usedom et Swinemünde occupés, la flotte, laissant devant la ville les grands bâtiments de combat, entrerait dans la Swine, parcourrait le Haff de Stettin, débarquerait une partie de l'armée vers Albrechtsdorf et Wahrlang, et remonterait avec l'autre le Papenwasser et l'Oder jusqu'aux environs de la capitale poméranienne. Sans doute on trouverait là une très sérieuse résistance : il fallait compter sur l'apparition de contingents venus de Berlin, où s'organisait un des corps formés avec les *bataillons de campagne*, de Küstrin qui avait une forte garnison, surtout de *Kreutz* et de *Schneidemühl* où s'échelonnaient des troupes du Ve corps allemand.

Mais les renforts venus de la rive droite de l'Oder étaient forcément arrêtés par notre flottille s'ils se présentaient par la voie ferrée qui aboutit à Damm; ou bien ils étaient obligés de faire un tour assez considérable et de venir encombrer les voies de la rive gauche.

Au reste, c'était là une question de rapidité et de vigueur dans la conduite des opérations et l'on espérait bien prendre les devants sur l'ennemi, menacé à la fois en plusieurs endroits.

Stettin occupé, il fallait évidemment s'y arrêter quelques jours avant de s'avancer sur Berlin par la rive gauche de l'Oder; il fallait faire de cette grande ville une véritable base d'opérations, y organiser les convois, le flottage et le batelage sur le fleuve; occuper les points stratégiques qui pouvaient protéger les flancs de la ligne d'opérations; enfin concentrer autour de la ville toutes les forces disponibles et jusque-là employées à des opérations secondaires. Le Danemark pouvait fournir encore, outre la division qu'on tirerait de Sonderburg-Düppel, une division d'infanterie et des troupes de cavalerie toujours précieuses pour une armée transportée par mer. Des convois successifs amèneraient de France la division du 10e corps territorial que l'on organisait, et bientôt sans doute un corps de réserve formé de régiments de marche.

Une armée nombreuse et solide, ainsi constituée à 32 lieues de Berlin, pouvait marcher en avant malgré beaucoup d'obstacles, appuyant son flanc gauche à l'Oder pendant trois marches sur cinq. Ce grand fleuve étant navigable pour des vapeurs de faible tonnage jusqu'en Silésie, on était assuré d'une protection efficace et d'un ravitaillement convenable.

On remarquait enfin que la capitale de l'Empire, dépourvue de fortifications, n'était couverte au nord-est par aucune place de guerre; qu'on ne pouvait considérer comme un obstacle sérieux le canal de Finow qui court de l'Est à l'Ouest, entre le coude de l'Oder et le Havel; que d'ailleurs la flottille fournirait encore là de précieux moyens de passage qui remplaceraient aisément l'équipage de pont qu'on ne pouvait songer à transporter.

Mais c'est surtout *au point de vue politique* que le plan proposé offrait de remarquables avantages.

L'attitude de la Russie, équivoque depuis le commencement de la guerre, pleine de réticences et d'hésitations, avait obligé l'Allemagne à conserver sur sa frontière orientale une armée d'observation dont le fond se composait de trois corps de l'armée active, mais qui s'augmentait peu à peu de corps de nouvelle formation (soit *régiments de réserve*, soit *bataillons de marche*, soit *divisions de landwehr*).

On pouvait estimer, au milieu de mai, à plus de 140,000 hommes l'armée réunie ainsi dans les trois provinces de Prusse, de Posen et de Silésie.

Il était manifeste que la Russie, malgré le chiffre de ses troupes en Pologne, y regardait à deux fois avant de s'engager contre l'Allemagne, sachant qu'il lui faudrait faire face en même temps à l'Autriche. Les insurrections qu'elle fomentait habilement dans la péninsule balkanique commençaient bien à créer à l'Empire austro-hongrois de sérieux embarras; mais ce n'était pas assez encore pour que la guerre l'emportât dans l'esprit temporisateur du czar.

Nul doute que l'agression qui allait menacer le cœur même de l'Allemagne n'amenât dans les conseils de la Russie la détermination favorable qu'on attendait depuis si longtemps.

Nul doute que, lorsque les Français et les Danois paraîtraient à Stettin, les Russes ne voulussent paraître devant Posen et Kœnigsberg.

Ce projet, dont je ne donne ici que les grandes lignes, fut discuté dans ses moindres détails : il était séduisant ; il pouvait en revanche être traversé par beaucoup d'événements imprévus.

On resta d'accord, cependant, qu'au pis aller on garderait Usedom et Rügen et peut-être Stettin ; que c'était là une position avantageuse, une menace perpétuelle pour l'Allemagne, et que l'invasion de la France, déjà difficile et lente, serait arrêtée du coup.

D'honorables scrupules du vieux souverain du Danemark vinrent enfin faire pencher la balance en faveur du plan du ministère français : le roi Christian répugnait à faire porter tout le poids de la guerre à ses peuples du Jutland, à ses anciens et toujours fidèles sujets du Schleswig.

Il se décida pour la descente aux bouches de l'Oder.

Au moment où cette résolution définitive était arrêtée, les forces franco-danoises de la péninsule cimbrique recevaient un vigoureux assaut.

Le grand état-major allemand, nous l'avons vu, avait combiné une attaque par terre et par mer des divers détachements répandus sur la côte ; la corvette de sortie *Würtemberg*, partie de Danzig avec l'aviso rapide *Blitz* et 2 torpilleurs, s'était présentée le 16 mai devant Swinemünde, y avait pris la corvette *Bayern* et les torpilleurs *Schultze* et *Flink*, et s'était dirigée rapidement vers la baie de Kiel. Le 16 au matin, cette division faisait sa jonction, en combattant nos navires du blocus, avec le *Kronprinz* et la corvette de sortie *Oldenburg*.

Notre escadre, momentanément affaiblie par un détachement sur Flensburg, se retira à petite vitesse vers le sund d'Alsen, gardant le contact avec l'ennemi, mais expédiant un torpilleur sur Düppel et Flensburg pour y chercher des renforts.

A 2 heures du soir, les cuirassés *Furieux, Helgoland, Lindormen,* les croiseurs *Primauguet, Sané, Fyen,* le grand torpilleur *Tordenskjöld* et trois torpilleurs plus petits étaient en présence de l'escadre allemande à l'ouvert de la baie de Flensburg. En même temps, la brigade danoise qui occupait la ville, au fond de ce fjörd, était attaquée par la 3e division prussienne (IIe corps).

Les vents étaient au Sud, très frais, et la mer, sans être mauvaise, était assez formée pour donner aux « corvettes de sortie » allemandes des mouvements de roulis qui gênaient beaucoup le tir de leur puissant canon de chasse ($30^{c}/_{m}$,5).

Du côté des alliés, le monitor *Lindormen* souffrait beaucoup de la mer qui venait déferler sur sa tour; le *Furieux,* garde-côtes français, assez haut sur l'eau, gardait, à condition de ne pas marcher trop vite contre les lames, la disposition entière de sa pièce de $34^{c}/_{m}$ de l'avant. Des torpilleurs, le *Tordenskjöld* seul était en mesure de rendre des services réels.

Le *Primauguet* et le croiseur danois *Fyen,* parfaitement armés, ne craignaient pas de s'engager, à la suite des cuirassés, contre l'escadre allemande.

Le vieux cuirassé *Kronprinz,* qui marchait mal et dont les qualités offensives et défensives n'étaient plus à la hauteur des exigences, était le but tout désigné des attaques des croiseurs et des torpilleurs alliés. Il se défendit vaillamment et perça le *Sané* d'un coup de $21^{c}/_{m}$, heureusement au-dessus de la flottaison; le projectile éclata dans la soute à charbon qui couvrait le flanc des chaudières ; quelques éclats percèrent la tôle intérieure, mais le croiseur français, se bornant à boucher rapidement le trou fait dans sa carène, revint presque aussitôt au combat.

Pendant cet engagement, les quatre corvettes cuirassées se mêlaient, au milieu d'une furieuse canonnade, avec les cuirassés alliés. Le *Lindormen* recevait un projectile de 26 c/m qui perçait sa tour, protégée seulement par une cuirasse de 14 centimètres, et l'obligeait à se retirer du combat.

En revanche, les canons de 34 c/m du *Furieux* et la pièce de 30 c/m,5 de l'*Helgoland* perçaient la carène du *Württemberg* un peu au-dessous de la cuirasse[1]. Ce navire mettait aussitôt toutes ses pompes en action et se dirigeait vers la terre dans l'intention de s'y échouer. Le *Tordenskjöld*, qui s'était aperçu de la manœuvre de ce bâtiment, se mit à sa poursuite et lui tira deux torpilles que l'on vit exploser sur ses flancs. Le *Württemberg* ne coulait cependant pas ; les cloisons étanches ou plutôt les *compartiments* remplissaient parfaitement leur office. Le *Bayern* et l'*Oldenburg* chargeaient à tour de rôle le *Furieux* qui s'avançait rapidement pour en finir avec un coup d'éperon. Enfin, un dernier coup de 34 c/m, broyant le gouvernail du *Württemberg*, mettait ce cuirassé à la merci de l'*Helgoland*, un moment débarrassé de l'*Oldenburg*. A 3 heures 45 minutes, l'éperon du monitor danois déchirait le flanc de bâbord du *Württemberg*: cette fois la voie d'eau intéressait un trop grand nombre de compartiments et faisait sombrer le navire, déjà alourdi par ses premières blessures.

1. Un coup de roulis avait découvert le can inférieur de la ceinture cuirassée (25 c/m).

A 4 heures, les trois cuirassés allemands se retiraient sur Kiel, mais un dernier coup de l'*Oldenburg*, perçant la muraille du *Sané* au-dessous de la flottaison, obligeait ce croiseur à s'échouer, coulant bas d'eau.

Ce combat, qui consacrait l'avantage de la *stabilité de plate-forme*, pour les navires cuirassés, était à peine terminé que les alliés, laissant le *Fyen* et le *Tordenskjöld* observer la fuite de l'ennemi, s'enfonçaient en toute hâte dans le fjörd de Flensburg pour secourir ou plutôt pour recueillir la brigade danoise, vivement pressée par le IIe corps allemand.

La 3e division allemande s'avançait par la route et la voie ferrée de Schleswig, tandis que la 4e, passant par la route de Cappeln et le chemin de fer d'Eckernförde, menaçait d'envelopper les troupes danoises. Celles-ci, prenant leurs dispositions de retraite sur Düppel-Sonderburg, qui avait été occupé par les alliés, tinrent ferme un moment au nord de la ville contre l'avant-garde allemande (une brigade de la 3e division). A 2 heures, les Danois se retiraient sur la rive gauche du fjörd, suivis de près par l'avant-garde ennemie, harcelés par la brigade de cavalerie du IIe corps, dont les charges répétées leur faisaient perdre beaucoup de temps. Un torpilleur danois avait été dépêché pour avertir l'escadre alliée de la situation périlleuse de cette brigade ; à 4 heures 30 minutes les croiseurs, suivis par le garde-côtes *Helgoland*, apparaissaient sur le flanc des troupes allemandes et commençaient à les canonner. On armait aussitôt toutes les embarcations disponibles, y compris celles du *Furieux*, retenu à quelque distance par son tirant d'eau, pour recueillir les troupes danoises ; des barques de pêche concouraient à cette opération. Les compagnies de débarquement des navires présents furent mises à terre et occupèrent avec leurs pièces légères une anse qui parut favorablement disposée.

L'embarquement des troupes en retraite ne se fit cependant pas sans encombre sous les attaques continuelles de la cavalerie allemande ; quelques hommes furent faits prisonniers et, à plusieurs reprises, les armements réduits des canots *armés en flûte* durent défendre leurs embarcations à coups de fusil.

A 6 heures cependant, tout était embarqué, sauf quelques voitures qu'on abandonna à l'ennemi sans trop de regrets. A 8 heures, la brigade danoise réoccupait Düppel.

Le 17, le IIe corps allemand se présenta devant cette ville, dont les ouvrages, bien connus dans l'histoire des guerres de 1849 et de 1864, avaient été déclassés et rasés tout récemment, mais où les Danois s'étaient empressés de faire des travaux de fortification passagère.

Comme il entrait dans les vues des alliés (voir plus haut) de feindre un projet de descente sérieuse dans le Schleswig, le gouvernement danois, aussitôt averti de l'entrée en ligne du IIe corps allemand, s'était empressé d'envoyer des renforts à Sonderburg. L'escadre alliée se tenait d'ailleurs au sud de Düppel et se promettait de recommencer en 1888, mais avec une tout autre efficacité, les luttes brillamment soutenues en 1864 par le *Rolf-Krake* contre les batteries prussiennes.

Le 17, vers midi, le commandant du IIe corps fit tâter la position des Danois ; partout les Allemands constataient la présence de travaux de campagne bien défendus par des troupes solides et en nombre suffisant.

A 3 heures, après une canonnade assez vive, l'ennemi se retirait sur la route d'Apenrade, laissant en observation, dans une position bien choisie, une brigade combinée (deux régiments d'infanterie, un régiment de cavalerie, deux batteries légères).

Le 20 mai, le gros du IIe corps allemand faisait sa jonction devant Fredericia avec les divisions de landwehr qui formaient le corps de siège.

L'ennemi semblait donc bien convaincu que l'effort des alliés allait se porter sur la conquête de la péninsule cimbrique.

CHAPITRE IX.

SWINEMÜNDE.

Départ de l'armée de la Baltique. — Concentration des troupes danoises dans le sud des îles de Seeland et de Fünen (Fionie). — Réunion des escadres dans les baies de Kiöje, de Faxö et de Nystad. — Départ pour Swinemünde le 28 mai. — Attaque de cette ville et son occupation par l'armée française le 29. — Diversion sur Rügen.

Le 18 mai 1888, l'*armée de la Baltique* était embarquée à Cherbourg, au Havre, à Dieppe et à Fécamp pour le corps de bataille, à Boulogne, Calais et Dunkerque pour la cavalerie et l'avant-garde, formée de la division d'infanterie de marine (1er et 2e régiments, 1er et 2e régiments de marche).

Au moment du départ de cette armée, l'invasion allemande, lentement et méthodiquement conduite, d'ailleurs, subissait depuis quelques jours un temps d'arrêt : de sanglantes rencontres avaient eu lieu sur le périmètre des forts et du camp retranché de Reims et le résultat de ces engagements restait indécis. Les armées du Sud se heurtaient vainement aux forts d'arrêt des Vosges et à l'inexpugnable Belfort.

On venait d'apprendre, d'autre part, le succès de nos armes dans le Montferrat, et l'invasion du sud-est de la France paraissait définitivement arrêtée ; les corps de nouvelle formation, soit de l'armée active (régiments de marche), soit de l'armée territoriale, refluaient vers le Nord.

La situation était, en un mot, très favorable à l'entreprise et l'esprit public acceptait sans répugnance l'idée d'une grande expédition maritime, qui allait enfin faire porter à l'Allemagne une partie du poids de la guerre.

J'ai donné, dans le chapitre VII, la composition de la flotte tant de charge que de combat. J'ai fait observer que, sauf les garde-côtes cuirassés, à qui leurs installations, leur structure même interdisaient le transport des troupes, tous les navires de guerre avaient à leur bord des hommes et des chevaux en plus ou moins grand nombre.

Le vice-amiral commandant en chef l'armée navale de la Baltique avait d'ailleurs énergiquement soutenu qu'il fallait laisser aux principales unités de combat la libre disposition de tous leurs moyens d'action, pour leur permettre de protéger efficacement contre toute attaque le convoi considérable qui allait couvrir les mers du nord de l'Europe.

Malgré le soin avec lequel avaient été calculés d'avance le nombre des navires de charge et leur *capacité de transport,* il était survenu des mécomptes ; tels navires, affrétés aux diverses compagnies, ne pouvaient prendre à leur bord le chiffre convenu de passagers militaires et surtout de chevaux ; tel autre, où la place — *le cube* — ne manquait pas, n'avait pas une hauteur de batterie, ou si l'on veut une *hauteur de plafond* suffisante pour que l'on pût y loger des chevaux qui, en dressant brusquement la tête, se heurtaient contre les barrots. On fut amené à noliser et à installer, surcroît de travaux pour les arsenaux de l'État, des gabares à voiles, des goëlettes, des lougres, des galiotes, comme on l'avait fait déjà en 1801-1805 pour l'expédition d'Angleterre. Les dispositions intérieures de ces petits navires furent à peu près calquées sur celles de cette époque : elles avaient donné et donnèrent encore les résultats attendus.

La répartition méthodique du personnel et du matériel fut l'objet des soins attentifs des états-majors de l'armée et de la flotte : il importait, en effet, que les batteries de campagne, par exemple, ne fussent point trop fractionnées, que les pièces ne fussent pas séparées de leurs caissons et, autant que possible, que le même navire qui portait le matériel pût porter aussi le personnel et les chevaux — ou du moins un attelage suffisant (4 chevaux) pour quelques jours.

Comme on avait acquis la certitude que l'on pourrait se procurer des chevaux dans les pays scandinaves ; que déjà, par les soins de nos agents diplomatiques, des marchés étaient passés, non seulement pour la fourniture des bêtes de trait, mais, ce qui était plus important encore, pour leur transport au point que désignerait l'autorité militaire, on put embarquer une grande partie du 2e échelon du parc avec les harnachements et les conducteurs.

La disposition des navires chargés de porter l'avant-garde fut particulièrement soignée : ces navires étaient tous des bâtiments de guerre ou des transports-avisos, dont j'ai déjà donné les noms.

Il paraissait essentiel que tout y fût combiné pour que la descente s'effectuât avec la plus grande célérité et l'ordre le plus parfait ; on y avait accumulé les « engins de débarquement », embarcations légères, chalans démontables en tôle, *chalans en toile* du système Berthon. On avait choisi, comme avant-garde de l'armée, la division d'infanterie de marine, dont le personnel paraissait à juste titre plus habitué aux choses de la mer ; l'artillerie de marine avait fourni à cette division trois belles batteries de

80 $^{m}/_{m}$. Enfin, le corps de débarquement formé par les compagnies de marins fusiliers de tous les navires de combat devait, pour les opérations mêmes de la descente, fournir un appoint précieux à cette division.

L'expérience faite par l'armée expéditionnaire d'Italie ayant démontré l'avantage des *appontements en pilotis* rapidement organisés sur une plage, le matériel convenable avait été placé, avec deux compagnies du génie, sur les bâtiments de l'avant-garde. En outre, des ordres précis étaient donnés par le vice-amiral commandant en chef pour que des radeaux, faits en espars et en planches rapidement assemblés, fussent mouillés, à la suite les uns des autres, sur la plage de débarquement, pour faciliter l'accostage des embarcations pleines de personnel.

Évidemment ces précautions ne pouvaient prévaloir contre le mauvais temps, contre une brise fraîche battant en côte, mais il fallait bien laisser quelque chose à la fortune !

On poussa la prévoyance jusqu'à munir tous les navires d'une quantité d'huile suffisante pour faire *un calme artificiel* autour de la flottille des embarcations et des chalans au moment de la descente.

Le 17 mai, les bâtiments qui armaient dans divers ports de la Bretagne appareillèrent pour Cherbourg ; le 18 mai au soir, le 10e corps, à l'exception d'une brigade d'infanterie et de la brigade réduite de cavalerie, réunies au Havre et à Dieppe, était concentré dans la rade de notre grand port de la Manche.

Le temps étant fort beau, le baromètre en pleine période ascendante et les vents à l'O.-N.-O., le vice-amiral commandant en chef donna l'ordre d'appareiller à 5 heures du soir. La vitesse, réglée sur les petits navires à voiles, à qui le vent permettait de ne pas faire encore usage des remorques, était de 6 nœuds environ.

Dans la nuit, l'armée navale recueillit les convois du Havre et de Dieppe. Le 19 au matin, elle ralliait son avant-garde au large de Dunkerque et donnait dans la mer du Nord.

Le commandant en chef de l'escadre de blocus devant la Jahde, l'Elbe et le Weser, avisé du passage probable de l'armée dans les journées du 19, 20 ou 21 mai, avait étroitement resserré le blocus des trois embouchures et veillait attentivement à ce qu'aucun torpilleur ne pût échapper aux bâtiments légers de son escadre, aux recherches actives des projecteurs électriques de ses grands navires.

Ces précautions n'étaient pas inutiles : l'amirauté allemande était bien résolue à lancer tous ses torpilleurs sur le grand convoi dont on lui signalait, le 19, le défilé imposant au milieu de la Manche.

Sans doute, à ce moment-là, on regrettait d'avoir accédé aux propositions de l'Italie et d'avoir affaibli, par le détachement que l'on sait, une escadre qui aurait pu « occuper » les navires de combat français pendant que les torpilleurs attaqueraient les navires de charge. Cependant des ordres furent donnés à Wilhelmshaven pour une grande sortie et une tentative sérieuse contre le convoi.

Le plan du commandant en chef des forces allemandes dans la Jahde fut de constituer aussitôt une escadre légère composée de croiseurs et de torpilleurs et de lui ouvrir l'accès de la haute mer en attaquant à fond l'escadre de blocus avec les deux cuirassés qui lui restaient. Le *Friedrich-Karl* dut favoriser par une diversion l'attaque projetée pour le 21 mai, de grand matin.

L'escadre légère allemande dut se composer des croiseurs neufs : *Charlotte, Sophie* et *Arcona,* de l'aviso rapide *Pfeil* et de 8 torpilleurs de 85 tonneaux, à peu près de la force de nos « torpilleurs de haute mer ». Les croiseurs, dont les vitesses variaient de 15 à 16 nœuds, étaient armés de pièces de 15 c/m Krupp ; les torpilleurs, outre leurs torpilles, étaient pourvus de 2 canons-revolvers.

Le 21 mai, de très bonne heure, la division légère allemande attaquait et refoulait vivement nos éclaireurs ; elle s'engageait ensuite avec les croiseurs *Dubourdieu* et *Duguay-Trouin,* qu'elle ne pouvait gagner de vitesse, tandis que les cuirassés allemands se portaient sans hésitation à la rencontre des nôtres. Le combat qui s'engagea fut très vif et acharné : on sentait de part et d'autre quelles graves conséquences pouvait entraîner cet engagement. La *Charlotte* et le *Dubourdieu* combattirent longtemps corps à corps comme les frégates du temps de nos grandes guerres ; enfin les canons de 16 c/m modèle 81 et les dix canons-revolvers du croiseur français, et, je dois le dire aussi, une plus parfaite instruction militaire, l'emportèrent sur l'armement et sur la ténacité de la frégate allemande. La *Charlotte,* percée de plusieurs coups dangereux et ayant perdu beaucoup de monde, dut amener son pavillon. Les deux autres croiseurs, d'échantillon et d'armement plus faibles que la *Charlotte,* vivement attaqués par le *Duguay-Trouin* et par nos avisos-torpilleurs, furent obligés de rentrer dans les passes ; déjà le *König Wilhelm* et le *Kaiser* les y précédaient, coulant bas d'eau à la suite de leur combat contre nos 4 cuirassés ; le *Friedrich-Karl,* qui aurait pu balancer un moment la supériorité des Français, n'avait pas encore paru. Un fâcheux incident avait d'ailleurs facilité la retraite, fort compromise, des Allemands. L'*Océan,* au moment même où il s'efforçait de gagner de vitesse le vieux cuirassé *König Wilhelm,* alourdi déjà par plusieurs voies d'eau, s'était échoué sur un des bancs aux contours indécis qui barrent, pour tout autre qu'un pilote accompli, l'entrée de la baie. L'*Océan* réussit à se renflouer, la marée l'aidant, mais l'occasion propice de couler d'un coup d'éperon le plus grand, sinon le plus fort des cuirassés allemands, était définitivement manquée. Du reste, le *König Wilhelm,* à grand'peine réparé, ne se hasarda plus au dehors des passes et du rayon d'action des forts.

Pendant ce temps, il faut le reconnaître, les torpilleurs allemands avaient pu forcer le blocus. 5 d'entre eux, du moins, échappant à nos canons-revolvers et à nos canons rapides, s'élevaient au Nord-Ouest, malgré une mer assez forte.

Le commandant en chef de l'escadre française avait signalé aussitôt à ses avisos et à ses torpilleurs de poursuivre et d'arrêter l'ennemi coûte que coûte, mais déjà, au moment où le gros de la division allemande se retirait dans la baie, il était évident que nos torpilleurs ne pouvaient, à cause de l'état du temps, gagner ceux de l'ennemi.

Seuls les avisos-torpilleurs parvenaient à conserver leurs distances et l'on entendait au loin les coups réguliers de leurs canons rapides.

Le commandant en chef, estimant que la mer du large ne tarderait pas à diminuer sensiblement la vitesse des torpilleurs allemands, donna l'ordre au *Duguay-Trouin,* qui pouvait atteindre aisément 15 nœuds et demi, de s'élancer à leur poursuite en forçant de vapeur.

Le *Bayard* et le *Marengo* suivaient à distance, laissant l'*Océan,* le *Suffren* et le *Dubourdieu* au blocus.

Cette chasse émouvante dura plusieurs heures sans que

les navires français semblassent faire des progrès sensibles. Cependant la mer grossissait peu à peu, les torpilleurs allemands fatiguaient beaucoup, bien que leur allure, à peu près debout à la lame, fût assez favorable. De temps en temps l'un d'eux perdait du terrain, obligé de ralentir momentanément à cause des projections d'eau et des brusques dénivellations de la chaudière.

Les obus de 47 m/m venaient aussi les atteindre, malgré l'incertitude du tir, causée autant par les mouvements de tangage de nos avisos que par la mobilité de buts qui paraissaient et disparaissaient au gré des lames.

A 2 heures, un des cinq torpilleurs amenait son pavillon; sa chaudière était percée et la vapeur envahissant la chambre de chauffe avait obligé tout le personnel à monter sur le pont. A 3 heures, un second torpilleur, se voyant gagné de vitesse, venait brusquement sur tribord de 100° environ et courait droit au Sud-Est, vent arrière, comme pour se réfugier dans l'embouchure de l'Elbe. Cette manœuvre hasardée lui faisait présenter le flanc aux canons du *Duguay-Trouin* : un obus de 14 c/m atteignait bientôt ce torpilleur et le coulait sur place.

Mais tous nos efforts pour atteindre les trois autres ou pour les obliger à changer de direction restèrent inutiles.

La nuit venue, les bâtiments détachés se rallièrent autour du *Duguay-Trouin*; on était à 120 milles environ du gros de l'escadre et toute prolongation de cette poursuite paraissait imprudente. Ne valait-il pas mieux se mettre à la recherche du convoi, dont on ne pouvait être fort éloigné, l'avertir du péril, et se joindre à lui pour le conjurer ?

Trois torpilleurs, au demeurant, ce n'était pas là de quoi arrêter toute une expédition : en admettant que chacun de ces petits navires pût disposer de 6 torpilles, il fallait se garder de croire que 18 de nos navires fussent en péril. Il semble, en effet, que la probabilité d'atteindre le but soit en raison inverse de la puissance de l'engin, et, dans le cas qui se présentait, avec une mer aussi creuse, il était permis d'admettre que les torpilles allemandes, en supposant qu'elles pussent être tirées, ne fourniraient pas des trajectoires bien rectilignes.

Le 22 mai, le commandant en chef de la flotte expéditionnaire fut prévenu, au point du jour, qu'on découvrait les terres de Hanstholm (Jutland) à l'E.-S.-E. Jusque-là, bien que la mer, assez forte, venant du N.-N.-O. eût contrarié, plus que le vent, la marche de son armée navale, cet officier général se félicitait de n'avoir à enregistrer aucun incident fâcheux. A 5 heures, les vigies des navires de guerre, qui naviguaient en ligne de file à la droite, c'est-à-dire au sud du convoi, signalèrent, au S.-S.-O., vers le point où la terre s'enfonçait sous l'horizon, trois vapeurs de nationalité inconnue.

A 5 heures 30 minutes, on reconnaissait distinctement trois torpilleurs qui s'avançaient avec rapidité, mais en se dirigeant sur le serre-file de la ligne des bâtiments de combat, comme pour pénétrer dans la masse des navires de charge.

En même temps l'arrière-garde, à plusieurs milles en arrière, signalait 4 bâtiments français dans l'O.-S.-O.

Dès 5 heures 15 minutes, le commandant en chef avait donné l'ordre à l'aviso-torpilleur, ou plutôt *contre-torpilleur Salve*, au torpilleur de haute mer *Edmond-Fontaine* et à deux torpilleurs de 1re classe de reconnaître les bâtiments suspects et de les attaquer aussitôt s'il y avait lieu. A 5 heures 40 minutes, le combat s'engageait : du reste les Allemands ne paraissaient pas se soucier de répondre avec leurs canons-revolvers aux armes similaires des nôtres; rapidement et « le nez dans la plume », pour employer la pittoresque expression des marins, on les voyait traverser les crêtes de lame, pendant qu'autour d'eux pleuvaient les obus de 37 m/m et de 47 m/m.

Un de nos torpilleurs avait habilement essayé d'arrêter l'un des ennemis en se jetant à corps perdu dans son flanc; un coup de barre donné par l'Allemand avait amené, au lieu du choc, un froissement des deux carènes qui désemparait son arrière, mais sans l'obliger cependant à stopper.

Les trois torpilleurs ennemis, que rien ne semblait pouvoir arrêter, allaient enfin lancer leurs torpilles sur un groupe composé surtout de nos transports-avisos, excellents navires de mer, manœuvrant bien et d'ailleurs armés de pièces de 14 c/m et de canons-revolvers. Le capitaine de vaisseau qui commandait cette division de la flotte de charge et qui avait son guidon sur l'aviso-transport *la Saône,* estimant qu'il fallait, avant tout, éviter de prêter le flanc à l'ennemi, signala à sa division de sortir de la ligne et de gouverner droit sur les torpilleurs. La manœuvre était d'autant plus opportune que si les petits navires ennemis (dont les tubes étaient immobiles et tirant dans dans l'axe) voulaient tourner, eux aussi, pour se replacer par le travers de nos transports, ils présentaient leur flanc à ceux des nôtres qui les poursuivaient.

Deux des torpilleurs allemands, appréciant le danger et jugeant inutile de lancer leurs torpilles sur des adversaires qui leur présentaient les formes effilées de leur avant, passèrent outre et se dirigèrent vers la troisième division de la flotte de charge, composée d'un certain nombre de paquebots.

Le troisième torpilleur, au moment où il exécutait son mouvement de giration pour tirer ses torpilles dans le flanc de tribord de la *Saône*, reçut de la *Salve* un coup de *canon rapide* de 47 m/m qui perça sa muraille et alla briser son grand cylindre.

Ce torpilleur amena aussitôt son pavillon, non sans avoir, à tout hasard, lancé ses deux torpilles sur le groupe qui défilait en ce moment devant lui. Ces deux engins coulèrent d'ailleurs sans avoir rencontré aucune carène.

Il n'en devait pas être de même pour celles des deux torpilleurs, qui, plus avisés, avaient poussé jusqu'à nos paquebots.

L'un d'eux fut assez heureux pour atteindre un *cargo-boat* chargé de matériel appartenant au 2e échelon du parc du 10e corps. La torpille ayant éclaté franchement au contact de la coque, détermina une voie d'eau considérable dans le compartiment d'avant de ce vapeur, qui commença à s'enfoncer peu à peu. Trop tard pour sauver ce navire, mais assez tôt pour le venger, plusieurs navires de combat arrivaient enfin sur le théâtre de l'action : le garde-côtes cuirassé *Terrible* écrasait bientôt ce torpilleur du feu de ses pièces de 10 c/m et de ses canons rapides, placés sur sa superstructure.

L'autre torpilleur avait tiré ses deux torpilles, mais avec des chances diverses : la première avait explosé sous la hanche d'un grand paquebot du Havre chargé de troupes ; du coup l'hélice et le gouvernail de ce navire avaient été brisés, mais la voie d'eau restait très localisée et le bâtiment flottait, légèrement déjaugé de l'avant. Une deuxième torpille, toutefois, allait assurer sa perte ; mais, au moment où elle sortait du tube, un violent coup de tangage du torpilleur faussait sans doute les gouvernails horizontaux, car l'engin plongea et ne reparut plus.

Il est probable que ce torpilleur allemand chercha, mais sans succès, à cause de la mer qui envahissait ses tubes, à disposer deux nouvelles torpilles pour le tir. Toujours est-il que, se décidant brusquement à cesser le combat et voyant toute retraite fermée, aussi bien au Sud, où s'avançaient la *Salve*, l'*Edmond-Fontaine* et nos torpilleurs, qu'à l'Ouest, où apparaissaient le *Duguay-Trouin* et ses annexes, le petit navire, aussi invulnérable que l'italien *Folgore*, se lança rapidement vers le N.-N.-E., courant se mettre sous la protection des eaux suédoises.

La tentative de l'amirauté allemande n'avait, en définitive, qu'un succès fort médiocre. Il n'était pas difficile de prévoir ce résultat, et il aurait fallu, pour en obtenir un meilleur, une véritable flottille de torpilleurs, 20, 25, 30 peut-être ; encore les torpilleurs *lance-torpilles* n'auraient-ils rien pu entreprendre contre les bâtiments de faible tonnage[1].

Il n'est pas si aisé qu'on l'imagine de rassembler sur un point donné *30 torpilleurs en état de rendre de bons services* et de marcher plus de 30 heures contre une mer assez creuse. Les guerres de l'avenir nous apprendront si cet idéal est réalisable : il suppose tout d'abord qu'une puissance comme l'Allemagne, ayant un littoral étendu à défendre, compte au moins 200 torpilleurs armés ; il suppose aussi qu'on ait enfin trouvé le type du torpilleur robuste, rapide, habitable, bon marin — *et pas trop cher*.

Quant aux croiseurs allemands, ils n'étaient pas assez

1. La torpille Whitehead ne peut être pratiquement employée contre des navires calant moins de 3 mètres. La torpille *portée au bout d'une hampe* est alors la seule efficace.

rapides ; quoique pourvus d'excellentes qualités nautiques et d'un armement très suffisant, ils ne pouvaient, au sortir du port, lutter contre des navires comme le *Dubourdieu* et le *Duguay-Trouin*.

Rien ne pouvait plus désormais entraver la marche de l'armée navale. Le paquebot du Havre reçut les remorques d'un croiseur de la flotte de combat ; le *cargo-boat* était perdu : il put cependant se jeter à la côte danoise avant de couler et l'amiral fit procéder, pendant la journée du 22 et la nuit qui suivit, au transbordement du matériel, surtout des munitions, sur un certain nombre de navires similaires, protégés par le *Duguay-Trouin* et deux avisos-torpilleurs.

L'armée navale donna, dans la soirée du 22 mai, dans le Cattégat et mouilla sous Skagen-Horn et devant Frederikshavn ; un bon nombre de pilotes danois y étaient réunis : sous leur conduite, les différentes divisions de l'armée franchirent, le 23 et le 24 mai, le Sund, le grand Belt, le Langelands-Belt et le petit Belt.

La répartition des navires avait dû subir quelques remaniements, à cause des tirants d'eau, pour le passage dans les détroits. Au reste le commandant en chef de l'armée expéditionnaire et l'amiral, en exécution des plans convenus, tenaient à montrer les transports et la flottille le long des côtes de la péninsule et dans tous les passages praticables pour inquiéter l'ennemi sur plusieurs points à la fois.

Quatre bataillons du 10ᵉ corps furent même mis à terre à Fredericia et prirent part, dans la journée du 24 mai, à une brillante sortie où fut bouleversée une batterie allemande composée des premières pièces de siège venues de l'arsenal de Rendsburg. Ces troupes se rembarquèrent à la nuit et entrèrent le 25 de grand matin dans l'Alsener

Sund pour se montrer devant Düppel. Enfin les navires de combat de la flotte expéditionnaire, ralliant devant Kiel l'escadre de blocus, exécutèrent le même jour devant Friedrichsort une reconnaissance qui permit de constater que les corvettes cuirassées *Oldenburg* et *Bayern* n'avaient pas quitté la baie et que le *Kronprinz* était rentré dans l'arsenal.

Le 25 mai, sauf quelques détachements, les divisions de l'armée navale étaient mouillées dans les baies de Kiöje, de Faxö (Seeland) et de Nystad (Laaland)[1]. Les bâtiments de combat étaient répartis à la surveillance de ces trois points, où le service au mouillage, en temps de guerre, était rigoureusement observé. Quelques bâtiments, qui avaient besoin de réparations légères, furent autorisés à se rendre à Copenhague et à Nyborg ; le réapprovisionnement en combustible et matières grasses, préparé par les soins du ministère danois, se fit par des vapeurs et des voiliers qui visitèrent successivement les trois baies.

Nos torpilleurs de toutes classes et nos avisos couvraient avec soin l'archipel danois contre toute reconnaissance indiscrète des bâtiment légers de l'ennemi ; le 27, deux torpilleurs, sortis de Warnemünde et qui avaient cherché, à la faveur de la nuit, à se glisser dans le fjörd ou plutôt le sund de Nykjöbing, furent vivement poursuivis par la *Salve* et un torpilleur de haute mer : coupés de leur refuge, Warnemünde, ils furent obligés de courir sur Wismar, où l'on ne put les poursuivre.

L'armée expéditionnaire, partie le 18 et le 19 des ports de France, commençait à souffrir, après une semaine écoulée, de l'entassement des hommes et des chevaux : déjà l'on signalait un assez grand nombre de cas de fièvre

1. Pour les bâtiments légers.

typhoïde, conséquence ordinaire de l'encombrement, et il avait fallu mettre à terre, dans des lazarets provisoires, une centaine de soldats gravement atteints. Les pertes en chevaux s'élevaient à une trentaine environ, mais elles avaient été réparées par les arrivages continuels d'animaux achetés sur tous les rivages de la Baltique. Cependant le commandant en chef hâtait le plus qu'il pouvait la réunion des trois divisions danoises dont le concours lui était promis et qui devaient s'embarquer, partie à Copenhague, partie à Nyborg et à Faaborg.

L'organisation de ces 3 divisions d'infanterie et d'une forte brigade de cavalerie (3 régiments) avait porté à 6 divisions actives l'effectif entretenu jusqu'alors par le Danemark, et cet armement, sans excéder les ressources du vaillant petit peuple, commençait à devenir pénible. Un conseil de guerre, tenu le 26 à Copenhague, entre le roi, le ministère, les commandants en chef des deux armées et des deux flottes, décida qu'on n'attendrait pas plus longtemps pour entreprendre l'exécution du plan de campagne. Une division danoise et la brigade de cavalerie étaient prêtes à Copenhague. Une deuxième division d'infanterie, concentrée à Nyborg, ne pourrait partir que le 30 à peu près ; celle de Faaborg, que le 31 mai ou le 1er juin ; on n'avait d'ailleurs de bâtiments de transport que pour l'une de ces deux dernières : il fut donc convenu que les transports qui portaient l'avant-garde de l'armée française seraient, aussitôt que le commandant en chef le jugerait possible, dirigés sur Faaborg pour prendre la 3e division danoise.

Cette division était celle que l'on destinait à la diversion prévue sur le littoral du Schleswig. Cette diversion dut se faire à Sonderburg-Düppel, déjà occupés, on s'en souvient, par une brigade danoise et quelques bâtiments de guerre.

Fredericia, dont la garnison paraissait insuffisante, allait recevoir quelques renforts d'infanterie d'Odense ; enfin la division danoise qui occupait Aarhus, désormais privée du secours de la brigade combinée française, qui avait rallié le gros de l'armée expéditionnaire, dut borner son rôle à retenir dans le Jutland, par des opérations incessantes, les troupes du IXe corps allemand.

Le départ de l'armée expéditionnaire fut fixé définitivement au 28 mai. La division, partie de Nystad le 28, vers 8 heures du matin, se présenta vers 4 heures du soir au point de rendez-vous, à 10 milles à l'est de l'île de Möen ; à 6 heures, la flotte était réunie, couvrant de ses navires l'entrée du golfe de Faxö, et offrant l'aspect le plus imposant. Le temps était parfaitement beau avec de faibles brises de N.-N.-E., qui ridaient à peine la surface de la mer.

Les états-majors généraux, réunis sur la superstructure du *Terrible*, ne virent pas sans un mouvement d'orgueil et de joie patriotique cette armée de près de 60,000 hommes de toutes armes [1], réunie enfin après tant de labeurs et de soucis, et prête à se jeter sur la côte allemande.

La route fut signalée, à 6 heures 15 minutes, au S.-E.-1/4-E. ; elle était donnée de manière à éviter que les guetteurs de la pointe d'Arcona pussent, malgré la nuit, reconnaître la marche d'une flotte nombreuse.

L'armée navale ayant un peu plus de 80 milles à faire

1. 49,000 hommes d'infanterie, dont 12,000 Danois ; 2,200 cavaliers (1,300 Danois) ; 5 compagnies du génie ; 2,000 artilleurs et 96 pièces (dont 18 danoises) ; 1,200 marins avec 3 batteries de 65 m/m ; le reste en conducteurs des parcs, des convois, des ambulances, en ouvriers des télégraphes et chemins de fer.

avant de se présenter devant Swinemünde, la vitesse fut réglée à 8 nœuds, les bâtiments à voiles prenant les remorques des bâtiments à vapeur désignés d'avance et s'aidant de leur voilure.

Il était inutile que le gros du convoi arrivât devant la Swine avant 4 heures ou 5 heures du matin, car il fallait, avant tout, éteindre le feu des batteries allemandes, et cette opération exigerait au moins deux heures d'un feu violent, exécuté par tous les cuirassés et par les principaux croiseurs.

A minuit, au moment où l'on changeait de route pour gouverner sur Swinemünde, le commandant en chef détacha, d'après le plan convenu et communiqué à tous les chefs de corps, une brigade du 10ᵉ corps avec 3 canonnières cuirassées, 2 avisos de station, 3 canonnières non cuirassées et 6 torpilleurs pour effectuer une descente au sud de la falaise de Peerde, vers la pointe de Thiessow (Rügen).

La division navale détachée avait pour mission d'entrer dans le « Greifswalder Bodden », ou golfe de Greifswald, et, en pénétrant dans les coupures intérieures de l'île de Rügen, de favoriser l'occupation de l'isthme boisé de Sellin, qui relie la petite presqu'île de Thiessow au noyau de l'île.

Cette mission était d'ailleurs difficile, non pas seulement à cause de la présence dans les eaux du Greifswalder Bodden d'une division de canonnières allemandes, mais parce qu'on ne saurait pénétrer dans ce golfe ou dans cette mer intérieure que par deux passes étroites, creusées à $5^{m},50$, balisées en temps de paix, mais impraticables en temps de guerre, à moins de sondages précis et minutieux.

Cependant, le commandant en chef ne désespérait pas de recueillir dans cette opération, confiée à l'un de ses meilleurs capitaines, les fruits de sa prévoyance. Il avait depuis longtemps fait rassembler les renseignements les plus exacts sur la situation de ces passes (assez variables du reste) au moment de la déclaration de guerre. Il avait fait rechercher les pêcheurs de *Bornholm* qui avaient la pratique de cette côte, et en avait trouvé quelques-uns qui se faisaient fort de conduire les navires français calant moins de 5 mètres dans le Greifswalder Bodden.

Au reste, les bancs qui ferment l'entrée de cette vaste baie laissent aisément passer des torpilleurs et des canots à vapeur; en plus d'un endroit même, nos avisos de flottille, calant moins de 3 mètres, pouvaient franchir ces passages dangereux sans trop de risques et sans se préoccuper des deux chenaux.

Le commandant en chef sachant que le chenal du Nord était le plus praticable et que d'ailleurs il se prêtait mieux par sa position même à l'opération qu'il avait en vue, donna l'ordre à un certain nombre de bâtiments légers de mouiller dans le second, celui qui longe les bancs de l'*île de Ruden,* des torpilles de blocus, engins qui permettent de barrer rapidement une passe dont on veut interdire l'accès à l'ennemi, mais dont on se résigne aussi à ne jamais faire usage[1].

Les instructions du chef de division portaient qu'après avoir pénétré dans le golfe, il devait avant tout s'assurer que rien n'entraverait le débarquement de la brigade du 10e corps; qu'il combattrait les canonnières allemandes

1. Ces torpilles explosent en effet *automatiquement* au contact de la carène de tout navire qui vient les choquer.

dès qu'elles se présenteraient, en s'efforçant de leur interdire le passage du chenal du Nord ; enfin que si le combat tournait à son avantage, il détacherait 2 torpilleurs et 2 grands canots à vapeur dans le canal de la Peene pour tâcher de détruire le pont du chemin de fer de Sandford avant l'arrivée des renforts ennemis dans l'île d'Usedom. Outre un pilote suédois que l'on avait pour cette hardie opération, il était recommandé au commandant de la division détachée d'enlever quelques pêcheurs de la côte et d'obtenir d'eux, coûte que coûte, des renseignements sur la difficile navigation de la Peene.

Ce n'était pas sans raison que le commandant en chef attachait tant d'importance à une opération qui faisait le pendant du raid de nos dragons du 16e corps sur Orte.

Le succès de cette entreprise pouvait en effet procurer de grands bénéfices en permettant à l'armée de combattre la seule garnison de Swinemünde et de l'île d'Usedom.

Quant à la brigade d'infanterie débarquée au nord de Thiessow, elle devait, en marchant sur Putbus, attirer sur elle l'attention de la forte garnison de Stralsund, menacée ainsi à la fois par terre et par mer. Il était recommandé toutefois au général commandant la brigade de ne pas s'engager à fond et de rester en communication avec la division navale.

Tout était calculé pour que la descente s'effectuât à la pointe du jour, vers 3 heures du matin, cette division détachée n'ayant depuis minuit que 23 milles à parcourir.

Nous verrons un peu plus loin quel fut le succès des mesures prises par le vice-amiral et par le chef de division à qui était confiée cette diversion.

Revenons à l'armée navale et à l'attaque de Swinemünde. A 3 heures du matin, au moment où l'aube commençait, nos éclaireurs, parvenus à 5 milles de Swinemünde, aperçurent un torpilleur de grand'garde qui croisait à 3 milles de terre environ. L'aviso-torpilleur *Dague* et le torpilleur de haute mer *Edmond-Fontaine* s'élancèrent aussitôt à la poursuite de l'ennemi, qui prit chasse en se dirigeant à toute vapeur vers l'embouchure de la Swine. Le commandant en chef, averti, estima que la poursuite serait probablement infructueuse et que, la garnison de la place étant avisée de la présence des navires français, il fallait brusquer l'attaque le plus possible.

A 4 heures 15 minutes du matin, les cuirassés *Terrible, Furieux, Tonnerre* et *Fulminant* ouvraient le feu de leurs pièces de 42 c/m, 34 c/m et 27 c/m sur la face nord des ouvrages de la rive gauche et sur la face ouest de ceux de la rive droite, que battaient à revers les pièces de 19 c/m et de 24 c/m du *Montcalm* et de la *Victorieuse*. Les distances de tir, variables en raison de la mobilité de nos navires, que l'amiral ne voulait pas exposer, sans vitesse, aux coups des canons de 24 c/m de l'ennemi[1], flottaient entre 1,400 et 1,800 mètres. Nos projectiles de gros calibre manquaient rarement de tomber soit sur les parapets, soit sur les terre-pleins. On remarquait cependant que les obus qui éclataient dans les terres de revêtement n'en déformaient pas sensiblement le relief et que, malgré la justesse et la puissance de nos pièces, le résultat se faisait attendre. Toutefois il devenait peu à peu manifeste que le feu des ouvrages se ralentissait ; il était difficile de savoir s'il y avait des pièces démontées : on penchait plutôt à croire que les obus projetaient sur les pièces en barbette, de telles masses de terre et de sable que le service en devenait fort

1. 24 c/m de côte, canons longs.

SWINEMÜNDE

Golfe de Poméranie

Ile Wollin

Swinemünde

Usedom

Lassan

I. Kricks

Canal de Kaseburg

Zinnowitz

Volgast

Zecherin

Neeberg

Ziemitz

Koserow

Ückeritz

Warthe

Liepe

Sukow

Mellenthin

Bentz

Görke

Zirchow

Stolpe

Garz

Kaminke

Werder

Kaseburg

Ost Swiene

Ahlbeck

Heringsdorf

Echelle de 1 : 320,000

Extrait de la Géographie du Cl. Marga.

Nancy. Imp. & Lith. Berger-Levrault & Cie

difficile. On put vérifier plus tard le bien-fondé de cette hypothèse.

Les croiseurs et avisos de la flotte de combat reçurent, à 5 heures, l'ordre de s'embosser à 2,500 mètres dans l'est et dans l'ouest des deux grandes jetées et d'exécuter un tir précipité avec leurs canons de 10c/m et de 14c/m sur les terre-pleins des ouvrages. Le calme de la mer permettait de régler facilement le tir à cette distance ; au reste l'amiral, attentif aux péripéties du combat, se réservait de signaler à ces navires, dépourvus de cuirasses, d'appareiller si le feu de l'ennemi se dirigeait sur eux.

A 5 heures 30 minutes, un magasin à poudre d'un des forts de la rive droite faisait explosion ; il est bon de noter que la face Est de cet ouvrage, éclairée par le soleil levant, semblait offrir une cible particulièrement facile aux canons de 24c/m de la *Victorieuse*.

Au même moment, les deux canonnières cuirassées allemandes *Viper* et *Scorpion*, suivies de 6 torpilleurs, se jetaient résolument sur nos bâtiments de combat. Cette attaque était prévue, et l'amiral, sacrifiant une partie de la mobilité de ses navires à l'avantage de les protéger contre les torpilles, avait donné l'ordre de mouiller les filets Bullivant, ce qui nous obligeait à ne conserver que 5 ou 6 nœuds de vitesse. L'inconvénient n'était pas bien grave devant les canonnières allemandes, qui ne dépassaient guère la vitesse de 8 milles à l'heure ; le combat, d'ailleurs, ne fut pas long : le *Terrible* et le *Scorpion*, ayant tiré presque en même temps leurs canons de chasse l'un contre l'autre, on vit bientôt la canonnière allemande, percée à la joue de bâbord par un énorme projectile de 42c/m (750 kilogr.), s'enfoncer par l'avant et se diriger en toute hâte vers la plage pour s'y échouer.

Le projectile de 30 c/m,5 (329 kilogr.), tiré à 250 mètres sur la muraille du *Terrible*, avait atteint les plaques de 37 c/m de l'avant avec une obliquité de 50° environ et y restait enfoncé.

La seconde canonnière *Viper*, après avoir doublé la jetée de l'Est, s'était décidée à attaquer le *Montcalm* et la *Victorieuse*; c'était là une résolution désespérée, car elle se fermait toute retraite, mais aussi elle avait quelque chance de succès contre ces deux navires, les plus faibles, comme armement et comme cuirasse, de l'escadre de combat.

Le premier coup du *Viper* atteignit et perça la ceinture cuirassée du *Montcalm*. Le projectile éclatant dans le faux pont de ce navire, y fit des dégâts considérables et désorganisa complètement les « passages » de poudre et de projectiles; le cuirassé français, dont la ligne de flottaison n'était pas intéressée par ce coup, bien dirigé cependant, continua à s'avancer, *en prenant du tour,* vers le flanc de bâbord de l'allemand.

Au moment où le *Viper* lançait son deuxième projectile sur la *Victorieuse,* l'éperon du *Montcalm* s'enfonçait dans son flanc et la coulait sur place.

Les torpilleurs allemands voyant leurs torpilles impuissantes contre les carènes, protégées par les filets, des navires français de 1re ligne, se lancèrent résolument sur les croiseurs embossés.

Déjà le vice-amiral, prévoyant cette attaque, avait signalé à ses croiseurs d'appareiller; malheureusement l'un d'eux, le *Nielly,* ne put filer sa chaîne assez vite : deux torpilles l'atteignirent au moment où il commençait à évoluer et déterminèrent deux voies d'eau considérables. Le commandant de ce croiseur se vit bientôt obligé d'aller s'échouer à la côte; la conjoncture était particulièrement délicate, en présence de l'ennemi. Le vice-amiral signala aussitôt au *Nielly* de s'échouer le plus possible au N.-O. vers Ahlbeck ou Heringsdorf, et de se béquiller. Cette manœuvre fut exécutée par l'équipage du croiseur avec une rapidité qui dénotait une instruction approfondie et une grande pratique des choses de la mer.

Le *Nielly* fut d'ailleurs la seule victime des torpilleurs allemands, bientôt écrasés sous le feu des croiseurs, libres de leur manœuvre et qui évoluaient habilement pour éviter de présenter le travers ou l'arrière.

Le temps pressait cependant et il était évident que cette sortie désespérée des navires allemands n'avait d'autre but que de retarder la descente et de permettre l'arrivée des renforts demandés depuis deux heures déjà.

Les yeux exercés du général en chef et de son état-major reconnaissaient sur les dunes de la plage qui s'étend au nord-ouest de Swinemünde et surtout dans les taillis de sapins qui les recouvrent jusqu'à Ahlbeck, des mouvements de troupes que l'ennemi s'efforçait de dissimuler.

Bien que les ouvrages ne fussent pas complètement réduits au silence, l'ordre fut donné à l'avant-garde de commencer la descente à Ahlbeck sous la protection des croiseurs, des avisos et des embarcations armées en guerre.

En même temps des signaux particuliers envoyaient quelques avisos longer la côte jusque vers les villages de Köserow et de Zempin, où passe, à toucher le littoral, la route de Wolgast à Swinemünde ; la *Victorieuse* et le *Montcalm* étaient spécialement chargés de surveiller la route de Dievenow à Wollin qui, elle aussi, longe la mer au fond du golfe. Bientôt un bataillon d'infanterie de marine et les compagnies de débarquement de ces deux cuirassés occupaient cette voie, coupant ainsi la retraite des troupes allemandes sur la rive droite de la Swine.

Devant Ahlbeck le débarquement fut assez facile : deux bataillons allemands occupaient le village et la lisière des dunes boisées ; une batterie de campagne commençait à établir ses pièces à droite du village, derrière un pli de terrain favorable.

L'artillerie de nos navires, tirant jusqu'au dernier moment par dessus la flottille des embarcations et des chalans remorqués, ne tarda pas à bouleverser le terrain où les canons allemands se mettaient en batterie ; bientôt les maisons d'Ahlbeck furent en flammes. A 6 heures 15 minutes, la division d'infanterie de marine presque tout entière était débarquée à droite et à gauche d'Ahlbeck, emportait ce village et commençait à gagner du terrain dans les bois qui s'étendent jusque vers Swinemünde.

A 7 heures 30 minutes, l'attaque de la ville commençait : les feux des forts étaient définitivement éteints ; le 10e corps entamait à Ahlbeck et plus près, vers l'emplacement des cabines de bains de Swinemünde, le débarquement de son infanterie. La résistance fut vive cependant, et les cinq bataillons qui défendaient la ville ne se résignèrent à l'évacuer que lorsqu'ils virent une colonne d'infanterie de marine menacer leur retraite au Sud, vers Kaminke.

A 10 heures, la lutte était terminée : les ouvrages des deux rives de la Swine étaient tombés en notre pouvoir ; la brigade allemande se retirait par la route et la voie ferrée d'Usedom, suivie de près par la colonne d'infanterie de marine qui avait déterminé la retraite par sa manœuvre enveloppante. Nous n'avions pas encore de cavalerie ni d'artillerie attelée, ce qui ne permettait pas de rendre la poursuite désastreuse pour l'ennemi.

Le succès eût été complet si, avant l'entrée de nos troupes dans Swinemünde, le commandant de la marine allemande n'avait pris la résolution de couler entre les deux jetées un aviso, le *Greif*, qui obstruait complètement le chenal.

Le vice-amiral, qui craignait précisément cette éventualité, avait donné l'ordre aux torpilleurs et aux grands canots à vapeur de pénétrer le plus tôt possible dans le port, remorquant un certain nombre d'embarcations armées *pour l'abordage*. Ces embarcations avaient pour mission de s'emparer des navires allemands et de les faire sortir du port aussitôt. La rapide et très rationnelle décision du commandant allemand empêcha seule l'exécution de ces mesures.

Nous verrons dans le chapitre suivant qu'il en résulta, pour l'ensemble des opérations, un retard qui aurait pu devenir préjudiciable à nos armes.

CHAPITRE X.

LA SWINE ET L'ODER.

Concentration des forces allemandes. — Passage de la Swine, obstruée par la carcasse du *Greif*. — Opérations dans l'île de Rügen et dans le Greifswalder Bodden. — Navigation de la flottille dans le haff de Stettin; combat dans le Papenwasser contre la flottille allemande. — Une partie de l'armée débarque à Ziegenort. — Marche sur Stettin par le fleuve et par la route de Ziegenort-Pölitz. — Combat de Pölitz.

Au moment où le ministre de la guerre à Berlin reçut les premières dépêches de Swinemünde, le 29 mai, entre 4 heures et 5 heures du matin, la situation générale des forces allemandes était la suivante :

Des 19 corps[1] de l'*armée active* 14, formant 4 armées, avaient envahi la France ; 2, le IXe et le IIe, étaient engagés contre les Danois ; 3, les Ier, V[e] et VIe, formaient l'armée d'observation contre la Russie. On disposait en outre de *70 bataillons de campagne* (ou 4es bataillons) formant, au besoin, mais à condition de trouver des officiers en nombre suffisant, 23 régiments de marche, destinés soit à renforcer l'armée d'invasion par versements successifs aux corps les plus éprouvés, soit à former de nouveaux corps d'armée, les 20e, 21e et 22e corps.

De son côté, l'armée de seconde ligne, ou *landwehr*,

1. 15 corps allemands, 2 bavarois, 1 de la garde, 1 formé de la *division hessoise* et des régiments disponibles, 8 environ, non encadrés dans les 15 premiers corps.

fournissait 237 bataillons de campagne (dont 15 de chasseurs) qui s'organisaient en *divisions de réserve,* chaque région du corps de l'armée active fournissant à peu près une division de landwehr, division complète avec un régiment de cavalerie et 4 batteries. Au bout de quelque temps on comptait pouvoir ajouter à ces 18 ou 19 divisions de réserve fournies par la landwehr, 80 bataillons qui s'organisaient lentement au dépôt de chaque circonscription et qui devaient servir de *troupes d'étapes* ou de garnison.

Enfin, les nouvelles classes appelées, ou les hommes qui, appartenant à l'armée active, n'avaient pas encore été incorporés, s'encadraient dans les *166 bataillons de dépôt* ou de *remplacement,* destinés tout spécialement à alimenter de troupes fraîches les régiments correspondants de l'armée active.

Les difficultés de la lutte et la supériorité numérique des Français, qui disposaient d'un plus grand nombre d'hommes en première ligne, bien que le nombre des corps d'armée fût le même, avaient contraint le grand état-major à appeler au secours des 4 armées allemandes de l'Ouest, 2 des corps de nouvelle formation, le 20e et le 21e ; déjà un grand nombre de *bataillons de remplacement* avaient dû être versés à leurs régiments pour combler les vides causés par le feu.

Enfin 7 *divisions de réserve,* fournies par les régions des IVe, VIIe, VIIIe, XIIIe, XIVe corps, Ier et IIe bavarois, étaient venues, sur les derrières des armées de première ligne, former les corps d'observation des places françaises que dépassait le flot de l'invasion.

Nous avons vu que 2 *divisions de réserve* des IXe et Xe régions de corps d'armée étaient employées au siège de Fredericia.

Deux divisions de réserve, fournies par la landwehr de la garde, constituées en corps d'armée (n° 23), formaient à l'armée d'observation de l'Est une réserve dont la nécessité s'imposait de plus en plus devant les armements de la Russie.

Le ministre de la guerre disposait donc encore de *20 bataillons de campagne* (armée active) et d'environ 110 bataillons de landwehr qu'on organisait peu à peu (mais déjà très péniblement, à cause de la pénurie de cadres supérieurs) en *divisions de réserve.*

Il y avait là, cependant, les éléments d'une armée de 100,000 hommes, mais dont l'organisation ne serait complète que dans quinze jours ou trois semaines ; la proportion de cavalerie et d'artillerie serait faible assurément, mais on savait que l'armée débarquée ne pouvait mettre en ligne beaucoup de cavaliers et de canons.

En attendant, et pour parer aux nécessités les plus urgentes, 12 bataillons de landwehr du IIe corps (qui peut en fournir 17) reçurent l'ordre de se concentrer à Stettin, qu'on voyait directement menacé par l'ennemi.

Cependant, comme la descente d'une partie de l'armée française à l'est de Rügen laissait encore des doutes sur le véritable point d'attaque, 4 bataillons de landwehr du même corps et 4 bataillons de campagne furent acheminés sur Stralsund ; l'ordre fut donné au général commandant cette place d'occuper aussitôt fortement Bergen et Putbus et de tâter l'ennemi.

Trois bataillons de landwehr du Ier corps durent renforcer la garnison de Colberg ; 9 autres, avec 3 escadrons de réserve et 3 batteries attelées, furent portés de Kœnigsberg et Danzig sur *Damm* par la ligne Dirschau, Konitz et Neu-Stettin.

Une des divisions de landwehr de la garde, placée à Francfort-sur-Oder, fut mise en chemin de fer à la destination de Stettin.

Enfin le IIe corps tout entier dut rétrograder de Fredericia sur Neumünster et Lübeck.

Ces mesures allaient procurer, dans un délai de 48 heures environ, une masse de 20 bataillons de landwehr (IIe corps et garde) à Stettin ; deux jours après, on en aurait une trentaine ; puis arriveraient : le IIe corps, si aucun événement défavorable ne survenait dans le Schleswig ; la deuxième division de landwehr de la garde, si tout restait dans le *statu quo* en Pologne ; enfin les corps organisés en avant de Berlin, derrière le canal de Finow, avec les bataillons de campagne restants et les divisions de landwehr des IIIe, XIIe, V^{e} et VIe corps.

On voit par cet aperçu quelle était l'importance d'une marche rapide sur Stettin pour l'armée expéditionnaire : chaque jour, en amenant des renforts aux troupes allemandes, ajoutait aux difficultés de l'entreprise.

Or, dès le début, la flotte de transport, malgré le brillant fait d'armes de Swinemünde, se trouvait arrêtée devant la Swine par la carcasse du *Greif,* coulé en travers du chenal et qui obstruait entièrement l'intervalle entre les jetées du port.

On s'était mis à l'œuvre résolument pour débarasser la passe ; l'idée qui avait paru prévaloir d'abord était de renflouer le *Greif,* ce qui, en effet, ne paraissait offrir que peu de difficultés ; mais il fallait pour cela du temps et l'on était pressé. Le vice-amiral décida que l'on désagrégerait à coups de torpilles, ou plutôt de charges libres de fulmicoton, la partie milieu de ce navire, laissant au courant du fleuve le soin d'en disperser les débris, puis que le

Montcalm, qui avait une hélice à deux branches pouvant se placer exactement, la machine stoppée, dans le plan de l'étambot, se lancerait en guise de bélier sur l'obstruction et fraierait ainsi le passage aux petits navires.

Au reste, déjà les torpilleurs, les canots à vapeur et tous les navires qui ne calaient pas plus de deux mètres pouvaient passer par-dessus l'épave ; le vice-amiral donna l'ordre de constituer une escadrille d'avant-garde avec 6 torpilleurs, 6 chaloupes à vapeur armées d'un canon-revolver de 47 m/m, les avisos de 2e classe, *Vigilant, Alcyon, Pingouin* et *Jouffroy*, les chaloupes-canonnières *Garnier, Chamois, Cuvellier, Rollandes* et *Raynaud*. Cette avant-garde eut pour mission de s'avancer dans la Swine, d'en explorer les fonds, d'occuper le canal, nouvellement creusé, de Käseburg, et de reconnaître le chenal du haff de Stettin.

L'officier qui commandait cette flottille, un capitaine de frégate de l'état-major général, devait, autant que possible dans la journée, reconnaître, sur la rive gauche de l'embouchure de l'Oder, une plage propre à recevoir une partie du 10e corps, qui allait marcher sur Stettin par terre, en longeant le fleuve.

Des pilotes suédois et danois étaient attachés à cette escadrille qui, une fois arrivée dans le haff, recueillerait sans doute le détachement de torpilleurs et de canots à vapeur de la Peene.

Il est temps, en effet, de rendre compte des opérations de la division détachée dans le Greifswalder Bodden pour seconder la brigade du 10e corps débarquée au sud de Nord-Peerde.

La descente de ces troupes s'était effectuée, dans la tranquillité la plus complète, aux premières lueurs du jour ; mais, avant qu'on eût pu occuper l'isthme de Sellin, on avait acquis la certitude que les sémaphores de la côte, et notamment celui de la falaise nord de Peerde, avaient annoncé à Stralsund la descente des troupes françaises. On avait même vu une patrouille de cavaliers allemands s'enfuir le long de la plage intérieure de la presqu'île, dans la direction de Putbus.

A 6 heures du matin, la brigade française, laissant à Sellin un bataillon chargé d'occuper fortement le village et l'isthme, s'étendait sur les dunes boisées que traverse la route de Putbus, occupant sur le bord du golfe le village de Gobbin, pour rester en relations avec la division navale. 4 pièces de 65 m/m, empruntées à la marine, défendaient les abords, bien retranchés, de la route.

Pendant ce temps un combat très vif était engagé dans le golfe même, entre les canonnières allemandes et l'escadrille française. Nous avons vu déjà que la station de Stralsund comprenait 6 canonnières cuirassées, 2 avisos et 12 torpilleurs. Une partie de ces forces était établie dans l'ouest de Rügen, pour la défense des chenaux de Gellen et de Mühlen-Tief qui conduisent à Stralsund.

L'engagement du 27 entre les torpilleurs de Warnemünde et nos bâtiments légers de Nystad avait eu cet heureux résultat d'attirer l'attention des autorités maritimes de Stralsund sur les passes de l'Ouest et du Nord, où pouvaient se présenter les navires français. Il n'y avait, le matin du 29 mai, au mouillage de Vilm, que les quatre canonnières cuirassées : *Camäleon, Mücke, Natter* et *Krokodill*, l'aviso *Falke* et 5 torpilleurs, dont l'un, qui était de grand'garde en dedans du chenal de Land-Tief, courut prévenir, dès 3 heures 30 minutes, la division allemande de l'arrivée d'une escadre française.

Celle-ci ne pouvait évidemment s'engager dans la passe

sans quelques recherches, sans quelques tâtonnements; les torpilleurs, à la vérité, s'étaient hâtés de franchir les bancs, non sans s'échouer quelquefois, sans faire « raguer » sur ces fonds mouvants la crosse AR de leur quille. Mais les 3 canonnières cuirassées et les avisos se jugeaient tenus à plus de circonspection. Cependant, le jour se faisant peu à peu, permettait de reconnaître au loin, sur la côte de Poméranie, certains « amers », certains points remarquables, qui indiquaient déjà le gisement de la passe; les pêcheurs de Rönne (Bornholm) précisaient, aidés de quelques sondages, l'entrée du chenal. Le chef de division, se faisant précéder de deux canots à vapeur, qui sondaient tous les 100 mètres environ et mouillaient de petites bouées, s'engagea enfin, vers 5 heures du matin, avec la canonnière cuirassée *Achéron* (calant $3^{m},70$ environ), dans une passe qui parut répondre exactement aux indications de la carte et des pilotes.

Mais, déjà, à l'O.-N.-O., plusieurs panaches de fumée annonçaient l'arrivée de l'ennemi.

La situation était délicate: si l'escadrille allemande arrivait avant que la division française, obligée de défiler lentement dans le chenal, fût libre de ses mouvements, nous pouvions éprouver un grave échec.

A 5 heures 30 minutes, les canonnières *Achéron* et *Cocyte* avaient franchi le Land-Tief; le chef de division, réunissant autour de lui ses torpilleurs, mais laissant les canots à vapeur à l'entrée de la passe, s'avança résolument contre les canonnières allemandes, pour protéger ceux de ses navires encore hors d'état de manœuvrer.

La supériorité numérique de l'ennemi était contre-balancée, dans une certaine mesure, par la valeur de l'*Achéron* et du *Cocyte*, bâtiments plus forts d'échantillon, manœuvrant bien, marchant bien, et mieux protégés, sinon mieux armés que les canonnières qui leur étaient opposées.

Ce qu'il fallait craindre surtout, c'était que les torpilleurs allemands n'allassent, par-dessus les bancs, torpiller nos avisos et notre troisième canonnière, la *Fusée,* qui leur auraient forcément présenté le travers ; mais ces petits navires, plus forts (85 tonneaux) et plus creux que les nôtres, ne jugèrent pas à propos de risquer des échouages fort dangereux en présence de l'ennemi : ils auraient dû, d'ailleurs, modifier le réglage d'immersion de leurs torpilles, fixé d'ordinaire entre 3 et 4 mètres. C'était là encore une occasion où l'avantage des *torpilles portées* se révélait.

Quoi qu'il en soit, les torpilleurs allemands lancèrent, avec des succès variés, leurs engins contre les murailles, parfaitement cloisonnées et munies de *cofferdam,* des deux canonnières françaises : une torpille éclata, sans résultat bien sensible, à l'avant de l'*Achéron ;* une autre, plus efficace, détermina dans la coque du *Cocyte* une déchirure qui, intéressant plusieurs compartiments, fit donner une bande de 5° à ce navire. Mais déjà le canon de 27 c/m de la canonnière française, pointé avec un angle négatif de 4°, avait, presque à bout portant, percé la flottaison du *Natter,* tandis que le projectile de 30 c/m,5 de cette canonnière, tiré sur les formes fuyantes de l'avant de l'*Achéron,* y traçait sur la ceinture cuirassée un large sillon et explosait le long du bord. Le *Natter,* hors de combat, se dirigeait aussitôt vers le *sund de Strela,* mais, atteint par une torpille française, il s'échouait, ou plutôt sombrait, à peu près par son tirant d'eau, sur les bancs de Koos.

Dans cette première passe d'armes, tandis que le boulet de 27 c/m de l'*Achéron* effleurait, en l'ébranlant, la *plaque-*

bouclier du canon de 30c/m,5 du *Camäleon,* le canon de 10c/m de notre canonnière, attendant pour tirer que l'allemand fût bien par le travers, avait envoyé à l'armement de la grosse pièce[1], occupé à recharger, un coup de mitraille décisif; le capitaine de cette canonnière ne put arriver à constituer un nouvel armement en temps utile. Cependant le *Krokodill* et le *Mücke,* réservant leurs feux, se dirigeaient vers la *Fusée,* encore dans la passe de Land-Tief; le chef de la division française, laissant là le *Camäleon,* vira de bord aussitôt et s'élança derrière les deux canonnières allemandes, qu'il gagnait rapidement.

Il ne put cependant arriver assez tôt pour éviter à la *Fusée* un coup funeste du canon de 30c/m,5 du *Mücke:* l'obus de 292 kilogr. atteignit le masque blindé (10c/m) du canon de 24c/m qui venait d'envoyer son premier coup au *Krokodill,* le mit en pièces, renversa le canon et tua ou blessa tous les servants.

Cet avantage avait-il fait perdre au capitaine du *Mücke* l'exacte appréciation de la distance qui le séparait des bancs, ou bien l'*Achéron,* qui lui coupait la route vers l'Ouest, l'obligea-t-il à les longer de trop près pour courir au Sud, toujours est-il que cette canonnière s'échoua un moment, par 2 mètres de fond, présentant sa hanche de tribord au chef de la division française. Un obus de 27c/m ne tarda pas à l'atteindre et brisa l'hélice et le gouvernail, au moment où le *Mücke,* faisant machine en arrière, commençait à se dégager. L'allemand amena son pavillon.

Le *Krokodill* restait seul sans avaries, ayant envoyé au *Cocyte,* qui le serrait de près, un projectile de rupture de

---

1. Seules les opérations du pointage en direction s'effectuent à l'abri des projectiles légers, sous la tourelle.

329 kilogr. qui avait percé de part en part les œuvres mortes à l'Æ, mais sans atteindre aucun des organes essentiels de la canonnière française. L'allemand jugea bientôt inutile de continuer le combat et se retira sur Stralsund. Cette fuite, dans les conditions d'infériorité de vitesse du *Krokodill*, pouvait être aussi dangereuse que la continuation de la lutte, ces bâtiments n'étant pas armés pour le combat en retraite. Mais les torpilleurs allemands se réunirent autour du *Krokodill* et se dévouèrent pour arrêter la poursuite de l'*Achéron* et des avisos français, qui accouraient enfin. L'un de ces torpilleurs fut coulé par les canons-revolvers et les canons de 10%; les autres purent atteindre, sans de trop graves avaries, le sund de Strela et y convoyer le *Krokodill* et le *Camäleon*.

Le chef de la division française avait hâte, d'ailleurs, de s'acquitter de la deuxième partie de sa tâche, en protégeant le flanc gauche de la brigade du 10e corps, débarquée dans la presqu'île de Thiessow.

Le combat naval s'était terminé vers 6 heures 30 minutes; vers 7 heures, l'escadrille française s'enfonçait dans le golfe de Vilm et se mettait en rapport avec les troupes qui occupaient les dunes boisées de Gobbin. Toutefois, le chef de la division, en exécution des ordres du vice-amiral, avait détaché, à 7 heures, 2 torpilleurs et 2 grands canots à vapeur dans le chenal de la Peene avec la mission de pousser le plus rapidement possible sur Sandford-Carnin et d'y détruire, ou au moins d'y dégrader le pont du chemin de fer de Stettin à Swinemünde. Nous verrons tout à l'heure les péripéties et les résultats de ce raid.

A 7 heures 30 minutes, les avant-postes de la brigade du 10e corps signalaient des patrouilles allemandes sur le chemin de Zirkow et la route de Putbus ; quelques minutes après, la fusillade commençait, et l'on voyait, au delà de la route qui traverse la presqu'île, s'établir des pièces de campagne. A 8 heures, nous étions attaqués par quatre bataillons, expédiés en toute hâte de Stralsund à Bergen par la voie ferrée, et de Bergen à Zirkow-Vilmnitz par les routes ordinaires. Cette attaque, bien que secondée par une batterie de campagne, échoua complétement devant les retranchements improvisés à la lisière des bois de Lanken. Quelques gros projectiles de nos avisos, lancés sur le flanc droit de la colonne allemande de Vilmnitz, n'avaient pas peu contribué à ce résultat. A 9 heures, l'ennemi était en pleine retraite, 3 bataillons et l'artillerie sur Putbus, 1 bataillon sur Zirkow.

A 10 heures, sur l'invitation du général commandant la brigade du 10e corps, le chef de la division navale envoyait un torpilleur porter au général en chef et au vice-amiral la nouvelle des deux engagements de la matinée et demander des instructions.

Le chef de division avisait particulièrement le vice-amiral que, d'après les nouvelles tirées de l'équipage du *Mücke,* il fallait s'attendre d'un moment à l'autre à une nouvelle attaque de la flottille allemande, 3 canonnières cuirassées, 2 avisos et 8 torpilleurs au moins restant disponibles.

La *Fusée* était hors de service, le *Cocyte* manœuvrait difficilement ; seule, la canonnière de 1re classe l'*Achéron,* les avisos et les canonnières en bois étaient en état de faire face à une agression des navires allemands.

Pendant que ces événements se passaient au nord du Greifswalder Bodden, nos quatre hardies embarcations s'engageaient dans le chenal de la Peene sur les indications de quelques pêcheurs qu'on avait réussi à capturer et qui consentaient (sous la pression de menaces qu'on n'aurait d'ailleurs jamais mises à exécution) à piloter nos 2 torpilleurs et nos 2 canots à vapeur. 50 fantassins et une escouade de soldats du génie, avec les pétards nécessaires, avaient pris passage sur ces quatre petits navires. A prix d'or, on avait pu décider un seul pilote de Rönne à suivre cette aventureuse expédition ; ses souvenirs contrôlaient fort heureusement les allégations des pêcheurs allemands.

On rencontra d'abord l'ancienne redoute de Peenemünde d'où quelques vieilles pièces envoyèrent à l'aventure sur le groupe français des boulets inutiles ; il fallait ensuite passer devant Wolgast où déjà des troupes d'infanterie se disposaient à passer en bac sur l'île d'Usedom.

Nos embarcations essuyèrent là une fusillade nourrie qui fit quelques victimes ; mais, heureusement, il n'y avait pas d'artillerie à Wolgast : nos hotchkiss purent envoyer quelques coups heureux sur les bacs.

Au delà de Wolgast la navigation devenait plus facile, les *balais* qui balisent le chenal n'ayant pas été enlevés. Malgré quelques *enlisages* dans des boues presque liquides, on pouvait marcher à une vitesse de 12 nœuds environ, et ce fut vers 9 heures qu'après le tournant du bac de Pinnow, nos embarcations aperçurent le pont de Sandford. Un train le franchissait justement et s'enfonçait dans l'île, vers Usedom ; il n'était que temps d'agir : les quatre petits vapeurs arrivèrent bientôt sous les piles et les ouvriers du génie commencèrent leur travail malgré quelques coups de fusil tirés par des riverains. A 9 heures 45 minutes, les mines étaient chargées et l'on disposait les bourrages, lorsque de loin on aperçut le panache de fumée d'un train qui venait de Ducherow ; heureusement l'officier qui commandait le détachement d'infanterie avait fait dégrader la voie à 200 mètres du pont et disposer sur le remblai, avec quelques bois, quelques pelletées de terre, une sorte de retranchement rapide. A 10 heures, on voyait le train s'arrêter, un flot d'ennemis en descendre et la fusillade commencer contre notre petite troupe ; cet engagement ne pouvait durer que quelques minutes... Déjà les Allemands s'apprêtaient à enlever de haute lutte cette poignée d'hommes tiraillant derrière quelques planches, lorsque le sous-officier du génie vint prévenir que tout était prêt : on passa rapidement sur la rive droite et, sous les pieds des premiers fantassins allemands, le tablier vola en l'air. Le commandant de la flottille n'estimait pas que l'opération eût atteint son but si l'on n'enlevait les barques du petit port de Carnin-Sandford ; il voulut, sous le feu de l'ennemi, saborder ces embarcations : cela prit du temps ; une section de deux pièces de campagne qu'amenait le train fut mise en batterie sur la rive gauche et un de nos torpilleurs coulé sur place.

Il fallait se retirer au plus vite ; reprendre nos fantassins était difficile : ils étaient établis dans les maisons de la rive droite et ripostaient de leur mieux à l'ennemi : d'ailleurs leur présence empêchait les Allemands de tenter la réparation du tablier. Le capitaine du torpilleur restant se décida à continuer sa route et à gagner le *Klein-Haff* ou petite rade.

Nos 50 soldats tinrent en échec les troupes allemandes jusqu'au moment où la brigade qui se retirait de Swinemünde apparut sur leurs derrières : ils furent faits prisonniers et le pont, rétabli à grand'peine[1], permit à ces

1. Pour les piétons seulement.

troupes de regagner la rive gauche. Mais enfin cette opération, comme celle d'Orte, avait eu le succès qu'on en attendait et qu'auront presque toujours ces entreprises audacieuses.

A midi, la canonnière cuirassée de 2e classe *Mitraille* s'engageait dans le Land-Tief, balisé par quelques bouées et dont les deux issues étaient marquées par des embarcations mouillées sur grappins. Le vice-amiral, averti par ses torpilleurs de flanc de la canonnade qu'on entendait dans le Greifswalder Bodden, n'avait pas attendu pour renforcer son escadrille la demande de secours du chef de division. Quand la *Mitraille* eut rejoint cet officier supérieur, la *Fusée* fut envoyée à la disposition du commandant en chef; cette canonnière fut plus tard réparée à Swinemünde et munie, à Copenhague, d'un nouvel affût de 24 c/m, venu de France.

A 3 heures, le torpilleur expédié pour prendre les ordres des autorités militaires et navales à l'égard de la brigade du 10e corps, rapporta les instructions suivantes :

Au chef de la division navale : bloquer avec ses 3 canonnières cuirassées, 2 avisos et 4 torpilleurs l'entrée du sund de Strela; se montrer souvent devant Greifswald et tâcher de dégrader la voie ferrée de Stralsund à Stettin.

Pour la fin de la journée, protéger le rembarquement de la brigade du 10e corps et laisser en permanence un des avisos mouillés le plus près possible de l'isthme de Sellin pour flanquer le retranchement qui allait le barrer.

Au commandant de la brigade détachée : résister à toute attaque sur la position de *Neu-Reddewitz-Lanken,* mais se retirer à la fin du jour sur Sellin; choisir dans l'isthme une bonne position défensive, y établir un retranchement solide, avec emplacements pour 4 pièces de 65 m/m, et blockhaus ; y laisser un bataillon et s'embarquer dans la journée du 30 pour rejoindre l'armée à Swinemünde.

Ces ordres furent ponctuellement exécutés : d'ailleurs les Allemands, solidement établis à Putbus et à Bergen, n'essayèrent pas d'entamer la position de la brigade française. Le 30, vers 5 heures du soir, la brigade du 10e corps s'embarquait à Löbbe, laissant un de ses bataillons à la garde de l'isthme avec vivres et munitions.

La division navale, rendant à la flotte ses canonnières en bois et l'un de ses avisos, s'établissait à l'entrée du Strela-Sund, surveillant du plus près possible les canonnières cuirassées allemandes qui ne paraissaient point, du reste, disposées à disputer aux Français la possession du golfe de Greifswald.

Revenons maintenant à Swinemünde. Ce ne fut que vers 1 heure de l'après-midi que l'on put considérer le chenal de la Swine comme à peu près libre pour les navires calant moins de 5 mètres ; encore une circonstance heureuse avait-elle permis d'avancer singulièrement la destruction du *Greif ;* cet aviso avait été coulé presque au-dessus d'une ligne de torpilles de fond qui n'avaient pu servir, l'attaque par terre ayant précédé l'entrée de nos navires dans le port. Les postes d'inflammation avaient bien été détruits par les Allemands au moment de leur retraite, mais un hasard fit découvrir le *bloc d'atterrage* des fils conducteurs et l'on put faire exploser les torpilles qui touchaient la carcasse du *Greif.*

Les pétards, coulés en divers endroits de la coque, achevèrent l'œuvre de désagrégation, et enfin le *Montcalm* se jetant avec toute sa masse et une vitesse de 8 nœuds sur les tôles déchirées du malheureux aviso, réussit à creuser comme un canal dans la partie avant de la coque qui s'appuyait au quai d'Osternoth. Toutefois, il fallait travailler encore pour permettre le passage des croiseurs de 3e classe, qui calent plus de 5 mètres. On n'y parvint que dans la journée du 30 mai.

Mais déjà, aussitôt le combat de Swinemünde terminé, les navires calant moins de 2 mètres, et ils étaient nombreux dans l'armée navale, s'étaient glissés, par l'arrière de l'épave, dans le port de Swinemünde. Nous avons vu que le vice-amiral avait fait reconnaître le cours du fleuve, le *canal de l'Empereur*, ou canal de Käseburg, le Gross-Haff et l'entrée du Papenwasser.

On avait saisi à Swinemünde même un certain nombre de navires à voiles ou à vapeur qui n'avaient pas eu le temps de remonter jusqu'à Stettin et sur lesquels on embarqua aussitôt les troupes portées jusque-là par ceux des navires de guerre à qui leur tirant d'eau de plus de 5m,5 ne permettait pas de dépasser le port de Swinemünde ; ces transbordements exigèrent 24 heures, mais cependant, dès l'après-midi du 29 mai, une grande partie de la flottille, portant la 1re division du 10e corps et la division danoise, se mit en marche pour le Gross-Haff.

A 5 heures du soir, favorisée toujours par un fort beau temps, cette fraction importante de l'armée naviguait dans le Haff, éclairée par l'escadrille d'avant-garde qui avait été chargée de reconnaître un point favorable de débarquement sur la rive gauche de l'Oder.

Le contre-amiral chargé spécialement de la flottille et par conséquent des opérations dans le Haff et dans l'Oder, avait, sur le rapport de ces éclaireurs, fixé son choix sur le petit port de Ziegenort, à l'entrée même du Papenwasser (bouche de l'Oder). Les avisos et les canonnières en bois furent détachés en avant du gros de la flottille et chargés de s'assurer qu'aucun obstacle n'arrêterait le débarquement de la division française du 10e corps.

Vers 6 heures, à 2 milles de Ziegenort, l'escadrille d'avant-garde se heurta à une division allemande composée du vieil aviso *Pomerania*, qui était en réparation à Stettin, de 2 torpilleurs de Colberg qui avaient réussi, non sans peine, à se glisser dans le Gross-Haff par le canal de la Dievenow, de 2 torpilleurs en essais, fournis par les chantiers de *Vulcan*, à Bredow, un peu au-dessous de Stettin, enfin de 3 petits vapeurs de commerce, sur lesquels on s'était hâté de mettre des pièces de campagne abritées derrière des sacs de sable. Un certain nombre de soldats d'infanterie garnissaient de fusils les parois et les bastingages de cette escadrille improvisée.

C'était là, évidemment, un effort désespéré pour retarder de quelques heures le débarquement ou l'entrée de la flottille dans le Papenwasser.

Toutefois le contre-amiral signala à l'escadrille d'avant-garde de n'engager le combat que de loin et de se retirer devant l'ennemi ; il importait en effet de laisser les Allemands s'engager le plus possible dans le Gross-Haff et de leur couper la retraite pour qu'ils n'eussent pas le loisir de couler le *Pomerania* ou les vapeurs armés dans le chenal du Papenwasser. Cette manœuvre réussit : les navires ennemis, qui s'efforçaient d'ailleurs d'atteindre la flottille de charge et surtout les ferry-boats, se laissèrent entraîner à quelque distance de Ziegenort. Bientôt entourés, le *Pomerania* et les vapeurs armés furent coulés ou pris. Les torpilleurs rentrèrent en toute hâte dans le Papenwasser après avoir torpillé, mais sans réussir à le couler, l'aviso de station *Parseval*.

A 8 heures, aux dernières lueurs du jour, le débarquement de la 19e division commençait à Ziegenort, petit port pourvu d'une jetée et de quais d'accostage.

Le village, occupé par quelques troupes d'infanterie et de cavalerie, ne fut pas sérieusement défendu. Les Allemands se retirèrent, après quelques volées de nos avisos, dans la direction de Wilhelmsdorf, sur le ruisseau de Karpien.

Vers 9 heures 30 minutes, une brigade de la 19e division s'établissait pour la nuit dans les bois qui bordent ce cours d'eau.

L'escadrille de combat, guidant une partie de la flottille, s'était engagée dans la passe du Papenwasser, et, à 9 heures, nos bâtiments légers mouillaient dans cette rade intérieure par des fonds variant de 3 à 5 mètres ; les croiseurs de 3e classe encore retenus devant Swinemünde n'avaient pas rallié la flottille.

A 2 heures du matin, après une pénible et difficile navigation de nuit, la sonde à la main, la 3e brigade du 10e corps et une brigade d'infanterie de marine arrivaient sur des paquebots et des navires à voiles remorqués à l'issue du Papenwasser. Au jour, le 30 mai, ces troupes commençaient à débarquer à Ziegenort sur des embarcations et des chalans, les paquebots étant retenus dans le chenal par leur tirant d'eau. Un officier supérieur de l'état-major du vice-amiral était placé à Ziegenort comme commandant de la plage et directeur des mouvements du port. Un certain nombre de canots à vapeur et de chalans étaient mis à ses ordres ; toutes les embarcations de pêche et les caboteurs saisis sur les deux rives du Papenwasser contribuaient au débarquement de nos troupes : des « chèvres » rapidement montées sur la plage et sur les quais de Ziegenort permettaient de débarquer le matériel d'artillerie et les chevaux.

A 6 heures du matin on pouvait diriger sur la brigade d'avant-garde deux escadrons de cavalerie et deux batteries de 80 ᵐ/ₘ. Mais déjà l'infanterie, se sentant en forces, avait franchi le ruisseau et brillamment enlevé le village de Wilhelmsdorf.

A 6 heures, la marche commençait sur Jasenitz avec la 19e division tout entière, une brigade de la 20e division, les deux escadrons de cavalerie et les deux batteries, qui allaient bientôt être portées à quatre. A 8 heures, le général commandant en chef l'armée de la Baltique débarquait à son tour avec son état-major général et un peloton de dragons, et la flottille, portant la division danoise et la première brigade d'infanterie de marine[1], naviguait dans le Papenwasser, se tenant à peu près à la hauteur de l'avant-garde des troupes qui marchaient par terre. A 10 heures, le gros du 10e corps occupait Jasenitz et le général en chef ayant reçu quelque cavalerie, 3 escadrons danois, notamment, poussait un corps de flanqueurs sur la route de Hagen-Falkenwalde. Au village et dans les bois de Hammer, on avait laissé un bataillon d'infanterie; enfin Ziegenort, occupé par la marine et par quelques détachements du 10e corps, était solidement retranché et fortifié par le génie.

Les routes vicinales de la région Wilhelmsdorf-Pölitz, traversant un terrain meuble et marécageux, ne permettaient pas un écoulement facile à l'artillerie et aux colonnes de munitions d'infanterie; aussi ne fut-ce que vers midi que notre avant-garde atteignit les houblonnières de Pölitz : le général en chef, qui s'attendait à une vigou-

---

1. La deuxième avait poursuivi la garnison de Swinemünde jusqu'à Usedom et assurait la conquête de l'île.

reuse résistance dans cette petite ville, tenait à marcher serré. En prévision d'un chaud combat, les canonnières « tonkinoises » et les avisos de flottille, calant tous moins de 3 mètres, s'étaient engagés dans le bras du fleuve qui passe près de Pölitz et se préparaient à appuyer l'armée de leur artillerie.

A midi 15 minutes, l'avant-garde française commençait l'engagement dans les houblonnières contre 6 bataillons de landwehr du IIe corps et le 129e de ligne (le 9e régiment du IIe corps), resté à Stettin pour en former la garnison. Peu à peu l'ennemi mettait en ligne une artillerie assez nombreuse, 5 batteries environ, auxquelles nous ne pouvions encore en opposer que 4.

A la gauche de la petite ville on voyait se masser de la cavalerie.

A 1 heure, l'attaque générale commençait et le commandant en chef envoyait à son détachement de flanqueurs l'ordre de se rabattre à travers les bois sur Pölitz, si tout paraissait calme dans l'Ouest. En même temps la flottille prenait position au nord-est de Pölitz et commençait à battre l'entrée de la ville, fortifiée par l'ennemi.

Le combat fut soutenu avec acharnement par les troupes allemandes qui recevaient à chaque instant des renforts de Stettin ; cependant, vers 2 heures 30 minutes, l'approche du détachement qui opérait à notre droite et qui menaçait de couper la retraite aux défenseurs de Pölitz, détermina la retraite de l'ennemi sur les bois de Messenthin. Dans cet engagement très vif on avait pu apprécier la différence de valeur entre les soldats du 129e régiment, parfaitement encadrés, et ceux des bataillons de landwehr dont les cadres d'officiers n'étaient pas au complet. Nos troupes, dont c'était là le premier combat sérieux, se comportèrent de manière à faire présager au général en chef un succès complet dans ses difficiles opérations.

Il fallut combattre encore, après une heure de repos dans la ville de Pölitz, pour arracher à l'ennemi les bois qui s'étendent de Messenthin à Nauendorf[1].

A 4 heures, Nauendorf tombait au pouvoir de notre avant-garde. Le général en chef régla ainsi que suit la marche sur Stettin : au centre la 19e division, avec 3 batteries, par la route de Frauendorf ; à droite, la brigade de la 20e division et la brigade d'infanterie de marine avec 2 batteries et 4 escadrons, par la route de Warsow-Grünthal ; à l'extrême-droite, le détachement de flanqueurs : 2 bataillons, 2 escadrons et 4 pièces, vers le ruisseau de Grünthal. A gauche, la flottille de combat qui remontait l'Oder (bras principal creusé à 5 mètres) avec les bâtiments portant la division danoise. Celle-ci devait prendre terre suivant les circonstances à Bolineken-Frauendorf ou devant les chantiers de « *Vulcan* ».

A 6 heures, l'ennemi n'opposant plus de résistance sérieuse, mais se retirant en bon ordre, la 19e division commençait à couronner le plateau de Bredow, à $3^{km},5$ de Stettin : les chantiers de « *Vulcan* » étaient au pouvoir de la flottille et nos colonnes, peu à peu, garnissaient le revers septentrional du bassin du Grünthalbach.

Vers 7 heures du soir, alors qu'on pouvait compter sur près de deux heures de plein jour, le général en chef, ayant en main le gros de ses troupes et voyant le débarquement des Danois commencer à *Vulcan*, fut tenté de lancer ses soldats à l'assaut de la ville.

C'eût été demander beaucoup à des troupes épuisées

---

1. Voir la carte du Dépôt de la marine : *Cours inférieur de l'Oder.*

par une longue journée de marche et de combats; d'ailleurs l'artillerie était encore trop faible et les munitions d'infanterie sérieusement entamées : il convenait, en face d'un ennemi qui montrait déjà des masses assez profondes, appuyées à une ancienne enceinte, d'attendre le lendemain, où l'on serait en possession de moyens d'action beaucoup plus efficaces, et où les troupes auraient repris toute leur énergie.

L'attaque de Stettin fut donc remise au 31 mai.

CHAPITRE XI.

STETTIN.

Concentrations de forces dans les deux camps. — Bataille de Stettin le 31 mai; succès partiel des alliés. — Le combat recommence le 1er juin; intervention de la flottille et de la 2e division danoise. — Prise de Stettin; combats de Hammer, de Löcknitz, de Damm. — Occupation de Pasewalk. — Organisation des services à l'arrière, du batelage de l'Oder et des convois. — Arrivée de la division du 10e corps territorial et de la 3e division danoise. — Constitution de l'armée de la Baltique. — Coup d'œil sur les affaires générales à la date du 8 juin.

La nuit du 30 au 31 mai, si elle apporta quelque repos aux troupes qui venaient de combattre, fut largement mise à profit par les états-majors en présence pour donner les ordres de concentration que commandait la situation.

Du côté des Français on pressait, malgré la nuit, le débarquement de la division danoise, et les lampes électriques des canots à vapeur empruntés aux grands bâtiments de combat donnaient leur concours précieux à cette opération.

Du reste, le général en chef ne faisait débarquer à *Vulcan* que trois des quatre régiments de cette division; il destinait le quatrième à une attaque sur le faubourg de la rive droite de l'Oder, *Lastadie;* attaque d'autant plus utile que la route et le chemin de fer de Damm (avec l'embranchement sur Küstrin) débouchent dans ce faubourg après avoir traversé la Pernitz.

De Swinemünde le général en chef avait reçu l'avis que la 4e brigade du 10e corps (chargée de la diversion dans l'île de Rügen) serait engagée dans la Swine le 30 à

8 heures du soir; le vice-amiral promettait que les efforts les plus persévérants seraient faits pour amener, malgré la nuit, cette brigade à Ziegenort à la pointe du jour, le 31 mai.

De Ziegenort même le directeur du port mandait que le débarquement des voitures d'artillerie et des caissons de munitions continuait avec activité; qu'il y avait quelques échouages à signaler, quelques navires en détresse, mais que la navigation des chenaux et du Haff s'était effectuée sans incidents notables pour la très grande majorité des navires de la flotte de charge. Aussitôt débarqués, les convois étaient acheminés sur Pölitz, sous la protection de détachements d'infanterie et de pelotons de cavalerie qui se formaient peu à peu, au fur et à mesure des arrivages. Une partie des munitions d'infanterie était dirigée sur Stettin par le fleuve, au moyen d'allèges remorquées par des canots à vapeur à faible tirant d'eau. On pouvait être assuré d'un réapprovisionnement convenable pour la journée du 31.

Enfin, un aviso danois, venu de Copenhague, avait annoncé à Swinemünde les succès de notre armée du Montferrat, la retraite générale des forces italiennes et l'envoi probable dans les ports du Nord d'un bon nombre de transports et de paquebots désormais inutiles dans la Rivière de Gênes. Le ministère français avisait le général en chef que la division du 10e corps territorial prendrait passage sur ces bâtiments du 2 au 4 juin; on formait un corps d'armée, le 23e (les 20e, 21e et 22e étaient déjà engagés), avec des régiments de marche de la région de l'Ouest; ce corps était destiné à renforcer l'armée de la Baltique vers le 15 juin.

En outre, et c'était là un point plus important encore,

le ministère danois informait le général en chef que la division rassemblée à Nyborg était partie le 30, à la pointe du jour.

On pouvait donc espérer que ce précieux renfort arriverait dans la journée du 1er juin.

En revanche, le général en chef et le vice-amiral étaient priés d'envoyer le plus tôt possible à Nyborg les transports ou paquebots-écuries dont ils pouvaient disposer : une brigade réduite de cavalerie et quatre batteries attelées restant immobilisées faute de moyens de transport.

Quant à la division réunie à Faaborg, elle commencerait à débarquer à Sonderburg-Düppel le 31 au soir; les bateaux de pays et l'escadrille d'Hörup lui suffisaient.

De l'ensemble de ces renseignements, il résultait que nous disposions, pour l'attaque de Stettin, de 3 brigades du 10e corps, de la division danoise et d'une brigade d'infanterie de marine, formant, après déduction des détachements[1], des égrenés, des éclopés et des blessés du 30, une masse de 32,000 fantassins environ (bataillon de chasseurs compris). On avait déjà 8 batteries attelées et on comptait en recevoir huit autres dans la nuit ou dans la matinée du 31. Quant à la cavalerie, elle était naturellement très faible, 3 escadrons à peine ; mais elle recevait continuellement des renforts, par petits paquets.

Le général en chef invita le contre-amiral commandant la flottille à faire descendre le fleuve à tous les navires de charge disponibles, soit par leurs propres moyens, soit remorqués : la descente du « canal de l'Oder », qui va jusqu'aux marais de Pölitz, n'offrait pas de difficultés, même pendant la nuit.

---

1. 1 bataillon à Hammer; 2 à Pölitz; 1 escadron et 1 compagnie à Falkenwalde.

On attendait le jour pour descendre du Mönchwerder à Ziegenort, et encore les navires calant moins de 3 mètres pouvaient-ils s'aventurer à continuer de nuit leur navigation dans le Papenwasser. Le contre-amiral devait prendre à Ziegenort au moins la brigade d'infanterie du 10e corps et l'amener devant Bredow le plus rapidement possible, le trajet par eau devant certainement durer beaucoup moins que la longue marche de Ziegenort-Pölitz-Grünthal.

La flottille d'avant-garde et les avisos de station, qui s'étaient engagés pendant la journée dans le canal de l'Oder, devaient coopérer à l'attaque de la ville de la manière suivante : *les avisos de station : Bisson, Dumont-d'Urville, Chasseur* et *Voltigeur,* dans le canal ou bras principal de l'Oder, auront pour objectif de prendre à revers les défenseurs du saillant d'Unter-Wieck ; toutefois, ils ne remonteront jusqu'en dedans de l'enceinte que lorsque la hauteur d'Unter-Wieck aura été couronnée par nos troupes ; jusque-là ils coopéreront à l'attaque du faubourg de Grabow.

Les avisos de flottille : Alcyon, Jouffroy, Pingouin, Bengali, Ibis, calant moins de 3 mètres, et qui s'allégeront le plus possible, remonteront, par le lac de Damm, dans la branche appelée rivière de Pernitz et auront pour mission soit, si cela paraît possible, de détruire le chemin de fer de Damm, qui passe à 1 kilomètre au sud de ce bras, soit d'en battre le remblai de manière à interdire la circulation des trains. Des ouvriers de chemin de fer et une compagnie d'infanterie danoise seront mis à la disposition du commandant de cette escadrille.

En tout cas, ces navires concourront à l'attaque du faubourg de Lastadie.

Les chaloupes-canonnières : Garnier, Chamois, Cuvellier, Rollandes et *Raynaud,* les canots à vapeur disponibles calant moins de 1 mètre[1], remorqueront dans le bras du Dunzig des embarcations et des chalans portant le 4e régiment de la division danoise, chargé d'occuper le faubourg de Lastadie et, si possible, de s'avancer jusqu'à la voie ferrée, au sud de la ville.

Les torpilleurs se tiendront dans le bras principal à la disposition du contre-amiral. Les porte-torpilles seront prêts à détruire les ponts de bateaux, les lance-torpilles à porter des escouades de torpilleurs, d'ouvriers des chemins de fer et de soldats du génie.

Quant aux dispositions prises pour les troupes, elles portaient en substance que la division danoise, laissant des détachements à l'extrême gauche pour garnir la ligne du ruisseau de Grünthal et masquer Grabow, remonterait vers Grünthal pour trouver un terrain solide et aborderait ensuite, en obliquant à gauche, la hauteur qui domine l'Unter-Wieck, évitant ainsi de se heurter et de consumer ses forces contre le faubourg de Grabow, pris à revers d'ailleurs par les avisos.

La première brigade du 10e corps devait marcher avec les Danois, à leur droite, et, comme eux, aborder la ville par le saillant d'Unter-Wieck.

La deuxième brigade et l'infanterie de marine attaqueraient Grünhof et le saillant de l'enceinte qui touche ce faubourg.

La cavalerie ferait des démonstrations à l'extrême droite vers la citadelle (fort Preussen), tout en s'éclairant à bonne distance vers Schwarzow.

La 3e brigade du 10e corps restait en réserve à Grünthal aux ordres directs du général en chef.

1. Il y a à l'entrée du Dunzig un seuil de 1 mètre seulement de fond. Les chaloupes-canonnières ne calent que 60 et 80 centimètres.

Échelle de 1 : 320,000

Extrait de la Géographie du Ct Marga.

L'artillerie devait préparer l'attaque des hauteurs de la rive droite du ruisseau, puis marcher à la suite des colonnes et prendre des emplacements convenables sur le plateau pour battre l'enceinte.

Le génie, en tête des premières colonnes, avec pétards, haches et échelles pour l'escalade.

Examinons maintenant les dispositions prises dans l'autre camp :

Le soir du 30 mai, le lieutenant-général chargé provisoirement du commandement de la place de Stettin et des troupes qui la défendaient, disposait des forces suivantes :

1° Les bataillons qui avaient combattu dans la journée et qui occupaient Grünhof (129e de ligne : 3 bataillons, 6 bataillons de landwehr du IIe corps), en tout 9 bataillons, réduits à 7,500 hommes par les pertes de la journée;

2° La garnison de Swinemünde qui avait réussi, non sans pertes, à gagner la rive gauche de la Peene, laissant son artillerie et tous ses bagages entre les mains de la brigade d'infanterie de marine qui la poursuivait : 5 bataillons réduits à 3,000 hommes environ;

3° Six bataillons de landwehr du IIe corps qui venaient d'arriver, en vertu des ordres de concentration donnés le 29 au matin par le ministère. Ces bataillons formaient deux régiments de réserve avec un effectif de 5,600 hommes;

4° Quatre bataillons, les premiers arrivés de la 1re division de landwehr de la garde qui débarquaient par la voie de Francfort-Angermünde : 4,000 hommes.

On attendait le reste de cette division, l'infanterie au moins, dans la journée du 31, peut-être dans la nuit du 30.

La cavalerie s'élevait à 5 escadrons de réserve et 1 escadron et demi formé de dépôts de la brigade du IIe corps.

L'artillerie ne manquait pas, ni le génie, Stettin étant le chef-lieu du corps d'armée et ayant : dépôt d'artillerie, dépôt du train, dépôt de pionniers. Cependant le temps manquait pour prendre les dispositions de défense et l'on s'en tenait à poster quelques pièces de place aux endroits les plus favorables, à abattre des maisons et des bois gênants pour le feu, à fortifier sommairement les faubourgs et à palissader les avenues des portes.

Le général comptait surtout — et non sans raison — sur ses troupes, déjà fortes de plus de 20,000 hommes et qui recevaient continuellement des renforts.

De son côté, le grand état-major, tout en pressant la concentration sur Stettin, ordonnait aux bataillons envoyés à Stralsund et à une partie de la garnison de cette place de s'avancer sur Anklam et d'effectuer, par Kasenow, Uckermünde et Hammer, une attaque sur la base d'opérations des Français, qu'on savait être à Ziegenort. Cette attaque devait se produire, avec 6 bataillons, 2 batteries et 4 escadrons, le 1er juin, vers le soir.

Le 2, au plus tard, par les voies de Colberg-Damm et Stargard-Damm, 9 bataillons, 3 escadrons et 3 batteries de landwehr du Ier corps arriveraient à Stettin.

Enfin, vers le 3, le IIe corps, appelé du Schleswig, se présenterait par le chemin de fer de Lübeck-Güstrow-Neu-Brandenburg-Pasewalk.

On estimait que cette concentration, fournissant 70,000 ou 75,000 hommes, devait suffire contre une armée qui n'en pouvait compter plus de 40,000 à 50,000.

Il ne s'agissait donc, pour les Allemands, que de tenir bon, le 31 mai et le 1er juin, avec 20,000, puis 28,000 ou 30,000 hommes, appuyés à une ancienne place forte, contre 35,000 et 40,000 Franco-Danois.

Le lieutenant-général allemand mit 1 bataillon dans le fort Preussen, 2 bataillons dans chacun des deux saillants nord-ouest et nord-est, 1 bataillon dans le faubourg de Lastadie, qu'il ne supposait d'ailleurs pas menacé d'une attaque sérieuse ; il réunit toute sa cavalerie et 4 batteries attelées à l'ouest de la ville, avec l'ordre de refouler la cavalerie des alliés et de prendre Grünthal à revers ; enfin, il garnit Grünthal (pente sud) et Grabow en première ligne, Grünhof et Unter-Wieck en seconde ligne, avec les 20 bataillons qui lui restaient. Ces troupes disposaient de huit batteries, outre les pièces de rempart.

A 3 heures du matin, le 31 mai, la division danoise commença son mouvement de flanc de Bredow à Grünthal (éperon de l'Est), masqué par des tirailleurs disposés le long du ruisseau.

A 4 heures, la canonnade commençait sur tout le front et les alliés, descendant dans le vallon, remontaient la pente du plateau en refoulant les avant-postes allemands. Les avisos, suivant le mouvement des colonnes, longeaient le faubourg de Grabow, et couvraient de mitraille les groupes ennemis qui se montraient hors des maisons. Le *Voltigeur*, qui marchait en tête, s'avançait jusqu'à la longue rue d'Unter-Wieck et, pendant que de ses hunes et de sa passerelle les fusils à répétition et les hotchkiss criblaient de projectiles les colonnes allemandes, ses canons de 14 c/m commençaient à prendre d'écharpe les batteries établies sur la hauteur.

A 5 heures, la division danoise, réduite à 3 régiments, était sérieusement engagée à l'ouest de Grabow et ne parvenait pas à déboucher sur le plateau ; à sa droite, la première brigade du 10e corps avait, avec un grand élan, pris pied sur la hauteur, mais elle ne se maintenait qu'au prix de fortes pertes dans une rangée de maisons, presque au bord du plateau.

La deuxième brigade et l'infanterie de marine s'étaient jetées sur Grünhof et avaient réussi à enlever la plus grande partie de ce faubourg; mais l'infanterie de marine, à droite, était obligée de veiller au mouvement tournant de la cavalerie allemande, mal contenue par nos trois faibles escadrons.

Le général en chef voyant que l'artillerie ne pouvait déboucher encore, maintenait 6 batteries sur le revers nord du vallon de Grünthal et faisait appuyer 4 batteries à l'extrême droite pour soutenir la cavalerie et l'infanterie de marine.

La brigade de réserve restait dans le vallon de Grünthal, à l'abri.

Le combat se maintenait ainsi jusqu'à 7 heures, avec des alternatives de succès et de revers. A ce moment, le *Voltigeur* signalait au contre-amiral commandant la flottille que les chaloupes-canonnières paraissaient dans le Dunzig à la hauteur du canal d'Ochsen; elles n'étaient séparées des avisos que par la langue de terre du Bleichholm. A 7 heures 15 minutes, le régiment danois débarquait sur la rive droite et marchait sur le gros du faubourg de Lastadie, pendant que les premières chaloupes, le *Rollandes* et le *Raynaud,* s'avançaient hardiment au confluent des deux bras, couvrant de projectiles les parapets des ponts.

A 7 heures 45 minutes, le faubourg était presque en entier au pouvoir des Danois, malgré un retour offensif du bataillon de landwehr qui en avait la garde, malgré une attaque de flanc du bataillon placé en réserve au saillant d'Unter-Wieck, et que nos navires avaient empêché de déboucher en masse par les ponts. En même temps le contre-amiral donnait l'ordre au *Voltigeur* et aux avisos de remonter jusqu'au delà des fortifications et de battre à revers les pièces du saillant d'Unter-Wieck. A 8 heures, le *Dumont-d'Urville* recevait d'une batterie de campagne placée au-dessus de la rue d'Unter-Wieck un projectile de 7 c/m,8 qui explosait dans sa soute à charbon de tribord ; le *Bisson* en recevait un autre sur son flanc de tribord arrière, à la hauteur de sa soute à poudres : mais cet obus était heureusement arrêté par un blindage de fortune que le commandant de cet aviso avait installé à cet endroit dangereux en y suspendant plusieurs « plets » de chaînes. Cette batterie, d'ailleurs, était bientôt démontée par le feu supérieur de nos avisos.

Les défenseurs de Grabow semblaient ébranlés par cette canonnade qui redoublait d'intensité sur leurs derrières : le général en chef, profitant du moment favorable, lança alors sa brigade de réserve, un régiment en soutien de la division danoise, l'autre en soutien de la 1re brigade du 10e corps, et à 9 heures les troupes alliées couronnaient enfin le plateau. L'initiative hardie du contre-amiral avait certainement abrégé la durée de la lutte. Peu d'instants après les avisos de flottille, retardés dans le Dammsche See par quelques échouages, paraissaient à leur tour dans la Pernitz ; leur intervention se produisait avec d'autant plus d'à-propos que déjà la route et la voie ferrée de Damm et de Greifenhagen donnaient passage à de forts détachements ennemis. Nos avisos, arrêtés par le pont de Lastadie, ne tardèrent pas à couvrir de projectiles de 10 c/m, de 90 m/m et de 45 m/m, la route et le chemin de fer; mais le chef de cette escadrille, le commandant de l'*Ibis* réclamait, par signal, au contre-amiral, un renfort de troupes pour pouvoir occuper la route et dégrader la voie ferrée. A

10 heures, l'ennemi qui avait reçu 4 bataillons de renfort (landwehr de la garde, chemin de fer d'Angermünde) prononçait un vigoureux retour offensif et réussissait un instant à nous repousser jusqu'au bord du plateau. A 10 heures 45 minutes, nous avions repris nos positions et le général en chef donnait l'ordre de tenter l'assaut du saillant d'Unter-Wieck ; le régiment danois de Lastadie attaquait en même temps les deux premiers ponts. L'assaut fut magnifique ; l'entrain des troupes et des marins, qui rivalisaient d'ardeur, nous donnait du premier coup tout l'angle nord-est de l'enceinte.

Malheureusement, à ce moment même, le général en chef recevait de sa droite l'avis que l'infanterie de marine, vivement pressée, commençait à se retirer sur Grünthal. Le général en chef y courut, laissant à sa gauche victorieuse l'ordre de s'en tenir aux succès acquis, invitant seulement le contre-amiral à lancer ses torpilleurs sur le pont du chemin de fer et à détacher un bataillon danois de Lastadie sur la route de Damm.

Un hasard heureux amenait de Warsow à Grünthal, au moment où le général en chef y paraissait, deux batteries fraîches et deux escadrons danois. Ce renfort permit d'arrêter le mouvement tournant de la gauche allemande. A midi, une sorte de trêve s'établissait entre les combattants épuisés ; la chaleur du jour, en dépit de la saison, et un vent suffocant contribuaient plus encore que les incidents du combat à cette interruption momentanée. D'ailleurs chacun des deux partis, attendant des renforts, cherchait à gagner du temps, et les Franco-Danois, surtout, satisfaits d'avoir entamé l'enceinte de Stettin, comptaient sur la 4e brigade du 10e corps, peut-être sur une partie de la 2e division danoise pour compléter leur succès.

Malheureusement pour les Allemands, les derniers bataillons de la division de landwehr de la garde avaient été acheminés, à cause de l'encombrement de la ligne Francfort-Angermünde, par celle de Greifenhagen (rive droite de l'Oder).

Ce renfort arrivait au moment où nos torpilleurs, appuyés par la fusillade des Danois et par les coups plus lointains de nos avisos de flottille, venaient de rendre impraticable pour les trains, le pont du chemin de fer de la rive droite. A la vérité quelques escouades de landwehriens descendues dans l'île de la grande Reglitz se glissaient peu à peu jusqu'à la berge, en face de la ville; mais la traversée du fleuve n'était pas possible. D'autres groupes, s'approchant à l'abri des levées de terre de la route de Damm, engageaient une fusillade nourrie avec les Danois qui gardaient le pont sur la Pernitz. Cette fusillade de la rive droite, se produisant vers 2 heures, fut le signal d'une nouvelle lutte. A 1 heure 30 minutes, déjà, le général en chef français avait reçu quatre batteries du 10e corps et l'avis que sa 4e brigade, partie à 6 heures du matin de Ziegenort sur la flottille de charge, serait probablement vers 2 heures ou 2 heures et demie à Bredow. En effet un torpilleur qui la précédait, venait d'arriver devant les chantiers de *Vulcan*. Le général en chef donna l'ordre de diriger un des bataillons de cette brigade sur Lastadie; à 3 heures, les quatre bataillons restants[1] débarquaient directement à Grabow et à Unter-Wieck, pénétraient dans l'enceinte où combattait déjà la division danoise et commençaient à gagner du terrain vers la ville et vers le saillant de Grünhof, tendant la main aux troupes du 10e corps

1. Le sixième était dans l'isthme de Sellin (Rügen).

qui disputaient encore ce faubourg aux bataillons allemands.

La ligne des alliés, à ce moment, courait du Nord-Ouest au Sud-Est, alors qu'au commencement de l'action elle s'étendait, le long des hauteurs de Bredow-Grünthal, à peu près de l'Est à l'Ouest.

Il fut impossible d'enlever le saillant de Grünhof aux défenseurs de l'enceinte; en revanche, une partie de la division danoise s'empara des premières maisons de la ville et du pont du Nord, par où elle donna la main à son régiment détaché.

A la droite des Français, les renforts d'artillerie et de cavalerie avaient permis, d'abord de se maintenir, puis de regagner du terrain; la brigade d'infanterie de marine avait reconquis Grünhof, mais ne réussissait pas à en déboucher.

Il fallait évidemment de nouvelles forces pour achever la conquête de la ville et le général en chef, à peu près assuré de recevoir le 1er juin la 2e division danoise, donna l'ordre à 5 heures et demie du soir de cesser le combat.

Les pertes étaient graves des deux côtés: nous ne comptions pas moins de 800 tués et de 2,000 blessés, à qui il était malheureusement difficile de donner des soins immédiats, les ambulances de corps d'armée n'ayant pas encore rejoint. Ce n'était point d'ailleurs le seul motif d'inquiétudes pour le général en chef.

Un avis transmis par le vice-amiral et venu de la division détachée dans le Greifswalder Bodden signalait des mouvements de troupes sur le littoral, notamment par la voie ferrée Stralsund-Greifswald-Ducherow. Les tentatives faites pour dégrader cette ligne étaient restées sans succès. La division, obligée de veiller attentivement au débouché du Strela-Sund, se bornait à canonner à distance la route et la voie ferrée vers Schönwalde, à l'est de Greifswald.

Il résultait de cette nouvelle qu'il fallait s'attendre à une attaque sur la ligne de communications, vers Hammer, probablement. Le général en chef ordonna de renforcer, dès que la 2e division danoise aurait paru à Ziegenort, le détachement de Hammer de deux bataillons et d'une section d'artillerie.

Si ces troupes étaient trop vivement pressées, elles se retireraient sur Ziegenort que l'on mettait en état de défense et où il y avait toujours quelques bâtiments de guerre en état de soutenir la résistance de nos bataillons.

Le réapprovisionnement en munitions causait aussi d'assez graves préoccupations au commandant en chef; la cavalerie allemande, courant sur notre droite et en arrière du ruisseau de Grünthal, avait obligé nos convois à se renfermer dans Nauendorf, défendu par quelques détachés, quelques soldats du train et une faible escorte de dragons.

Nos troupes consommaient un grand nombre de cartouches et il fallait faire, presque tous les jours, de pressantes recommandations aux chefs de corps pour obtenir que les munitions fussent un peu mieux ménagées. Pendant la journée on avait été alimenté par des arrivages par le fleuve; il n'y fallait plus compter pour le 1er juin, l'infanterie danoise devant employer tous les bâtiments disponibles de la flottille de charge. Des mesures furent prises pour hâter l'arrivée des convois par la voie de terre; deux escadrons et deux pièces de 80 m/m furent détachés sur la route de Falkenwalde, en jonction avec le détachement qui occupait ce point, afin de dégager le flanc droit de notre ligne de communications et de chasser les coureurs ennemis.

La journée du 1er juin devait être décisive : les Allemands avaient reçu à la vérité d'assez importants renforts ; les quatre bataillons de landwehr de la garde avaient pendant la nuit franchi le fleuve au-dessus de la ville et occupaient, à la première heure du jour, la ville même et les ponts de Lastadie, à l'exception du premier, resté au pouvoir des Danois ; on s'était efforcé de réparer celui du chemin de fer, mais le feu continu de nos avant-postes et de nos navires légers sur ce point, ne permettait pas d'y poursuivre un travail de longue haleine.

Un régiment de marche formé à Berlin avec 3 bataillons de campagne allait arriver dans la matinée et l'on annonçait pour l'après-midi l'arrivée à Damm des premiers bataillons de landwehr du Ier corps (Prusse).

Mais pendant ce temps l'activité admirable de la flottille, dont les équipages n'avaient pris que quelques instants de repos depuis trois jours, ménageait à l'armée alliée, pour la matinée même du 1er juin, l'appoint de dix bataillons danois (2 devant être débarqués à Ziegenort et dirigés sur Hammer).

En même temps que ces troupes, nous allions recevoir les croiseurs de 3e classe qui, après une pénible navigation et des échouages fréquents dans la vase molle du Papenwasser, remontaient le canal de l'Oder en remorquant des chalans et des allèges chargés de soldats danois.

Le commandant en chef avait invité le contre-amiral à faire débarquer quatre de ces bataillons à Grabow et à les diriger sur Grünhof, en renfort de la droite ; quatre autres allaient débarquer dans la ville même, un peu en aval du premier pont et coopérer à l'attaque du saillant N.-O.; les deux derniers restaient en réserve à Unter-Wieck.

A 8 heures, le convoi de munitions de Nauendorf étant arrivé, ainsi que les quatre dernières batteries du 10e corps, le général en chef fit reprendre l'attaque en développant à sa droite, contre l'artillerie et la cavalerie allemandes, appuyées de quelques bataillons, une puissante batterie de 48 pièces.

6 batteries, établies devant Grünhof, battaient l'enceinte; 2 batteries, qui avaient pénétré par la porte d'Unter-Wieck, joignaient leurs feux à ceux de l'escadrille pour battre à revers ou d'écharpe l'enceinte du N.-O. et les maisons barricadées et crénelées de la ville.

Cette canonnade, à laquelle l'ennemi répondait avec vigueur, dura jusqu'à 9 heures et demie. A ce moment débarquaient les premiers bataillons danois : le signal de l'attaque générale fut donné aussitôt, et à 10 heures 30 minutes nos troupes emportaient enfin le saillant de Grünhof. La résistance fut très vive cependant dans les quartiers du nord de la malheureuse cité, bientôt couverte de projectiles; il fallut conquérir maison par maison les abords du Königsplatz et repousser un retour offensif qui se produisit vers midi, au moment de l'arrivée du régiment de marche de Berlin. Au reste il était évident que l'ennemi ne luttait que pour favoriser l'écoulement, par les voies d'Angermünde et de Pasewalk, du matériel d'artillerie transportable. La besogne était d'autant plus difficile que nos avisos de flottille et nos canonnières avaient réglé leur tir, sur l'ordre du contre-amiral, pour atteindre la gare, située au sud de la ville. A chaque instant des projectiles français venaient y éclater au milieu d'une indescriptible confusion.

Le général en chef faisait tous ses efforts pour atteindre le plus tôt possible avec sa droite la route de Pasewalk, qu'il voulait interdire à l'ennemi. A 1 heure, l'infanterie de marine, la cavalerie et 6 batteries investissaient le fort Preussen et poussaient des patrouilles vers Schwarzow.

A 3 heures, la ville était entièrement évacuée et l'ennemi en pleine retraite au delà de Pommerensdorf ; le 129e de ligne et 4 bataillons de landwehr du IIe corps, fort réduits à la vérité par une lutte acharnée, avaient fait une retraite excentrique sur Möhringen, Bismark et Löcknitz.

Les premiers soins du général en chef, après l'occupation de la ville, fut de procurer à ses blessés les soins dont ils étaient jusque-là à peu près privés, les ambulances divisionnaires seules ayant pu fonctionner. Les ordres convenables une fois donnés, il fallait régulariser la prise de possession de la ville, procurer aux troupes des vivres de réquisition et préparer sans retard les moyens, à la fois de marcher en avant pour profiter du succès et d'organiser les services de la route d'étapes.

Défalcation faite des pertes des 30, 31 mai et 1er juin, qui s'élevaient en nombres ronds à 4,000 hommes, dont 1,500 atteints légèrement, l'effectif débarqué et présent au drapeau était de 54,000 ou 55,000 fantassins, 1,800 cavaliers, 3,600 artilleurs avec 17 batteries (102 pièces), 800 hommes du génie et 3,000 des services auxiliaires. C'était une armée de 63,000 ou 64,000 hommes n'ayant, il est vrai, qu'une cavalerie et une artillerie insuffisantes.

Sur ce total il fallait prélever 5,500 fantassins d'infanterie de marine chargés de la garde de Swinemünde et de l'île d'Usedom, notre première base d'opérations, 1,000 hommes (1 bataillon) du 10e corps restés dans l'isthme de Sellin, 3,000 hommes postés à Hammer avec de la cavalerie et une section de 80$^{m}/_{m}$, enfin 2,000 fantassins, 400 cavaliers et une section d'artillerie à Pölitz-Falkenwalde.

On n'avait donc à Stettin même que 42,000 fantassins, une forte brigade de cavalerie combinée et 16 batteries.

Les avis qu'on recevait de divers côtés faisaient pressentir une importante concentration de troupes allemandes et notamment une attaque exécutée sur notre droite par le IIe corps, appelé en toute hâte du Schleswig, pendant que les troupes battues à Stettin, mais bientôt renforcées, nous occuperaient sur le front.

On ne pouvait espérer de renforts sérieux qu'à partir du 7 ou 8 juin, où l'on recevrait la division du 10e corps territoral; cette division occuperait Swinemünde, Usedom et la route d'étapes : Ziegenort-Pölitz-Stettin. Mais jusque-là il fallait se suffire avec les troupes qui venaient d'emporter Stettin.

Toutefois le général en chef, estimant que la diversion sur Rügen avait produit tout son effet utile, donna l'ordre d'évacuer la presqu'île de Thiessow et de rendre au 10e corps le bataillon détaché à Sellin.

3,000 hommes d'infanterie de marine semblèrent très suffisants pour occuper l'île d'Usedom. Les succès de la marine permettaient de croire que l'ennemi ne tenterait pas de traverser la Peene en présence de nos bâtiments légers. Il fut donc convenu que la marine garderait à elle seule la ville de Swinemünde et qu'un régiment d'infanterie de marine serait détaché à Usedom pour surveiller l'ancien pont de Sandford et les bacs de la Peene; que ce régiment aurait un demi-bataillon à Malzow, en face de Wolgast, et une compagnie à Käseburg; enfin que l'artillerie de marine réarmerait la batterie de Peenemünde.

Ces mesures, qui procuraient à l'armée active un renfort immédiat de 4,000 hommes, reçurent leur exécution les 2 et 3 juin. Mais, le soir même du 1er, le général en chef recevait de Hammer un exprès lui annonçant que le détachement qui occupait ce village et le débouché de la route d'Uckermünde était attaqué par des forces très supérieures.

Le télégraphe avait été heureusement rétabli entre Stettin et Pölitz : le général en chef donna l'ordre aussitôt au détachement de Pölitz de secourir celui de Hammer; mais il y avait 13 kilomètres environ à franchir et il était douteux que cette intervention se produisît en temps utile.

Au reste, avec le renfort qui lui avait été fourni, le poste de Hammer pouvait tenir quelque temps, puis se retirer lentement sur Ziegenort; comme il importait avant tout de garder ce point, notre port de débarquement pour les voitures et pour l'artillerie, le général en chef eut recours à la flottille et dépêcha sur les avisos de station et sur les canonnières « tonkinoises » un bataillon et demi emprunté à la 2e division danoise. Ces précautions furent d'ailleurs inutiles : les 3 bataillons et la section d'artillerie postés à Hammer étaient parfaitement retranchés et résistaient avec vigueur à toutes les attaques des troupes allemandes tirées de Stralsund. Ces braves gens s'étaient vus envelopper sans s'émouvoir, certains qu'on ne tarderait pas à leur porter secours.

En effet, ce secours leur était venu, fort opportunément, mais d'une direction inattendue : le chef du détachement de Falkenwalde qui avait reçu, dans la nuit du 31 mai au 1er juin, un renfort de 2 escadrons pour nettoyer les bois qui couvrent la rive gauche du ruisseau de Grünthal, avait marché rapidement au canon et se présentait, le soir du 1er juin, sur la rive droite du ruisseau de Karpien, qui sort du lac de Hammer.

Cet officier avait fait un grand bruit de trompettes dans les bois de Neu-Hammer, avait déployé à la lisière son unique compagnie d'infanterie et chargé vigoureusement l'ennemi avec ses 3 escadrons. La brigade combinée allemande, intimidée par ces démonstrations, et voyant la nuit tomber, avait cessé le combat. A 10 heures du soir arrivaient les deux bataillons de Pölitz et, le lendemain matin, l'ennemi était repoussé sur Gross-Mützelburg.

Le 2 juin, un choc assez rude eut lieu à Löcknitz entre la brigade d'infanterie de marine et un régiment de cavalerie danoise, appuyés d'une batterie de 80%, et les troupes allemandes qui venaient de se retirer de Stettin par la route de Pasewalk.

Les ordres du général en chef portaient que nous devions nous établir sur le cours du Randow qui offrait sur notre droite une série de positions faciles à défendre. Conformément à ces instructions, l'ennemi fut délogé de Löcknitz après un chaud engagement et obligé de se retirer sur le cours de l'Ucker, à Pasewalk. Le général en chef aurait désiré pouvoir occuper cette ville, nœud important de chemins de fer, mais il eût fallu s'étendre beaucoup trop (43 kilomètres de Stettin) et l'on se borna à occuper fortement Löcknitz et ses abords.

Il y eut aussi le même jour un combat des avisos de flottille et des canonnières contre les batteries de campagne de landwehr du Ier corps, qui, arrivées à Damm et fort désappointées de ne pouvoir franchir la grande Reglitz, engagèrent une canonnade contre nos bâtiments légers chargés précisément de remonter ce bras de l'Oder pour aller détruire définitivement les ponts des chemins de fer de Greifenhagen et de Damm. Pendant que les avisos de flottille s'avançaient dans le fleuve, les canonnières, pénétrant jusqu'au fond du lac de Damm, grâce à la faiblesse de leur tirant d'eau, prirent d'écharpe les batteries allemandes et les obligèrent à nous céder le passage.

Il était d'ailleurs important pour l'armée de conserver la possession des îles du fleuve, qui fournissaient aux réquisitions des bestiaux, des chevaux et des fourrages.

J'ai eu occasion de dire déjà que l'on avait compté, pour compléter les attelages, sinon les chevaux de selle de l'armée, sur les achats faits dans les pays scandinaves et sur les réquisitions frappées en Poméranie. On avait eu soin, dans les marchés passés en Suède, de spécifier que les chevaux achetés devaient être livrés sur la côte allemande, en tel point que désignerait l'autorité militaire française, les risques du transport de cette « contrebande de guerre » étant à la charge des preneurs. Il en était résulté un prix de revient assez élevé, naturellement, mais la difficulté du transport, au moins jusqu'à Swinemünde, était résolue. Ces chevaux arrivaient peu à peu à Ziegenort et s'attelaient aux voitures du 2e échelon du parc, aux convois administratifs, aux ambulances du corps d'armée. Le 2 juin, au soir, les transports-avisos arrivaient de Nyborg où ils avaient pris quatre batteries danoises; le 3, des paquebots amenaient une brigade de cavalerie de la même nation. Enfin, les réquisitions avaient procuré environ 200 voitures et 1,200 chevaux de tout genre (et aussi de toute valeur) qui permettaient de compléter les attelages.

En prévision d'une marche en avant le long de l'Oder, le général en chef et le contre-amiral commandant la flottille s'étaient attachés à organiser un service de batelage sur le fleuve.

La prise de Stettin, ville très commerçante et tête de ligne d'une compagnie importante de navigation à vapeur qui étendait son rayon jusqu'en Silésie, avait fait tomber en notre pouvoir un grand nombre de navires de rivière de toute espèce.

Les ateliers de *Vulcan* fournissaient en abondance tous les outils nécessaires pour les réparations et pour les *appropriations* nouvelles. Un certain nombre de ces bâtiments furent affectés au transport des vivres et des fourrages, d'autres furent disposés pour le transport des chevaux et des voitures ; ils eurent des remorqueurs désignés ; des chaloupes-canonnières et des avisos de flottille furent spécialement chargés de chaque groupe.

La répartition des forces de la marine sur la côte subit aussi d'assez profondes modifications : le vice-amiral résolut d'évacuer le Greifswalder Bodden en gardant seulement l'embouchure de la Peene. Dans les passes de l'Ost-Tief et du Land-Tief furent mouillées des torpilles automatiques, dites « torpilles de blocus », qui devaient suffire à empêcher les canonnières allemandes de déboucher dans le golfe de Swinemünde. Les avisos ou torpilleurs de grand'garde étaient chargés d'empêcher les embarcations de relever ces engins, besogne d'ailleurs fort dangereuse.

Cette mesure permit d'étendre beaucoup plus loin le blocus effectif des côtes ennemies ; une division cuirassée parut bientôt en vue de Danzig et canonna les ouvrages de Weichselmünde et Neufahrwasser.

Le 2 juin, un aviso-torpilleur, qui avait été détaché momentanément à Copenhague, vint à Swinemünde porter à l'adresse du vice-amiral et du général en chef des dépêches qui annonçaient que le siège de Fredericia avait été levé brusquement, dans la nuit du 31 mai au 1er juin, que le IIe corps allemand était déjà en pleine marche rétrograde sur Lübeck et le Mecklembourg, que les divisions de réserve (landwehr) des IXe et Xe corps se préparaient à couvrir Kiel et que le IXe corps allemand battait lentement en retraite sur Hammeleff, Rothekrug et Flensburg devant la division danoise du Nord et la garnison de Fredericia. En conséquence, et malgré l'avantage qu'il pouvait y avoir à menacer la retraite de ces troupes en occupant Apenrade ou en les prévenant à Flensburg, le gouvernement danois estimait qu'il valait mieux expédier tout de suite la 3e division (celle qui venait de passer de Faaborg à Sonderburg-Düppel) sur le théâtre des opérations décisives, c'est-à-dire à Swinemünde-Stettin.

Déjà des ordres étaient donnés aux bâtiments danois de Hölgenœss, de Fredericia et à l'escadrille de Hörup de prendre à leur bord le plus possible de troupes d'infanterie appartenant à cette division et de se diriger sur Swinemünde.

On invitait le commandant en chef et le vice-amiral à expédier de leur côté tous les transports dont ils pourraient disposer pour embarquer cette division et la porter aux bouches de l'Oder.

Enfin le général en chef de l'armée de la Baltique et les généraux danois étaient avisés de la formation à Kiöje d'un parc d'artillerie de réserve, et de l'organisation des services nécessaires à la constitution de deux corps d'armée danois composés, l'un des deux divisions déjà présentes à l'armée, l'autre de la 3e division, qui allait arriver, et d'une division de cavalerie.

Le 3 juin, en effet, quatre bataillons danois débarquèrent à Swinemünde, le 4 et le 5, les arrivages successifs de nos transports et paquebots complétaient l'effectif de la

3e division. Le 5 juin, les premiers grands transports français, venus à la fin de mai de la Méditerranée dans l'Océan, paraissaient à Elseneur portant la première brigade de la division du 10e corps territorial.

La constitution de l'armée de la Baltique allait marcher dès lors d'un pas rapide si les événements de guerre permettaient au général en chef de consacrer quelques jours à cette organisation.

L'impression causée en Allemagne par la prise de Stettin avait été profonde et le retentissement de cette nouvelle inattendue se prolongeait dans toute l'Europe : il semblait que chacun sentît confusément que les conséquences de ce fait d'armes seraient considérables et que la face des affaires pouvait en être complètement changée.

En même temps que l'armée de la Baltique s'installait victorieuse dans la capitale de la Poméranie, les armées françaises d'Italie remportaient à Novi un avantage signalé et qui mettait virtuellement fin à une guerre que la péninsule ne subissait qu'avec répugnance.

En France, quoique les armées allemandes n'eussent pas subi d'échec bien caractérisé, il était facile de constater que la lenteur de leurs progrès permettait aux corps de deuxième ligne, à l'armée territoriale, de s'organiser et de prendre à la lutte une part active. L'investissement des camps retranchés de Reims et de Langres avait permis à l'armée allemande du centre de s'avancer sur Paris, mais elle était tenue en échec sur la Marne par des forces françaises au moins égales en nombre.

Enfin la crise depuis longtemps prévue au sud-est de l'Europe venait d'éclater : la Russie, entraînant encore une fois avec elle les Roumains à qui elle promettait un agrandissement en Transylvanie, se jetait sur la Bulgarie tout en gardant en Pologne des forces suffisantes pour paralyser l'Autriche et l'armée d'observation allemande.

L'Autriche, obligée d'intervenir à son tour, se voyait aux prises avec la Serbie, l'Herzégovine encore une fois révoltée, la Bosnie musulmane qui s'agitait, l'Istrie qui relevait la tête. Les notes les plus menaçantes s'échangeaient de Smolensk, où le czar s'était transporté, à Vienne et à Berlin.

Pouvait-on, dans ce moment critique, porter rapidement contre les audacieux envahisseurs de la Poméranie, les trois corps d'armée qui formaient à l'est de la monarchie une barrière déjà bien faible contre les forces russes? Telle était la question capitale qui s'agitait dans les conseils militaires et politiques du grand état-major allemand.

En tout cas le ministre de la guerre à Berlin avait reçu l'ordre de ne plus disputer la possession de Stettin aux alliés, de ne plus engager d'action partielle, de concentrer ses forces, d'organiser activement les corps composés de régiments de marche et si, comme on le supposait, les alliés restaient quelques jours immobiles à Stettin, d'occuper *la ligne Pasewalk-Prenzlow* (le long de l'Ucker) avec le IIe corps et les divisions de landwehr des IIIe et XIIe corps; *la ligne du Randow, en avant d'Angermünde,* avec les troupes battues à Stettin et qu'il fallait réorganiser, la deuxième division de landwehr de la garde, qu'on l'autorisait à emprunter à l'armée d'observation de l'Est, et la division de landwehr du Ier corps qui s'était jusque-là fort inutilement déployée le long de la rive droite de l'Oder; enfin *la ligne du canal de Finow* (ayant Neustadt-Eberswalde pour centre) avec les divisions de landwehr des Ve et VIe

corps, qui se formaient, et le 24e corps (régiments de marche) dont l'organisation serait complète vers le 15 juin.

Le grand état-major estimait qu'on ne pouvait reprendre l'offensive avec fruit que du 8 au 10 juin et recommandait pour cette date une attaque concentrique sur Stettin avec les deux armées du Randow et de l'Ucker, parfaitement pourvues d'artillerie de campagne, de parcs de réserve et de cavalerie.

C'est à ces préparatifs de l'ennemi, préparatifs où se révélait déjà quelque lassitude, que l'armée de la Baltique devait les six jours de répit du 1er au 7 juin, date que son général en chef, parfaitement au courant des concentrations de son adversaire, ne voulait pas laisser passer sans frapper un coup décisif.

CHAPITRE XII.

TANTOW ET AHRENSFELDE.

Sortie des cuirassés allemands; combat du 7 juin au large de Möen. — Opérations sur l'Ucker et le Randow; batailles de Pasewalk et de Tantow. — La Russie se déclare et envahit le duché de Posen. — Marche concentrique sur Berlin; efforts de l'Allemagne. — Destruction dans la Baltique des *corvettes de sortie* allemandes. — Bataille d'Ahrensfelde. — Armistice. — Conclusion.

Le 3 juin, les cuirassés français *Victorieuse*, *Montcalm*, *Furieux*, les croiseurs *Roland* et *Magon*, l'aviso-torpilleur *Flèche* et le croiseur-torpilleur *Vautour*, nouvellement armé, avaient paru devant les ouvrages extérieurs de Danzig et les avaient bombardés. Cette escadre avait longé ensuite la Frische Nehrung et attaqué Pillau en canonnant avec vigueur le fort qui s'élève au nord de cette ville, sur une dune boisée. Cet ouvrage, à peu près isolé, avait été complètement ruiné et les croiseurs, se rapprochant de la côte, avaient commencé le bombardement, pardessus la ligne des dunes, de la contre-garde armée de grosses pièces qui défend la passe, tandis que les cuirassés défilaient devant le fort nouveau bâti sur la pointe de la Nehrung. On acquit bientôt la certitude que les feux de l'escadre avaient produit de grands dégâts; cependant il ne pouvait être question encore de forcer le passage, opération qui, d'ailleurs, n'aurait eu d'objet sérieux que si la Russie s'était décidée à entrer en campagne. Nos bâtiments faisaient là une reconnaissance offensive qui, au prix de quelques avaries sans importance, permit de constater que l'entrée du Frische Haff nous serait ouverte quand nous le voudrions sérieusement.

Le 4 juin, la division cuirassée regagnait Swinemünde au moment où commençait un coup de vent d'Ouest qui causa la perte de deux bâtiments à voiles partis de Faxö avec du matériel d'artillerie destiné aux divisions danoises. Nous avions laissé en observation dans le golfe de Danzig le croiseur *Roland* et le *Vautour*.

Ces deux navires durent s'abriter dans la nuit du 4 au 5 juin derrière la Nehrung de Héla, dans le Putziger Wieck.

Le 5 juin, un peu avant le jour, la corvette de sortie *Baden*, l'aviso *Blitz* et 4 torpilleurs sortaient de Weichselmünde, longeaient la côte ouest du golfe pour éviter la grosse mer et attaquaient, vers 5 heures 30 minutes du matin, nos deux croiseurs.

Mais ceux-ci étaient sur leurs gardes: promptement appareillés, ils doublèrent rapidement la pointe de Héla, non sans essuyer quelques coups des redoutables pièces du *Baden*, heureusement mal dirigés, à cause des roulis très étendus de ce navire. Le *Vautour* avait eu l'occasion de lancer, avec son tube de tribord Æ, une torpille Whitehead au cuirassé allemand, mais, au moment où partait l'amorce destinée à enflammer la petite charge de poudre, un projectile de hotchkiss de 37 m/m était venu frapper la partie avant du tube et les bavures produites dans le cylindre de bronze avaient suffi pour arrêter la torpille et fausser son arrière.

Les torpilleurs allemands n'avaient pas tardé à se réunir contre le *Roland* qui seul, à cause de son tirant d'eau, offrait une cible convenable. Mais l'état de la mer, à la pointe de Héla, ne permettait déjà plus un pointage bien précis et les hotchkiss de nos deux croiseurs ne tardèrent pas à dégoûter l'ennemi d'un combat peu favorable.

Toutefois un projectile de 26 % ayant enlevé le beaupré du *Roland* et fait tomber son petit mât de hune, nos croiseurs furent obligés de se retirer et d'affronter le coup de vent qui, passant au N.-O., puis au Nord, commençait à battre en côte.

Le temps s'améliora heureusement dans la journée et les deux navires français se séparèrent : le *Roland* se rendit à Swinemünde ; le *Vautour* revint, vers le soir, au mouillage de Héla. Les navires allemands avaient disparu.

Le commandant du croiseur français supposa d'abord que le *Baden* était rentré à Danzig. Les graves défauts nautiques des navires de ce type ne permettaient guère, en effet, de supposer que le *Baden* eût pris le large.

Il en était ainsi cependant et, en vertu d'ordres positifs de l'amirauté allemande, cette corvette de sortie, au risque de se perdre, avait couru dans le Nord-Est, embarquant d'énormes paquets de mer, puis s'était dirigée sur Carlscrona (Suède).

Arrivés dans ce port le 6 juin au matin, le *Baden* et le *Blitz* avaient refait leur plein de charbon et, le même jour, vers 3 heures du soir, se dirigeaient audacieusement sur Travemünde, où la corvette de sortie *Sachsen* et le croiseur *Marie* n'attendaient qu'un signal pour appareiller. Le 7, de grand matin, les quatre navires allemands franchissaient le Fehmarn-Belt et, à 8 heures du matin, se jetaient à toute vitesse sur l'escadre danoise chargée du blocus de Kiel avec le *Duguesclin* et le *Fulminant*.

Le *Kronprinz* (dont les avaries avaient été réparées), le *Bayern* et l'*Oldenburg*, avertis par le sémaphore de Bülkerhück, et du reste prêts à appareiller du mouillage de Friedrichsort, quittèrent aussitôt la rade et une mêlée générale s'engagea.

Je ne décrirai pas les péripéties diverses de ce combat où les alliés, qui ne présentaient en ligne que quatre cuirassés, les Danois *Helgoland* et *Iver-Hvitfeldt*, les Français *Duguesclin* et *Fulminant*, furent obligés de livrer passage aux Allemands.

Toutefois il faut rapporter l'engagement du *Duguesclin* et du *Bayern*, qui se termina par la défaite et la perte de cette corvette de sortie. Ces deux cuirassés se croisaient à 200 mètres environ, passant à contre-bord l'un de l'autre; la pièce de 30%,5 du *Bayern* tira la première et emporta, avec la teugue entière, le canon de 19% de l'avant du *Duguesclin*. Celui-ci avait, presque en même temps, lancé sa torpille du tube du tribord devant (tube à cuillère). Cet engin explosa sur l'avant du cuirassé allemand, à 2 mètres au-dessous de la flottaison, le régulateur d'immersion ayant assez mal fonctionné; les avaries produites n'étaient pas de nature à compromettre le *Bayern* qui a une double coque et des compartiments remplis de liège. Mais l'absence de cuirasse en cet endroit permit à la torpille de déchirer la tôle sur une assez grande longueur et de mettre à nu le double fond. Quelques secondes après les 3 canons de 24% du *Duguesclin* partaient à la fois, suivis de près par les deux pièces de 26% du *Bayern*. Chacun des deux navires s'était efforcé d'atteindre la flottaison de son adversaire, mais les résultats étaient bien différents. Les projectiles allemands de 187 kilogr. n'avaient pas réussi à percer complètement la ceinture d'acier du *Duguesclin*, tandis que deux des projectiles de 24% (144 kilogr.) avaient rencontré la muraille sans défense de l'avant du *Bayern* au point frappé déjà par la torpille. Le *Bayern* se retira aussitôt du combat, s'enfonçant peu à peu par l'avant, et, couvert par les croiseurs allemands, dont l'un, la *Marie*, fut coulé par le *Duguesclin* d'un coup d'éperon, parvint à s'échouer devant Laboë sous les canons du fort de Stosch.

Quoi qu'il en soit, les avaries de nos bâtiments étaient fort graves ; le *Fulminant* avait reçu d'un torpilleur allemand un coup qui avait rempli plusieurs compartiments et qui lui donnait une bande assez dangereuse.

Le cuirassé danois *Iver-Hvitfeldt,* le seul qui n'eût pas d'avarie sérieuse, les croiseurs *Rigault* et *Fabert* et les torpilleurs *Tordenskjold* et *Delfiness* se jetèrent sur les traces de l'escadre allemande qui s'éloignait dans l'Est, tandis que le gros de l'escadre alliée reprenait le mouillage d'Eckernförde.

Il était évident que l'ennemi, instruit du passage de fréquents convois de matériel et de cavalerie allant de Faxö et de Kiöje à Swinemünde, se proposait de couler nos transports ou de les disperser. Peut-être même essaierait-il de surprendre l'escadre de combat au mouillage de la Swine : il était donc nécessaire de ne pas le perdre de vue. La division allemande essaya, pendant la journée du 7, de se retourner contre les navires qui la suivaient ; mais leur marche était supérieure et ils n'acceptaient le combat que de loin : seuls les torpilleurs ennemis s'engagèrent avec les Danois qui les criblèrent de projectiles.

A 7 heures du soir, au moment où les deux escadres se trouvaient à peu près à égale distance de Möen et de la pointe d'Arcona (Rügen), les vigies signalèrent plusieurs navires à voiles et à vapeur dans le Nord. On vit aussitôt les Allemands se couvrir de fumée et gouverner sur cette flotte qui ne pouvait être, évidemment, qu'un convoi de l'armée alliée. L'*Iver-Hvitfeldt* força de vapeur à son tour et, suivi de ses conserves, s'élança sur l'escadre allemande à qui le vieux cuirassé *Kronprinz* (qu'on n'eût jamais dû faire sortir de Kiel) imposait la vitesse de 12 nœuds tout au plus. A 8 heures du soir on reconnaissait aisément 12 navires de charge, dont 3 grands transports français, et 2 navires de guerre, la vieille corvette cuirassée *Thétis,* qu'on avait armée précisément pour lui faire remplir le rôle de convoyeur, et le croiseur danois *Saint-Thomas.*

La *Thétis* marchait droit sur l'escadre allemande, suivie du croiseur danois et signalait à ses transports de faire route au Nord-Est.

Le cuirassé français, armé de canons de 19 c/m et protégé par une cuirasse de 15 c/m, engageait là une action désespérée ; l'arrivée prochaine des bâtiments qu'il apercevait derrière l'escadre allemande ne pouvait conjurer sa perte : du moins, en sauvant les transports confiés à sa garde, le commandant français entendait-il faire payer à l'ennemi une trop facile victoire et profiter des rares qualités évolutives de son navire pour couler l'un de ses adversaires.

A 8 heures 15 minutes, le petit groupe des alliés disparaissait dans la fumée des détonations : la *Thétis* avait gouverné d'abord tout droit sur le *Baden* qui tenait le centre du groupe allemand ; puis, profitant d'un assez grand intervalle qui séparait ce navire de son matelot de droite le *Kronprinz,* la corvette cuirassée française était venue en grand sur bâbord et son *tour,* parfaitement calculé, lui faisait heurter de son éperon l'arrière du *Kronprinz* lancé sur bâbord lui aussi, mais trop tard.

L'*Oldenburg* qui suivait le *Kronprinz* avait d'abord tiré ses canons de 24 c/m de chasse à la flottaison du navire français que sa manœuvre obligeait à lui présenter le flanc ; puis, au moment où, le coup d'éperon donné, la *Thétis* faisait machine en arrière, l'*Oldenburg* abordait à son tour le cuirassé français. Quelques secondes avant ce second coup d'éperon, le canon de 19% de la tourelle tribord de la *Thétis*, tiré presque à bout portant, atteignait les deux canons de la teugue de l'*Oldenburg* et les mettait hors de service.

Vers 8 heures 30 minutes, au moment où la nuit tombait sur le théâtre de cette rapide rencontre, le *Kronprinz* et la *Thétis* coulaient à pic et l'escadre allemande, lançant ses torpilleurs à la poursuite des transports franco-danois, se retournait contre l'*Iver-Hvitfeldt* qui arrivait audacieusement pour renouveler la lutte.

Heureusement pour les alliés, l'horizon du Sud-Est laissait voir depuis quelques instants déjà de nombreux panaches de fumée.

Le 6 juin, le *Vautour* avait capturé un vapeur allemand sorti de Pillau, et des informations recueillies à bord de ce navire, le commandant du croiseur français avait aisément conclu que le *Baden* et le *Blitz* n'étaient point, comme il le croyait, rentrés dans le port de Weichselmünde.

Le *Vautour* s'était dirigé aussitôt sur Swinemünde et avait rendu compte au vice-amiral de cet incident nouveau. Le commandant en chef de nos forces navales ne pouvait se dissimuler que la sortie du *Baden* devait être combinée avec celle des autres bâtiments de combat renfermés soit à Kiel, soit à Travemünde ; malheureusement, à la suite du coup de vent du 5 juin, nos bâtiments avaient dû dérader et prendre le large : seul le *Terrible* se trouvait à Swinemünde et sa présence y était indispensable.

Le matin du 7 juin, toutefois, les divers navires de l'escadre ralliaient peu à peu, et quelques-uns avec des avaries sérieuses : ce ne fut que dans l'après-midi que le vice-amiral put expédier au large, avec la mission de préserver surtout nos convois, une division composée des cuirassés *Victorieuse* et *Montcalm*, des croiseurs *Infernet* et *Vautour*, de l'aviso-torpilleur *Flèche* et de deux torpilleurs de haute mer.

Ce sont ces navires qui, attirés par le canon et forçant de vapeur, accouraient à 8 heures et demie sur le champ de bataille. Pendant que le *Vautour*, la *Flèche* et les 2 torpilleurs se jetaient sur les traces des torpilleurs allemands et du convoi, les deux cuirassés et l'*Infernet* se dirigeaient sur les trois *corvettes de sortie*.

Celles-ci ne jugèrent pas à propos de continuer, en pleine nuit, une lutte que l'arrivée de ces nouveaux combattants, et surtout les avaries faites dans les combats de la journée, rendaient déjà fort inégale ; mais fallait-il se retirer vers l'Ouest, vers le port de refuge, abandonnant les torpilleurs lancés à la poursuite des transports français? Aurait-on assez de charbon dans les soutes trop petites des trois cuirassés pour atteindre Kiel en marchant à toute vapeur ?

Le commandant du *Baden*, devenu chef d'escadre par la disparition du contre-amiral qui montait le *Kronprinz*, se décida à courir au Nord-Est, à recueillir ses torpilleurs et à se diriger vers la côte de Suède, se réservant de mouiller soit à Ystadt, soit plus loin, à Carlscrona, ou bien de dépister l'ennemi par de fausses marches pendant la nuit et de rentrer, suivant les circonstances, à Kiel ou à Danzig.

A 10 heures du soir, les trois cuirassés allemands, lançant des fusées de reconnaissance, ralliaient leurs torpilleurs, mais tombaient en même temps dans le groupe formé par le *Vautour* et ses annexes : il y eut encore là quelques torpilles lancées, quelques coups de canon tirés à l'aventure dans une nuit sombre, mais le *Vautour* et la *Flèche* avaient eux-mêmes peu de charbon dans leurs soutes..., ils durent renoncer à poursuivre la division allemande ; seuls les torpilleurs de haute mer s'attachèrent à son sillage.

L'*Iver-Hvitfeldt* avait reçu des avaries assez sérieuses dans son dernier engagement avec les trois *corvettes de sortie :* ce garde-côtes dut se diriger sur Copenhague ; les croiseurs et les bâtiments légers s'employèrent pendant toute la nuit à rallier le convoi, fort dispersé, mais dont un seul navire, un grand trois-mâts norwégien affrété par le gouvernement danois, avait reçu une torpille qui l'obligeait à tenir aux pompes tout son personnel. Ce navire reçut des secours et fut remorqué par l'*Infernet* jusqu'à Swinemünde.

Le 8 juin, à midi, tous les transports étaient arrivés devant la Swine et ceux qui n'étaient pas destinés à remonter le fleuve amarrés dans le port.

Le retard de 24 heures amené par les incidents et les combats de la veille dans la mise à terre du chargement, ne devait pas avoir d'influence sensible sur les opérations : à la vérité, les grands transports français amenaient le dernier régiment de la division territoriale et ses trois batteries, mais les trois premiers régiments, débarqués depuis le 5 et le 6 à Swinemünde et à Ziegenort, occupaient déjà Usedom et la route d'étapes de Stettin. Les transports et paquebots danois étaient chargés des voitures du parc réuni à Faxö et de fourgons administratifs, mais déjà les deux corps danois s'étaient constitués avec leur artillerie et une division réduite de cavalerie (4 régiments à 3 escadrons).

Le 7 juin, le général en chef de l'armée de la Baltique

avait repris les opérations actives en marchant avec le gros de ses forces, le 10e corps, le 1er corps danois et la division d'infanterie de marine, sur les positions de l'Ucker, occupées par le IIe corps allemand et les divisions de landwehr des IIIe et XIIe corps.

Le 2e corps danois, composé d'une division d'infanterie et d'une division de cavalerie, était chargé de contenir sur la ligne Penkuhn-Tantow l'armée allemande du Randow.

Ce corps, s'il était trop vivement pressé, devait se retirer lentement sur Stettin, s'arrêter sur une position préparée qui couvrait la jonction des lignes de Stralsund et de Berlin, ainsi que les routes venant de ces deux points, y appeler les troupes de la division territoriale, les forces de la marine et y résister le plus longtemps possible. Enfin il devait s'enfermer dans Stettin, dont on armait les remparts, et y tenir jusqu'à la dernière extrémité.

L'armée qui marchait sur Pasewalk comptait 55,000 fantassins, 1,500 chevaux et 23 batteries ; le 2e corps danois se composait de 10,000 fantassins, 2,400 cavaliers et 6 batteries.

Je ne décrirai pas ici des opérations où la marine ne pouvait jouer qu'un rôle effacé : disons cependant que le général en chef avait donné l'ordre de tirer d'Usedom un bataillon de la division territoriale, de le débarquer à Neuwarp au moyen des avisos de flottille et des chaloupes-canonnières, de le joindre par Albrechtsdorf et Rieth au détachement de Hammer et de diriger ces troupes, par la route d'Ahlbeck-Jagerbrück, sur le flanc gauche des positions occupées par l'ennemi.

Le régiment territorial attendu devait se joindre à ce détachement s'il arrivait en temps utile, et la diversion pouvait acquérir dès lors une véritable importance ; le général en chef, se réservant de donner à cet égard des ordres ultérieurs, avait surtout en vue d'occuper plus tard le cours inférieur de l'Ucker et Uckermünde, petite ville assez importante par son port et par le canal (creusé à 3^{m},50) qui termine le cours de la rivière. Le contre-amiral commandant la flottille fut invité à préparer l'occupation de ce point en faisant entrer quelques-uns de ses navires dans le canal de l'Ucker.

La flottille avait aussi pour mission de tenir le cours de l'Oder jusqu'à Garz, où le 2e corps danois, établi sur la ligne Penkuhn-Tantow, appuyait son flanc gauche.

Déjà les ponts de Greifenhagen avaient été détruits sur la rive gauche du bras principal du fleuve, ainsi que celui de Podejucz sur la grande Reglitz.

Le 8 juin fut livrée la bataille de Pasewalk qui nous livra le cours de l'Ucker; le 9, l'armée de la Baltique, poursuivant l'ennemi rompu, mais non désorganisé, eut encore un vif engagement sur les hauteurs de Gross-Lückow avec le IIe corps allemand; l'ennemi était repoussé à 1 heure sur Strasburg, que nous occupions le 10, de grand matin.

Nous ne pouvions d'ailleurs pousser plus loin nos avantages contre cette fraction de l'armée allemande: déjà le 9 juin, le 23e corps allemand (divisions de landwehr de la garde), les divisions de landwehr des Ier et IIe corps et des fractions du 24e corps (régiments de marche) marchaient d'Angermünde et Schwedt sur Tantow. Le premier choc entre l'avant-garde de cette armée et le 2e corps danois fut favorable à nos alliés; mais, le 10, les Danois débordés par leur droite, vers Penkuhn, furent obligés de battre en retraite; le 11, ils occupaient la ligne Pomellen-Kobützow-Schillersdorf à 3 lieues de Stettin, couvrant le réseau de routes qui descend du haut Randow. La cavalerie danoise tenait en échec, le long de ce cours d'eau marécageux, la cavalerie allemande, pressée d'atteindre Löcknitz.

Le général en chef qui, dans sa marche sur Pasewalk et Strasburg, avait reçu quelques renforts d'artillerie et de cavalerie, qui avait d'ailleurs ses parcs au complet et les *vivres du sac* alignés, résolut de tenter une opération hardie mais praticable avec une armée souple et mobile. Les corps allemands refoulés au delà de Strasburg ne pouvaient revenir à la charge avant plusieurs jours; d'ailleurs l'occupation de Pasewalk et de l'Ucker ne leur permettait pas de troubler aisément nos opérations sur le Randow. Le général en chef laissa donc à Strasburg la division d'infanterie de marine et tous les *impedimenta* (convois administratifs, 2e échelon du parc, parc du génie, ambulances de corps d'armée) et marcha, dès l'après-midi du 10 juin, sur Prenzlau, où il comptait passer l'Ucker, avec le 10e corps et le 1er corps danois. Les bagages de l'armée reçurent l'ordre de rétrograder sur Pasewalk sous la protection de la division d'infanterie de marine. Le soir du 10 juin, la cavalerie française se jetait, comme autrefois celle de Murat, sur le pont de Prenzlau et culbutait quelques coureurs de l'armée allemande du Randow.

Le soir du 11 juin, après une marche de 8 lieues, le 10e corps et la cavalerie occupaient la ligne du chemin de fer d'Angermünde à Stettin, culbutaient sur les ponts de Passow l'arrière-garde de l'armée du Randow et capturaient des détachements isolés, des bagages, des voitures de parc et de vivres; le 12, l'armée tout entière descendait sur Tantow, pendant que l'armée allemande, suivie de près par les Danois, réoccupait cette ville. Le choc qui se produisit alors et qui a pris le nom de bataille de Tantow décidait, on peut le dire, du sort de la guerre. La défaite des Allemands, complètement tournés, vivement attaqués de front par nos deux corps d'armée, et en queue par le 2e corps danois, prit les proportions d'un désastre : à peine quelques fractions constituées purent-elles repasser le Randow et se retirer sur Schwedt, laissant entre nos mains 50 pièces de canon et 15,000 prisonniers. La cavalerie ennemie, qui avait brillamment combattu toute la journée du 13 juin notre aile gauche et la cavalerie danoise, réussit à franchir le Randow dans une direction opposée et à s'écouler vers Prenzlau.

Le 15 juin, au moment où, après une journée de repos bien mérité, l'armée de la Baltique se mettait en marche sur Angermünde et la flottille sur Schwedt, le général en chef apprit que le 24e corps français commençait à passer les détroits. On pouvait compter sur la coopération complète de ce corps d'armée pour le 20 juin. Le 16, l'armée occupait Angermünde, et le 17 nos cavaliers se montraient sur le canal de Finow, devant Neustadt-Eberswalde, à 11 lieues de Berlin.

Pour couvrir la capitale de l'Empire, le grand état-major général, déjà obligé de suspendre toute offensive dans l'Ouest, avait prescrit après la défaite de Tantow la concentration immédiate à Neustadt-Eberswalde de toutes les forces disponibles. Le IIe corps et les divisions de landwehr qui l'appuyaient avaient dû reculer jusqu'à Neu-Brandenburg et Neu-Strelitz pour se porter sur Berlin par la grande voie ferrée de Stralsund ; le IXe corps, après avoir défendu le Danewerk contre les Danois, avait reçu l'ordre de gagner Neumünster et de s'y embarquer pour Berlin : seules les divisions de landwehr des IXe et Xe corps couvraient Kiel, dont on prévoyait l'attaque par terre et par mer. Le 24e corps allemand, en possession de tous ses services, mais affaibli déjà par la perte ou la désorganisation de ses détachements à la suite de la bataille de Tantow, tenait avec les débris de l'armée du Randow la ville même de Neustadt-Eberswalde. Enfin le grand état-major général se décidait à employer le VIe corps (Silésie) concentré jusque-là à Lissa-Glogau, en face du rassemblement russe de Kalisz.

Mais alors les événements se précipitaient : la Russie se déclarait enfin et l'une de ses armées marchait sur Lwow-Lemberg. L'Autriche, invoquant alors le traité de 1879, appelait l'Allemagne à son secours..., mais comment celle-ci pouvait-elle tenir ses engagements ?

Le 20 juin, l'alliance franco-russe était proclamée et quatre corps d'armée, précédés d'une nuée de cosaques, se jetaient sur le grand-duché de Posen, s'efforçant de lier leurs opérations avec l'armée franco-danoise de la Baltique.

L'Allemagne, dans cette crise suprême, ne s'abandonna pas : à la voix de l'Empereur, gravement malade à Berlin, le landsturm, déjà convoqué depuis six semaines, s'organisait rapidement. Les Ier et V[e] corps, abandonnant la Prusse propre et la Posnanie, se retiraient sous les forts de Küstrin et défendaient, avec le VIe corps, rendu à l'armée de l'Est, la ligne de l'Oder. Les corps concentrés derrière le canal de Finow opposaient bientôt à l'armée franco-danoise une masse de 150,000 hommes de toutes armes, enfin quatre corps d'armée, empruntés aux armées de l'Ouest qui battaient en retraite, accouraient à Berlin, fortifié en toute hâte.

C'étaient là les derniers efforts d'une puissance expirante, le dernier enjeu d'une politique qui avait, autant que celle de Napoléon, fatigué toute l'Europe par l'éternelle menace de la force brutale. Le flot des armées russes, longtemps contenu par des calculs particuliers[1], débordait sur l'Allemagne. Posen était masqué, Thorn investi, Küstrin menacé et bientôt les Russes forçant, au-dessus et au-dessous de Francfort, le passage de l'Oder, marchaient droit à Berlin, appuyant leur gauche à la Sprée, lançant à droite leur immense cavalerie pour tendre la main à l'armée de la Baltique, que venait de renforcer le 24e corps.

Cette armée, le 27 juin, après une série de combats acharnés, avait réussi à franchir le canal de Finow en plusieurs points, mais surtout à Nieder-Finow où la flottille française avait réuni un nombre considérable d'embarcations et de chalans.

Le 29 juin, un hourra de cosaques rencontrait à Prötzel, à 14 kilomètres de Wrietzen, nos partis de cavalerie : la jonction de l'armée russe et de l'armée de la Baltique était un fait accompli.

Revenons un moment sur les côtes de la Poméranie : nous avons vu qu'à la suite du combat du 7 juin, les trois corvettes cuirassées allemandes, assez indécises sur la direction qu'il leur était permis de suivre, avaient gouverné vers la côte de Suède, espérant se dérober à l'escadre alliée ou bien mouiller dans les eaux neutres.

Pendant ce temps nos navires, après avoir rallié le convoi, avaient gagné les uns Swinemünde, les autres Copenhague. Le vice-amiral commandant nos forces navales estima que l'on ne pouvait considérer la navigation de la Baltique comme assurée tant que les trois cuirassés alle-

1. Autant que par la nécessité de faire franchir des distances considérables aux masses qu'on voulait faire agir.

mands ne seraient pas détruits ou bloqués soit à Danzig, soit à Kiel. La tournure des événements et le désir souvent manifesté des Danois d'entreprendre le siège de Kiel lui faisaient désirer vivement que les trois corvettes de sortie ne pussent pas s'y réfugier : il fallait donc à la fois poursuivre ces navires et leur barrer le passage entre Möen et Rügen[1].

Cette tâche n'était pas aisée avec les forces dont disposait le commandant en chef : nous avions perdu la *Thétis* ; le *Furieux* réparait à Copenhague une avarie de gouvernail qui avait failli le compromettre dans le coup de vent du 5 juin ; le *Fulminant* avait étanché, dans la baie d'Eckernförde, mais par des moyens de fortune, la voie d'eau de sa double coque qui lui donnait une bande peu favorable à la manœuvre pendant le combat. Les corvettes cuirassées *Duguesclin* et *Montcalm* avaient aussi des avaries sérieuses, bien qu'elles fussent en état de rendre encore de bons services ; enfin, les machines et les chaudières des garde-côtes *Terrible* et *Vengeur* auraient, en d'autres temps, exigé quelques jours de repos et de réparations.

Des cuirassés français qui formaient l'escadre de la Baltique, seules les corvettes *Victorieuse* et *La Galissonnière* (celle-ci venait d'arriver de France) et le garde-côtes *Tonnerre* pouvaient, à la date de juin, figurer avec honneur dans un combat sérieux.

Les croiseurs, eux aussi, auraient eu besoin de plusieurs jours de repos ; l'effectif des torpilleurs était réduit d'un tiers.

Quant à l'escadre danoise, nous avons vu que le cuirassé *Iver-Hvitfeldt* avait regagné Copenhague ; les monitors

1. 33 milles marins ou 62 kilomètres.

Rolf-Krake, Lindormen, Gorm ne pouvaient s'aventurer hors des détroits[1]; seul le grand garde-côtes *Helgoland*, à peu près semblable aux corvettes de sortie allemandes, était en mesure de croiser en haute mer, mais sans pouvoir s'éloigner longtemps des dépôts de charbon.

Les croiseurs danois, ainsi que leurs torpilleurs, étaient encore valides : on attendait d'un jour à l'autre l'arrivée du *Valkyrien*, belle frégate neuve qui terminait ses essais.

Le 8 juin, vers 5 heures du soir, un des torpilleurs de haute mer qui avaient suivi l'escadre allemande arriva à Swinemünde et annonça que les trois cuirassés, l'aviso *Blitz*, le croiseur *Olga* et 6 torpilleurs avaient poussé jusqu'à Carlscrona, où les corvettes de sortie étaient arrivées avec les soutes vides.

Le vice-amiral jugea qu'on pouvait encore intercepter l'escadre allemande à sa sortie de Carlscrona et avant qu'elle eût pris de l'avance dans la direction de Danzig.

Les cuirassés de station *Duguesclin, Victorieuse, La Galissonnière*, le garde-côtes cuirassé *Tonnerre*, les croiseurs *Magon* et *Fabert*, l'aviso-torpilleur *Flèche* et le croiseur-torpilleur *Vautour* reçurent l'ordre d'appareiller aussitôt et d'aller s'établir en croisière à 15 ou 20 milles dans le sud de Carlscrona en détachant la *Flèche* ou le *Vautour* devant Hasselö pour suivre exactement tous les mouvements de l'ennemi.

En même temps les cuirassés *Terrible, Helgoland* et *Montcalm* mouillaient dans la baie de Prora, au nord de la pointe de Nord-Peerde (Rügen), position qui leur permettait de se porter rapidement soit sur Swinemünde (40 milles environ), soit dans le canal entre Möen et Rügen.

Les canonnières cuirassées restaient au mouillage de la

---

2. Le monitor *Odin* restait à la défense de Copenhague.

Swine, les bâtiments légers disponibles et les torpilleurs croisaient au large de la pointe d'Arcona et du phare de Greifswalder-Oë.

Les monitors danois et un certain nombre de croiseurs de cette nation durent surveiller l'entrée de Kiel en prenant pour mouillage de repos la baie d'Eckernförde ou le Stoller Grund.

Le 10 juin, l'escadre allemande, ayant achevé son réapprovisionnement en combustible, fut mise en demeure d'appareiller de Carlscrona. Dans la nuit du 10 au 11 juin, par un temps très sombre, elle prit le large tous feux éteints et dans un ordre aussi serré que possible. Le chef de cette division espérait pouvoir donner dans le canal qui sépare l'île d'Œland de la côte de Suède. Mais il n'avait pas encore doublé la pointe d'Utlangan qu'il fut signalé par le *Vautour*, lançant des fusées et tirant tous ses canons de 10% sur les masses sombres qui défilaient à un 1/2 mille de lui. L'escadre allemande, changeant alors brusquement de direction, gouverna à ranger Sandhammar et mit ses machines à l'allure maxima, pendant que le *Blitz* et 4 torpilleurs se jetaient sur le *Vautour*. Notre croiseur-torpilleur prit chasse, mais en se maintenant à portée de canon du groupe ennemi et recevant chaudement les torpilleurs, qu'il inondait des rayons de ses projecteurs. A 2 heures du matin, au moment où l'aube commençait à poindre, l'escadre française se montrait dans le Sud-Ouest, coupant la route de la division allemande; malheureusement la *Victorieuse,* malgré tous ses efforts, n'arrivait pas à se maintenir à la hauteur des deux autres cuirassés, dont la vitesse égalait à peine celle des navires ennemis.

Le *Duguesclin* et le *La Galissonnière* n'hésitaient pas cependant à engager le combat à 6 heures du matin : mais ce combat ne pouvait être qu'une passe d'armes rapide suivi d'une canonnade à distance, les Allemands étant parfaitement résolus, pour gagner la haute mer, à ne modifier ni leur allure ni leur direction.

Cette résolution, très judicieuse en apparence, car il était visible que les cuirassés français marchaient moins bien que les trois *corvettes de sortie* et que ces dernières, à moins d'avaries graves, distanceraient peu à peu leurs adversaires, allait cependant entraîner la défaite de l'escadre allemande. Ces navires, en effet, allaient offrir longtemps aux coups de leurs adversaires, en même temps que des organes essentiels tels que le gouvernail et les hélices, la partie la moins armée et la moins protégée de leur coque.

Au bout d'une demi-heure de canonnade, le *Tonnerre* réussissait à frapper de deux projectiles de 27 c/m la face arrière du fort central du *Baden*; la muraille de 25 centimètres était percée nettement et les deux *obus de rupture* éclataient dans le massif en bois, dont les éclats tuaient ou blessaient les servants des deux pièces de l'*AR*. Presque en même temps se déclarait à l'*AR* de l'*Oldenburg* un commencement d'incendie, provoqué par les projectiles de 24 c/m du *Duguesclin*.

Le chef de division allemand, commandant du *Baden*, estima que le moment était venu de se dévouer pour sauver les derniers navires qui pussent rendre encore quelques services à la défense de Kiel. Il vira de bord en signalant au *Sachsen* et à l'*Oldenburg* de se diriger sur Kiel, puisque la route de Danzig leur était coupée, et se jeta sur l'escadre française.

La lutte fut longue encore : le *Baden*, pivotant sur sa double hélice, évitait avec habileté les coups d'éperon, mais voyait peu à peu les projectiles de ses adversaires

La corvette de sortie *Baden*.

percer à jour sa superstructure et déchirer sa coque dépourvue de cuirasse à l'avant et à l'arrière; ses pompes puissantes le maintenaient encore sur l'eau lorsqu'une deuxième bordée du *Tonnerre*, atteignant le fort central et l'abri blindé du commandant, vint terminer le combat. Un jeune officier, à peu près le seul survivant d'un nombreux état-major, se décida à faire amener le pavillon de l'Empire allemand.

Le *Sachsen*, l'*Oldenburg* et leurs annexes couraient toujours au S.-S.-O., doublant bientôt le cap Sandhammar et redressant alors leur route pour ranger Möen le plus près possible; ils étaient suivis par le *Vautour* et la *Flèche* qui, tout en restant à distance convenable des pièces de 26%, ne laissaient pas d'adresser des projectiles de 10% et de 47% aux torpilleurs qui formaient l'arrière-garde.

Vers 2 heures, la *Flèche* se détacha en avant, inclina sa route sur bâbord, dans la direction de Jasmund (Rügen) et ne tarda pas à se mettre en communication avec les éclaireurs qui surveillaient le large, vers la pointe d'Arcona. A 4 heures, les cuirassés *Terrible*, *Helgoland* et *Montcalm* appareillaient et gouvernaient au N.-O. A 4 heures 30 minutes, on apercevait les fumées de l'escadre allemande; on voyait le *Blitz* courir en avant, puis faire des signaux, enfin revenir vers le groupe des cuirassés et du croiseur *Olga*. A 5 heures, les Allemands, changeant de route, gouvernaient sur la rade de Rönne (Bornholm), qui appartient à la Suède[1].

A 9 heures 30 minutes du soir, le *Terrible* et l'*Helgoland* mouillaient à 6 encâblures des navires ennemis pendant que le *Montcalm* et les croiseurs, établissant leur voilure,

1. Mais qui est une rade ouverte et foraine.

louvoyaient devant la rade. Les derniers cuirassés allemands de la Baltique étaient bloqués ; en effet, la belle saison revenue excluait à peu près toute chance de coup de vent qui aurait pu disperser les navires alliés.

Dans la nuit du 12 au 13, au moment où le vice-amiral recevait la nouvelle, apportée par un torpilleur, de notre victoire au sud de Tantow, la division allemande se décidait à appareiller : le cuirassé suédois *Svea* l'accompagna jusqu'à la limite des eaux neutres. A 2 heures du matin, les torpilleurs allemands se jetaient sur nos cuirassés et parvenaient à torpiller le *Montcalm*, qui dut se retirer du combat, disposer ses paillets Makarof et mettre en jeu toutes ses pompes. Les torpilles lancées sur le *Terrible* et l'*Helgoland* n'avaient produit aucun résultat sensible. En revanche, le canon de 42 c/m de l'avant de notre cuirassé avait fait sentir à l'ennemi sa redoutable puissance : la cuirasse (40 c/m en deux plans) du *Sachsen* était percée à la flottaison par un obus de rupture de 780 kilogr. lancé à 300 mètres. Quelques secondes avant, le canon de 30 c/m,5 de l'allemand avait atteint et perforé la tourelle, cuirassée à 25 centimètres, de l'*Helgoland*; mais, dans ce combat presque corps à corps, tous les coups portaient, et les deux pièces de 26 c/m du cuirassé danois vinrent achever l'œuvre du *Terrible*.

A 3 heures du matin, aux premiers rayons du soleil, le *Sachsen* cherchait à regagner la rade de Rönne pour s'y échouer ; les torpilleurs français ne le permirent pas et sous leurs coups le malheureux navire coulait à pic, laissant son pavillon frappé à sa corne.

La résistance de l'*Oldenburg*, déjà privé par le combat du 7 de ses pièces de 24 c/m de l'avant, ne pouvait être bien longue. Cependant les moyens d'épuisement de l'eau étaient si bien entendus sur ce navire, presque tout neuf, que ni boulets ni torpilles ne semblaient capables de le couler; ce fut la destruction successive de tous les abris, la mise hors de combat de la plus grande partie de l'équipage, que les petits projectiles des alliés atteignaient partout, qui décidèrent la défaite du dernier cuirassé allemand. Encore fallut-il que le croiseur danois *Fyen* l'abordât par une manœuvre habile, et que ses hommes, jetés sur le pont désert de l'*Oldenburg,* se chargeassent de couper la drisse du pavillon.

L'*Olga,* le *Blitz* et 4 torpilleurs avaient couru au large pendant ce dernier engagement. Les navires légers de l'escadre les poursuivirent, mais sans succès : la mer, qui commençait à se faire, avec un vent frais du Nord-Est, rendait incertain le tir des torpilles du *Vautour* et de la *Flèche* et leurs canons légers restèrent impuissants.

Ces six navires furent les seuls qui rentrèrent à Kiel, où l'on s'occupait activement de renflouer le *Bayern,* de remettre la vieille corvette cuirassée *Hansa* en état de marcher, enfin de couvrir de fortifications de campagne la ville et l'arsenal d'Ellerbeck.

Le 16 juin, 6 cuirassés français et danois, 8 croiseurs et 10 torpilleurs étaient réunis devant l'entrée de la rade; deux divisions danoises se présentaient devant Friedrichsort; le siège de Kiel allait commencer.

L'armistice l'interrompit, au grand regret de nos marins et surtout des Danois : le 30 juin et le 1er juillet avait été livrée devant Berlin, sur la ligne de la Wühle, et d'Ahrensfelde à Französisch-Buchholz, la bataille terrible qui mit aux prises 230,000 Allemands et 270,000 Russes, Français et Danois. Le 1er juillet, le centre de la ligne de défense était emporté, Ahrensfelde et Falkenberg occupés par le 10e corps français et le 6e corps russe.

Le 2 juillet, l'Allemagne demandait un armistice de 20 jours, qu'acceptaient les alliés sous la condition qu'aucun mouvement de troupes n'aurait lieu dans la province de Brandebourg et que deux corps combinés des trois nations occuperaient Spandau. L'Alsace-Lorraine et le Schleswig devaient être évacués par les forces allemandes qui pouvaient s'y trouver encore ; les places de Friedrichsort, Küstrin, Thorn, Posen, Königsberg et Boyen[1] ravitaillées au jour le jour. Enfin les armées russes et françaises conservaient toute liberté d'action soit contre l'Autriche et la Bulgarie, soit contre l'Italie.

Celle ci avait déjà conclu d'ailleurs un armistice séparé. Le traité de paix qui interviendra sans doute dans quelques semaines aura probablement pour stipulations principales, en ce qui regarde l'Allemagne, la France, l'Italie et le Danemark : 1° le paiement d'une indemnité de guerre par l'Allemagne et l'Italie ;

2° La restitution à la France des provinces que lui avait enlevées le traité de Francfort et une rectification de frontières nous donnant la crête des Alpes au col de Tende ;

3° La restitution du Schleswig au Danemark.

Conclusion.

« La victoire reste à qui sait se servir de la mer », disait un des plus brillants généraux américains.

Cette maxime qu'on pourrait rapprocher de l'orgueilleuse devise que l'Angleterre adopta au commencement de ce siècle : « Le trident de Neptune est le sceptre du « monde », explique en grande partie nos succès dans la

1. Fort Boyen (Prusse orientale).

guerre qui vient de finir. Sans doute c'est la solidité de nos armées sur les frontières de l'Est et des Alpes qui nous a permis de frapper au cœur le colosse germain et de porter la guerre sur le théâtre stratégique le plus favorable de la haute Italie; sans doute c'est l'intervention finale de la Russie qui a précipité le dénouement de la crise; mais cette intervention même, pense-t-on qu'elle se fût produite si nos armes et celles du Danemark ne s'étaient montrées victorieuses sur l'Oder, à cinq marches de Berlin?

Quant à nous, marins, n'oublions pas que ce ne fut pas trop de toutes nos forces, de toutes nos ressources, de toute la valeur de nos institutions pour venir à bout de la coalition germano-italienne : n'oublions pas le précieux secours des vaillants Danois et sachons reconnaître que sans eux il nous eût été difficile de nous maintenir dans la Baltique. Nos ennemis étaient redoutables; peut-être — au Midi comme au Nord — l'étaient-ils plus que nous ne le pensions nous-mêmes. Et surtout ne nous endormons pas sur notre triomphe : l'Allemagne et l'Italie ont sans doute perdu des vaisseaux, perte réparable, mais elles gardent la conscience qu'il leur est née une force nouvelle, que leurs jeunes marines se sont révélées à la face de l'Europe et qu'elles ont longtemps balancé le succès.

Travaillons donc, travaillons pour l'avenir, pour les luttes futures, puisqu'on ne saurait, hélas! en prévoir le terme; et, mieux encore que nos défaites passées, que notre victoire d'aujourd'hui soit l'école de nos victoires!

TABLE DES MATIÈRES.

CHAPITRE XI. — STETTIN.

CHAPITRE XII. — TANTOW ET AHRENSFELDE.

Nancy, imprimerie Berger-Levrault et Cie.

LES HÉROS DE LA DÉFAITE

(Livre d'or des Vaincus)

Récits de la guerre de 1870-1871, par Joseph TURQUAN, 1888. — Un volume in-12 de 406 pages, broché. . . . . Prix : 3 fr. 50 c.

ÉTAT MILITAIRE DES PRINCIPALES PUISSANCES ÉTRANGÈRES

AU PRINTEMPS 1883

Par S. RAU, lieutenant-colonel du service d'état-major. 4e édition, revue et mise à jour. Un volume in-12 de 531 pages, broché. . Prix : 5 fr.

FRANÇAIS ET RUSSES

Moscou et Sévastopol, 1812-1854, par Alfred RAMBAUD, profess. à la Faculté des lettres de Nancy. 4e édit. 1888. — Un vol. in-12, broc. Prix : 3 fr. 50 c.

LA VIE MILITAIRE

Par Charles LESER, anc. élève de l'École polytechnique, avec préface de Jules CLARETIE. — Beau vol. in-12 de 493 p., broché. Prix : 3 fr. 50 c.

LA LÉGION ÉTRANGÈRE DE 1831 A 1887

Par le général GRISOT, ancien colonel de la légion étrangère et du 1er étranger, et le lieutenant COULOMBON, du 2e étranger. — Un beau volume in-8° de 597 pages, avec un plan, broché. . . . . . . Prix : 10 fr.
Quelques exemplaires sur papier de Hollande. — Prix : 20 francs.

LES CHIENS MILITAIRES DANS L'ARMÉE FRANÇAISE

Par L. JUPIN, lieutenant au 32e régiment d'infanterie. — Un volume in-12, avec dessins explicatifs . . . . Prix : 3 fr. 50 c.

REVUE D'ARTILLERIE

Paraissant en 12 livraisons mensuelles, à partir du 15 octobre de chaque année, depuis 1872. 16e année, octobre 1887 à septembre 1888. — *Chaque livraison comprenant environ 7 feuilles in-8°, avec figures dans le texte et planches hors texte.* — Prix par an : France : 20 fr. ; Union postale : 22 fr.

REVUE DU GÉNIE MILITAIRE

Paraissant tous les deux mois, 6 livraisons par an, depuis 1887. — *Chaque livraison comprenant environ 6 feuilles in-8°, avec figures dans le texte et planches hors texte.* — Prix par an, France : 15 fr. ; Union postale : 16 fr. 50 c.

REVUE DE CAVALERIE

Paraissant en 12 livraisons mensuelles, à partir d'avril 1885. — *Chaque livraison comprenant environ 8 feuilles grand in-8°, avec figures dans le texte et planches hors texte.* — Prix par an, France : 30 fr ; Union postale : 33 fr.

LES CAPITULATIONS

Étude d'histoire militaire sur la responsabilité du commandement, par le général de division Ch. THOUMAS. — Un volume in-12 de 504 pages. Prix : **5** fr

OUVRAGE COURONNÉ PAR L'ACADÉMIE FRANÇAISE

LES TRANSFORMATIONS DE L'ARMÉE FRANÇAISE

Essais d'histoire et de critique sur l'état militaire de la France, par Ch. THOUMAS, général de division en retraite. — Deux volumes grand in-8° de 1260 pages. . . . . Prix : **18** fr.

STRATÉGIE ET GRANDE TACTIQUE

D'après l'expérience des dernières guerres, par le général PIERRON. — Tome premier. Un volume grand in-8° de 656 pages, avec figures et planches, broché. . . . . Prix : **10** fr.

Le tome II est en préparation.

CAMPAGNE DE PRUSSE (1806) IÉNA

D'après les archives de la guerre, par P. FOUCART, capitaine breveté au 39e régiment d'infanterie. — Un beau volume in-8° de 746 pages, avec deux cartes et trois croquis, broché . . . . Prix : **10** fr.

CAMPAGNE DE POLOGNE

Novembre-décembre 1806-janvier 1807 (Pultusk et Golymin), d'après les archives de la guerre, par P. FOUCART. 1882. — Deux volumes in-12 (1056 pages), avec 3 cartes et 8 tableaux, brochés . . . Prix : **12** fr.

MANUEL COMPLET DE FORTIFICATION

Par H. PLESSIX, commandant d'artillerie, et LEGRAND, capitaine du génie. — Rédigé conformément au programme du cours professé à l'École spéciale militaire et au programme d'admission à l'École supérieure de guerre. — Beau volume in-8° de 702 pages, avec 280 figures dans le texte et 22 planches. Reliure percale. . . . . Prix : **10** fr.

Étude sur le matériel de la marine, par L. GADAUD, capitaine de frégate. 1882. Grand in-8°. 1 fr. 50 c.

Étude sur l'artillerie navale, par A. BIENAIMÉ, lieutenant de vaisseau. 1878. Grand in-8° . . . . 2 fr.

Notes sur la résistance des murailles cuirassées, par P. DISLÈRE, sous-ingénieur de la marine. 1877. Grand in-8° . . . . 75 c.

La Puissance maritime de l'Angleterre, par P. C., officier de l'armée française. 1887. Un vol. grand in-8°, avec 18 cartes . . . . . . 4 fr.

L'Angleterre dans la Méditerranée, par L. FIESSINGER, capitaine de frégate. 1885. Grand in-8° . . . . 75 c.

Italie et Levant. Notes d'un marin, par Th. AUBE, officier de marine. 1883. In-12 . . . . 1 fr. 25 c.

Questions maritimes. La marine de guerre. La cuirasse et le canon. Expériences récentes et conclusions, par Ém. WEYL, lieutenant de vaisseau en retraite. 1885. Grand in-8°. . . . . 1 fr. 50 c.

Les Expériences maritimes de 1886. La campagne de printemps de l'escadre et la division des torpilleurs. In-12, av. 4 plans. . . 1 fr. 50 c.

Les Torpilleurs autonomes et l'avenir de la marine, par Gabriel CHARMES. 1885. Volume in-12 . . . . 3 fr.

Les Arsenaux de la marine. I. Organisation administrative, par M. GOUGEARD, ministre de la marine. 1882. Grand in-8° . . . . . 3 fr. 50 c.

— 2e partie. Organisation économique, industrielle et militaire. 1882. Gr. in-8° . . . . 7 fr. 50 c.

Tableau général de l'histoire maritime contemporaine, par Ch. CHABAUD-ARNAULT, capitaine de frégate. 1881. Grand in-8°. . . . . 4 fr.

Les Budgets maritimes de la France et de l'Angleterre (*Études de statistique*), par P. DISLÈRE, ingénieur des constructions navales. 1879. Brochure grand in-8° . . . . 4 fr.

Entre deux campagnes. Notes d'un marin, par Th. AUBE, officier de marine. (Au Sénégal. En Océanie.) 1881. 1 vol. in-12, broché . . . 3 fr.

A terre et à bord. Notes d'un marin, par Th. AUBE. Deuxième série, avec une préface de Gabriel CHARMES. (Italie et Levant. Pénétration de l'Afrique centrale. La guerre maritime et les ports militaires de la France. Notes sur le Centre-Amérique. Nouveau droit maritime international.) 1884. 1 vol. in-12, broché . . . . 3 fr.

De l'Empire allemand, sa constitution et son administration, par C. MORHAIN, sous-intendant militaire. 1 fort vol. gr. in-8°. 7 fr. 50 c.

De la Politique française. Nécessité pour elle d'une orientation définitive, par Charles LELORRAIN. Volume in-8°, broché . . . . 3 fr. 50 c.

BERGER-LEVRAULT ET Cie, ÉDITEURS

5, rue des Beaux-Arts, Paris. — Même maison à Nancy.

Éléments de tactique navale, par M. le vice-amiral Penhoat. 1879. Un vol. grand in-8°, avec 29 figures . . . . 2 fr. 50 c.

Études comparatives de tactique navale, par Étienne Farret, lieutenant de vaisseau. 1883. Grand in-8° avec figures . . . . 3 fr.

Note sur la tactique en essai, par M. P. de Cornulier, lieutenant de vaisseau. 1879. Grand in-8°, avec figures . . . . 75 c.

Essai historique sur la stratégie et la tactique des flottes modernes, par Chabaud-Arnault, lieut. de vaisseau. 1879. Gr. in 8°. . 1 fr. 25 c.

Étude sur la tactique d'abordage, par J. de Larminat, enseigne de vaisseau. 1881. Grand in-8°, avec 22 figures. . . . . 2 fr. 50 c.

Études sur les manœuvres des combats sur mer, par M. le vice-amiral Bourgois, conseiller d'État honoraire. 1876. Un vol. in-8°. 3 fr. 50 c.

Étude sur les opérations de guerre maritime, de 1860 à 1883, par Étienne Farret, lieutenant de vaisseau. 1884. Grand in-8° . . . 2 fr.

Étude sur les combats livrés sur mer, de 1860 à 1880, par Ét. Farret, lieut. de vaisseau. 1881. Gr. in-8°, avec 20 gravures. . . 2 fr. 50 c.

Étude sur les opérations combinées des armées de terre et de mer, par R. Degouy, lieutenant de vaisseau. Première partie. 1884. Gr. in-8°, avec 33 figures . . . . 4 fr.

Note sur le mouvement simultané de deux bâtiments, par Alb. Corrard, lieut. de vaisseau. 1880. Gr. in-8°, av. 20 gravures. . 1 fr. 25 c.

Étude sur la guerre navale de 1812, entre l'Angleterre et les États-Unis de l'Amérique du Nord, par Ch. Chabaud-Arnault, capitaine de frégate. 1884. Grand in-8°. . . . . 2 fr. 50 c.

De la Guerre navale. Opinion d'un marin. 1885. In-12. . . 1 fr. 25 c.

La Guerre maritime et les ports militaires de la France, par le contre-amiral Aube. 1882. Grand in-8°. . . . . 2 fr.

La Rade de Toulon et sa défense, par le contre-amiral du Pin de Saint-André. 1882 Grand in-8°, avec un plan. . . . . 2 fr.

La Défense des frontières maritimes, par M. le vice-amiral Touchard. 1877. Brochure grand in-8°. . . . . 1 fr. 50 c.

Opérations de l'escadre française dans la rivière Min. 1885. In-8°, avec 2 planches. . . . . 1 fr.

La Marine de guerre, son passé et son avenir; cuirassés et torpilleurs, par Gougeard, anc. ministre de la marine. 1884. Gr. in-8°, av. 1 planche. . . . . 3 fr.

Nancy, imprimerie Berger-Levrault et Cie.

www.ingramcontent.com/pod-product-compliance
Ingram Content Group UK Ltd.
Pitfield, Milton Keynes, MK11 3LW, UK
UKHW021054270726
13967UKWH00012B/1201

9 782012 934603